L'Abbé J. BRUNEAU

Monographie
d'Alligny=en=Morvan

(Nièvre)

EN VENTE : Chez L'Auteur

A LA CURE D'ALLIGNY-EN-MORVAN

1905

L'Abbé J. BRUNEAU

Monographie
d'Alligny = en = Morvan

(Nièvre)

EN VENTE : Chez L'AUTEUR

A LA CURE D'ALLIGNY-EN-MORVAN

1905

CHATEAU-CHINON, IMPRIMERIE ÉMILE BLIN

Monographie
d'Alligny = en = Morvan

(Nièvre)

———————— ✳ ————————

« Il n'est coin de France, si humble soit-il, qui n'ait son histoire, qui ne soit imprégné de passé, qui n'ait porté des hommes de grand cœur et produit des actions dignes de mémoire. Ces souvenirs, il faut les conserver et les réveiller ; l'humble parcelle doit garder ses traditions, son originalité, sa saveur, sa couleur. Par là, elle restera vivante et augmentera d'autant l'intensité de la vie générale ; par là, elle tiendra mieux sa partie dans cette grande harmonie qui s'appelle la France.

« Albert VANDAL,
Académicien. »

VUE GÉNÉRALE D'ALLIGNY-EN-MORVAND

Cliché de M[r] l'Abbé CASPAR

Avant-Propos

Pourquoi cette Monographie d'Alligny-en-Morvan?
D'abord, le temps est aux monographies.

Et puis, fallait-il replonger dans l'oubli des documents recueillis avec tant de patience ?

Un conseil en effet nous avait été donné en 1884, l'année même de notre admission dans la Société Nivernaise, par M. l'abbé Clément, curé-doyen de Châtillon-en-Bazois. « Mon cher ami, nous disait-il, ne vous contentez pas d'être membre honoraire de notre société, mais travaillez à l'enrichir de quelque chose d'intéressant. »

Ce vénéré confrère, qui fut un des membres fondateurs de la société en 1851, nous encourageait à suivre son exemple.[1] *Nous l'avons suivi. Et voilà toute l'explication de cette* Monographie.[2]

Le nom d'Alligny vient d'un gentilice romain Aliniacus, possesseur d'une villa en notre pays.[3]

On sait que les latins avaient trois noms : un prénom, un gentilice et un surnom. Exemple : Caius Julius Cœsar. Le premier nom et le dernier variaient avec les personnes, tandis que le second, c'est-à-dire le nom de famille (gens, gentis, d'où gentilice), était porté par tous les individus d'une même famille.

---

(1) *Lire* Note biographique sur M. l'abbé Clément. *(Bulletin 1889, page 306).*

(2) *Lecture publique de cette monographie a été faite devant la Société nivernaise des lettres, sciences et arts.*

(3) *Cette étymologie, nous la devons à M. l'abbé J.-M. Meunier, professeur à Saint-Cyr de Nevers.*

Quand, après la conquête de la Gaule, le territoire fut partagé entre Gallo-Romains, les différentes familles donnèrent leurs noms aux villas qu'elles bâtirent dans le pays vaincu. Pour cela, on ajouta le suffixe gaulois ACOS au gentilice romain terminé par IUS. Ainsi sur Julius on fit Juliacus, d'où domus ou villa Juliaca : Juillac, Juilly, Juillé, etc.

Phonétiquement, Aliniacus aboutit à Aligny. Il est vrai que dans les textes anciens nous ne trouvons pas Aliniacus, mais Eliniacus, VIe siècle.[1] Mais on peut croire que déjà au VIe siècle l'a latin en cette position était devenu e, en sorte que Eliniacus serait pour Aliniacus.

Or, Aliniacus serait un nom de lieu formé sur le gentilice Allius, fréquent dans les inscriptions et qui d'ailleurs a formé avec le suffixe ACOS les communs d'Ailly et d'Ailliac. Rien d'étonnant que sur Allius on ait composé Allinius et Alliniacus. Comparez Marcellius et Marcellinus, Messius et Messinus, Maximius et Maximinus, Quintius et Quintinus, etc.

D'où Alligny remonterait à un gentilice Alinius avec le suffixe gaulois ACOS : Aliniacus, qui est devenu Aligneyum, 1350, et enfin Aligny, puis Alligny.

D'autres étymologistes, mais invraisemblablement, font dériver Alligny du mot celtique AL, d'où ALTUS, haut et IGNIS, feu, lieu élevé dévoré par le feu.

Alligny remonte à une haute antiquité. Son territoire, qui jadis dépendait presque intégralement de la Bourgogne, fut rattaché à la Nièvre, malgré la pétition du Conseil municipal qui en demandait le maintien à la Côte-d'Or. La Nièvre compta donc deux Alligny :

---

(1) Cartulaire de l'Yonne, II, XXXI.

Alligny-Cosne et le nôtre.[1] *Pour les distinguer, on nomma Alligny-en-Morvan* [2] *le pays dont nous entreprenons la monographie.*

Il est à noter que, jusqu'à la révolution de 1793, nous lisons presque toujours Aligny avec un seul l : les deux l ne sont invariables qu'à partir du XIXe siècle.

Les principales archives qui nous ont aidé dans cette étude sont celles de la commune et de la fabrique, celles des châteaux d'Alligny, de la Chaux et de Reglois et celles de Me Adnot, notaire à Moux.[3]

Nous reproduisons assez fréquemment le texte même des manuscrits.

La commune et la paroisse forment les deux parties de cette monographie.

Dans la première partie, après une vue d'ensemble sur Alligny, nous parlons de sa seigneurie et de ses seigneurs. Ensuite nous passons en revue chacun des villages. Nous ajoutons un mot sur l'affranchissement de quelques-uns d'entre eux. L'instruction et les maires ont leur chapitre à part. L'étude se termine par le souvenir de quelques hommes célèbres du pays.

La seconde partie[4] *nous fait connaître la paroisse, l'église et les chapelles, les cloches, le cimetière, la cure et les curés avec leurs auxiliaires et enfin les sentiments religieux qui animaient nos ancêtres.*

---

(1) *Dans la Nièvre, deux autres localités portent le nom d'Alligny: l'une à Tresnay et l'autre à Livry.*

(2) *C'est le 15 février 1791, dans un acte notarié provenant de Beaune, que nous lisons ce nom pour la première fois.*

(3) *Nous exprimons ici un cordial remerciement à toutes les familles qui ont bien voulu mettre leurs archives à notre disposition.*

(4) *Cette seconde partie a eu en 1903 l'honneur d'une 12e mention au concours des 6000 monographies religieuses présentées par les abonnés de « l'Art et l'Autel. » L'auteur a reçu une médaille représentant la Rédemption, de G. Dupré.*

Ce modeste travail a pour but de donner la physionomie d'Alligny, des choses et des gens d'autrefois et d'initier le lecteur à la vie intime de nos aïeux. Il est loin d'être parfait, mais il offre des matériaux authentiques à quiconque aura le courage de les refondre.

Jean BRUNEAU,
Curé d'Alligny-en-Morvan.

PREMIÈRE PARTIE

LA COMMUNE

CHAPITRE PREMIER

Vue d'ensemble sur Alligny=en=Morvan.

---

1. — L'origine d'Alligny se perd dans la nuit des temps.

Nous voudrions pouvoir affirmer avec l'auteur *du Morvand* (tome II, page 16), que notre pays était, au commencement du viiie siècle, une des nombreuses propriétés du bienheureux Varé; mais par malheur, le testament du bienheureux (706) sur lequel s'appuie l'abbé Baudiau, n'en parle pas du tout [1].

Cette monographie ne remonte qu'à 1147, année du départ d'Hugues d'Aligny pour la Terre Sainte.

2. — Avant 1789, notre pays n'avait de nivernais que la Chapelle Saint-Franchy, les Grosses-Pierres, la Chaux et le Creuzot. Tout le reste dépendait de la province de Bourgogne [2]. En 1791, il devint entièrement et définitivement nivernais, malgré la pétition

---

[1] Voir ce testament dans *Le Morvand*, tome III, page 464 et suivantes. — L'abbé Baudiau a écrit sur Alligny 23 pages (tome II, pages 16 à 39), qui ne sont pas sans valeur. Çà et là pourtant quelques erreurs que nous signalerons à l'occasion.

[2] Par testament du 4 mai 1380, Thomas de Voudenay lègue à l'église d'Autun quelques rentes assignées sur la terre d'Aligny en Bourgogne. (*Cartulaire de l'évêché d'Autun*).

adressée en 1793 par le Conseil municipal à la Convention nationale pour obtenir le retour de la commune à la Côte-d'Or. Et, certes, les arguments qu'il faisait valoir ne manquaient point de valeur :

« Considérant, disait-il, que les citoyens d'Alligny, ayant toujours fait partie de la ci-devant province de Bourgogne, n'ont jamais eu de communication avec Chinon-la-Montagne (Château-Chinon), chef-lieu du district dont ils sont éloignés de plus de dix lieues, encore bien moins avec le chef-lieu du département dont ils sont distants de plus de vingt-deux lieues, et où ils ne peuvent arriver que par des chemins aussi dangereux que difficiles ; que le défaut des grandes routes en rend même l'arrivée impossible pendant une grande partie de l'année.

« Considérant en outre que, quand les chemins ne seraient ni difficiles ni dangereux, les citoyens de la commune d'Alligny n'en seraient pas moins fondés à solliciter leur désunion du département de la Nièvre et leur réunion à celui de la Côte-d'Or ; que le sol qu'ils habitent est si ingrat et d'un rapport si modique qu'il est incapable de fournir à la subsistance de ses habitants pendant huit mois de l'année ; que ce n'est pas à Chinon-la-Montagne où ils peuvent tirer les grains qui leur sont nécessaires, puisque cette ville, ainsi que tout le district, couvert de bois en très grande partie, ne peut fournir à ses propres besoins ; que la proximité où est la commune d'Alligny du département de la Côte-d'Or et surtout de la ville de Saulieu dont une partie n'est éloignée que d'une lieue, lui rend ses approvisionnements en grains plus commodes et plus sûrs ; que c'est dans cette même ville où elle porte ses denrées qu'elle a à vendre et où elle achète tout ce qui est nécessaire à la vie; qu'en outre c'est là où elle a toutes ses relations sociales et commerciales. »[1]

3. — M. Joseph Garnier, conservateur des archives de la Côte-d'Or, affirme en son ouvrage intitulé : *Chartes des communes et d'affranchissements en Bourgogne,* que « les habitants d'Alligny se sont proclamés francs de tout temps. » C'est une erreur, car 1° l'article 10 des droits honorifiques des seigneurs s'exprime ainsi : « Lesdits habitants (de la seigneurie) sont gens de mainmorte et de servile condition. » 2° Les habitants de Fétigny, Champcommeau, Ruère et la Ferrière n'ont été affranchis que le 2 juin 1531, suivant la charte que nous reproduisons ailleurs.

3. - **Superficie.** - La superficie de notre commune a dû certainement varier avec les siècles, mais aucune donnée ne nous permet de la préciser à une époque reculée. La dernière opération cadastrale, qui dura du 1ᵉʳ mai à fin octobre 1842, accusa une superficie totale de 4.884 hectares 91 ares et 15 centiares, dont 776 hectares en bois et en buissons.

4. — **Population.** — Alligny compte actuellement 2.065 habitants. C'est le chiffre fourni par le recensement du 24 mars 1901. L'émigration perpétuelle de nos gens à Paris ou dans les environs est une cause très sensible de diminution de la population. On s'accorde à constater qu'en ce moment plus d'un millier de personnes ont abandonné le sol natal. La plupart en rapportent une petite fortune que l'on

---

(1) **Archives municipales.**

tient à transmettre à un héritier, à deux au plus; c'est là une seconde source de dépopulation.

5. — Chemins. — Nos vieux chemins d'autrefois sont en très grande partie remplacés par de belles routes conduisant aux villages. La plus ancienne est celle de Pierre-Ecrite que Mgr de Marbeuf, évêque d'Autun et député, obtint du Parlement. Elle date de 1780 ou environ.

6. — Diligence. — Une voiture publique faisait jadis le service de la poste entre Autun et Montbard par Pierre-Ecrite, et pendant longtemps la famille Beaujard a fourni les postillons et les chevaux. Plus tard, ce même service s'organisa entre Saulieu et Montsauche, en passant par Alligny et Moux. Depuis 1901, le chemin de fer départemental, reliant Corbigny à Saulieu, a remplacé cette voiture. La section de Corbigny à Ouroux a été officiellement ouverte le 4 août; celle d'Ouroux à Alligny l'a été le 20 décembre suivant; les difficultés pendantes entre la Nièvre et la Côte-d'Or ont retardé l'ouverture de la section d'Alligny à Saulieu jusqu'au 1er juillet 1903.

7. — Poste. — Par les bons soins de M. le député Raudot, nous avons un bureau de poste depuis 1875; avant cette époque, nous étions desservis par Saulieu. Le 10 juin 1905, le double service télégraphique et téléphonique a été mis à la disposition du public.

8. - Température. - En nos pays de montagnes, l'hiver et l'été ont une température moyenne, en général un peu plus fraîche ou un peu plus chaude qu'en pays de plaine. C'est ainsi que durant le rude et long hiver de 1879-1880, la terre étant couverte de 60 centimètres de neige, le thermomètre descendit jusqu'à 25 degrés de froid. Pendant la belle saison, au contraire, la chaleur se concentre parfois dans nos vallons, au point de devenir étouffante et d'occasionner des orages terribles. En 1778, par exemple, « le mardi 7 juillet, sur les trois heures du soir, un orage des plus violents endommagea considérablement les récoltes. L'orage fut si considérable que les eaux entraînèrent tout ce qui se trouva sur leur passage et causa dans l'étendue de la paroisse une perte notable; que pour comble de malheur, le mercredi quinze, un second orage, encore plus considérable que le premier, ravagea dans plusieurs cantons la majeure partie des grains seigles prêts à être récoltés et plus encore les carémages; que désirant faire constater des délits commis par ces deux orages dans l'étendue de ladite paroisse d'Aligny, iceux François Boidot, syndic et sieur Louis Rasse, fermier, sur les différentes invitations et sollicitations des habitants et paroissiens, auraient soumis et choisi pour experts, à l'effet de faire la visite et reconnaissance des grains tant d'hivernage que carémage sur l'étendue de leur finage et constater les délits y commis, les personnes de Philippe Girard et Etienne Baudin, marchands, demeurant en la paroisse de Moux, lesquels ci-présents ont volontairement accepté lesdites charges..... ; m'ont déclaré avoir parcouru exactement les finages dudit Aligny et hameaux dépendant de la paroisse et scrupuleusement examiné les grains d'hivernage et carémage y pendant par racine et qu'ils ont reconnu qu'il y a perte de moitié dans les seigles, des deux tiers dans les blés noirs ou sarrasins, dans les avoines de moitié et les chenevières totalement perdues; qu'ils ne peuvent donner une estimation juste à toutes ces pertes, à raison de ce que partie des seigles sont moissonnés et deux parties des endroits grêlés ont été labourés. »[1]

9. — **Flore.** — Depuis une cinquantaine d'années, la terre du pays a été notablement améliorée. L'exemple donné par l'agriculteur émérite qu'était M. Eugène de Chambure a été suivi et aujourd'hui les prairies fournissent généralement une herbe excellente. Dans les terres où jadis on ne pouvait cultiver que le seigle, on récolte un très bon froment et on ne sème plus guère le seigle que pour son glui qu'on emploie à la couverture des maisons, à l'accolage de la vigne et à la confection des liens. On cultive aussi l'avoine et le sarrasin ou blé noir. La pomme de terre est délicieuse, la pomme de terre violette surtout. Plus délicat encore est le navet que le guide Joanne signale à tort comme provenant de Saulieu. Nos pères en ensemençaient leurs terres après la rentrée des seigles et par bail de location, le propriétaire en exigeait souvent une certaine quantité. C'est ainsi qu'en 1771, dans l'amodiation d'un domaine de Reglois, dame Antoinette Belot, veuve de messire Jacques Dareau, conseiller du roi, lieutenant général de police et maire honoraire de Saulieu, stipule que, sans diminution de prix, les preneurs « livreront annuellement 6 mesures de navets du pays, bons et de recette, au domicile de ladite dame en cette ville de Saulieu, à chacun onze novembre. »[2]

---

(1) Minute Collenot du 26 juillet 1778. Archives Adnot, notaire.
(2) Archives château de Reglois.

Les terrains ingrats sont réservés à la plantation du sapin et du mélèze. Le hêtre et le chêne dominent dans les bois. Les endroits humides sont spécialement occupés par la verne ou le bouleau. Çà et là, quelques noyers et châtaigniers. Durant le mois de mai, les coteaux sont dorés par des quantités de genêts ou balais en fleurs. Quant aux arbres fruitiers, on rencontre pommiers, poiriers et cerisiers, mais leurs fruits n'ont point la saveur que leurs congénères puisent dans un terrain calcaire. Le hameau de Vigne tire probablement son nom de ce qu'autrefois on y a essayé la culture de la vigne, mais le climat trop froid n'en permettant pas la maturation, on a dû y renoncer.

10. — **Faune.** — Les animaux domestiques sont ici les mêmes qu'ailleurs : chevaux, ânes, bœufs, vaches, moutons, cochons, volailles, etc. L'élevage du cochon est fort répandu, comme du reste dans tout le Morvan.

En fait d'animaux malfaisants, il n'y a que des couleuvres et des vipères. Dans la belle saison, on les voit assez fréquemment sortir de la bruyère et des rochers. La vue de l'homme les effraie et l'on n'entend jamais ou très rarement parler d'accidents.

11. — **Hydrographie.** — L'homme est sans doute pour beaucoup dans la fertilité du terrain, mais que pourrait-il sans les pluies assez fréquentes chez nous en raison des montagnes, sans les réservoirs d'eau assez nombreux pour entretenir la fraîcheur dans les prairies et les champs et activer la fécondité?

Parmi ces réservoirs, il y a les rivières et les étangs.

Hydrographiquement parlant, nous appartenons à deux bassins. Tous les villages disséminés sur la rive gauche de la Terrène, c'est-à-dire Marnay, Reglois, Ferrière, Défend, Ruère, Pierre-Ecrite, Mont, Balance, Pensière, Basole, Beaumont, Champcommeau, les Prés et les Quatre-Vents, dépendent exclusivement du bassin de la Loire et envoient leurs eaux à la Terrène, qui est notre principale rivière. Elle prend sa source à l'étang du Meix[1], coule du nord au midi en partageant la commune en deux parties à peu près égales et sous le nom de Ternin se jette en face d'Autun dans l'Arroux, affluent de la Loire, après un parcours de 50 kilomètres, dont 12 à peu près en Nivernais.

Quant aux villages éparpillés sur la rive droite de la Terrène, ils se divisent en deux bassins. La Serrée, Fétigny, les Hâtes par un versant, la Rochotte, Champcreux, la Place, Alligny, la Cremaine, Jarnoy, les Valottes, les Guttes-Bonin par le versant oriental, écoulent leurs eaux dans la Terrène qui les transporte dans la Loire. Au contraire, les Guttes-Bonin par le versant occidental, les Grosses-Pierres, la Chapelle-Saint-Franchy, la Chaux, Montperroux, Rousselots, Chamboin, Guttes-Jeanne, Montboblin, les déversent dans le Caillot, un des affluents de la Cure.

Les eaux de Fontaine-Blanche descendent directement dans la Cure, tout près du Saut-de-Gouloux.

On sait que la Cure est à son tour un des affluents de l'Yonne et que l'Yonne se jette dans la Seine.

Au bassin de la Seine également appartient le

---

(1) L'étang du Meix, finage de Colonchèvre, et l'étang Bordot, finage de Saint-Léger-de-Fourches, sont alimentés par le même cours d'eau.

Cousin, autre affluent de la Cure, qui prend naissance dans l'étang des Hâtes et plus spécialement dans la fontaine de Serpe.

Nous avons aussi des étangs. Citons les principaux : l'étang des Fossés, l'étang Neuf, celui des Hâtes, celui des Grosses-Pierres, celui de Beaumont, celui de Fontaine-Blanche, celui de Pierre-Ecrite qu'on appelle étang des Chevaux, celui des Grenouilles, etc.

Une loi du 14 frimaire, an ii, en ordonnait le dessèchement pour le 15 pluviôse suivant, au plus tard. C'est à cette occasion que M. Perrin, fondé de pouvoirs de M. de Choiseul, adressa le 4 pluviôse cette pétition à notre municipalité :

« Aux citoyens officiers municipaux de la commune d'Aligny, canton de Montsauche, district de Chinon-la-Montagne, département de la Nièvre.

« Il appartient à Louis Marie Gabriel César Choiseul plusieurs étangs situés dans l'étendue de la commune d'Aligny. Aucun de ces étangs ne contient plus d'un arpent; tous se trouvent dans le cas de ceux exceptés par la loi du 14 frimaire qui en ordonne le desséchement. Celui connu sous le nom de l'étang Neuf est indispensablement nécessaire pour le service de deux moulins et d'une huilerie. Sa chaussée d'ailleurs est un chemin de communication pour tout le pays. Ceux connus sous les noms d'étangs de la Place de la Mine, des Grosses Pierres et Fontaine Blanche sont de la même utilité pour l'irrigation des prés et l'abreuvement des bestiaux.

« La loi sur le dessèchement des étangs, ne parlant que de ceux qu'on est dans l'usage de mettre à sec pour les pêches et dont les eaux sont rassemblées par des digues et chaussées, ne paraît point applicable à une nappe d'eau qui se trouve dans l'intérieur de la maison du citoyen Choiseul et d'ailleurs cette pièce d'eau serait encore dans le cas de l'exception, puisqu'elle sert à l'abreuvement des bestiaux du domaine dit domaine du Château, ainsi que des bestiaux de la réserve.

« L'article dernier de la loi portant qu'il sera prononcé provisoirement par les districts sur les étangs qui seront dans le cas d'être conservés d'après les demandes de la commune, le citoyen Choiseul invite le Conseil général de la commune d'Aligny à lui faire connaître son vœu relativement aux étangs qui lui appartiennent; jusque-là il croit ne devoir s'occuper du dessèchement d'aucun.

« Cette invitation est dictée par son désir de se conformer à la loi dans toutes leurs circonstances et, pouvant dire qu'il a toujours aimé à contribuer à ce qui pouvait procurer le plus grand bien des habitants d'Aligny, il se reprocherait d'avoir sans leur participation et consentement fait travailler au dessèchement des étangs qui lui appartiennent, puisque leur conservation est sollicitée par les intérêts desdits habitants.

« Le citoyen Choiseul ajoutera quelques observations qu'il invite le Conseil général de la commune à prendre en considération dans la demande qu'il doit adresser au district. L'objet que s'est proposé la Convention nationale en ordonnant le dessèchement des étangs peut-il être rempli par la commune d'Aligny ?

« La loi qui ordonne ce dessèchement des étangs a voulu rendre à l'agriculture les terrains occupés par les étangs et par là augmenter la masse des subsistances. Mais son vœu, pour la commune d'Aligny, est contrarié par le climat, par le sol et par la nature du terrain. Viendrait-on à bout de les dessécher ? Ce terrain resterait toujours humide et les grains ou légumes qui leur auraient été confiés, surpris par la gelée que l'on éprouve tous les mois de l'année dans ce pays ne donneraient aucune récolte. Le sol d'ailleurs de ces étangs ne permet point d'espérer le succès d'aucune espèce de culture. Aussi, au lieu d'une augmentation de subsistances, il en résulterait la perte de celles qui auraient été ensemencées. Si le pays du Morvan eut été connu du comité d'agriculture, on ne peut douter qu'il n'eut proposé une exception pour cette contrée de la République.

« C'est, au terme de la loi, avant le 15 pluviôse, c'est-à-dire avant le 3 février, vieux style, que doivent être mis à sec les étangs qui ne sont point dans le cas d'être conservés ; mais ce dessèchement est impossible en ce moment où les étangs sont couverts de glace, où par cette même raison on ne pourra peut-être pas en faire la pêche que plus d'un mois après les délais prescrits. Cette considération doit engager le Conseil de la commune à voter pour la prorogation de ces délais, dans le cas où il penserait qu'il y aurait sur son territoire des étangs dont il ne devrait pas demander la conservation. » [1]

La pétition de M. Pernin datait du 4 pluviôse an II. Quatre jours après, M. Clergier, propriétaire à Saulieu, déclara à la municipalité d'Alligny que « l'étang de Beaumont, de 2/3 d'arpent environ, l'étang de Pierre-de-Rez de 1/4 d'arpent, l'étang de Jean-de-Saulieu, de 1/4 d'arpent et l'étang des Grenouilles

---

[1] Archives château d'Alligny.

de 1/8 d'arpent, tous situés dans l'étendue de la commune d'Aligny, » appartenaient au citoyen Antoine-César Choiseul-Praslin, propriétaire demeurant à Auteuil, près Paris, et à ses frères et sœurs, héritiers de Renaud-César-Louis Choiseul-Praslin, leur père commun, et il en demanda la conservation.

A cette double déclaration, voici la réponse de notre municipalité :

« Le Conseil général, considérant que le sol, la nature du terrain et le climat du pays doivent faire craindre que le succès des ensemencements faits dans les terres desséchées, mais toujours humides, soit empêché par la gelée que l'on éprouve assez constamment dans le pays tous les mois de l'année, d'où résulterait la perte des grains et légumes ensemencés, ce qui est également vrai pour toutes les communes environnantes formant le canton de la République connu sous le nom de pays de Morvan.

« D'ailleurs le sol occupé par les eaux des étangs ne paraît susceptible d'aucune espèce de culture.

« Considérant ensuite l'impossibilité d'exécuter la loi dans les délais prescrits, que la glace dont les étangs sont couverts s'oppose à leur dessèchement et qu'il est à craindre que l'on ne puisse s'occuper des travaux nécessaires pour les mettre à sec qu'au moins un mois après l'époque fixée par la loi.

« Considérant, en outre, qu'il n'est aucun des étangs situés dans l'étendue de la commune auquel ne soit applicable le cas d'exception prévue par la loi; que la conservation de celui connu sous le nom de l'Étang-Neuf, appartenant au citoyen Choiseul, et dont la chaussée sert de chemin, est encore indispensablement nécessaire pour le service de deux moulins et d'une huilerie; que la conservation des autres étangs et pièces d'eau est également sollicitée par l'utilité dont ils sont, les uns pour l'irrigation des prés, les autres pour l'abreuvement des bestiaux et que plusieurs encore sont d'un grand service pour faire rouir le chanvre.

« Est d'avis, pour toutes les considérations tant de bien public que d'intérêt particulier des habitants de la commune, qu'il doit former la demande et la conservation de tous les étangs de la commune.

« Délibère qu'il sera envoyé à cet effet expédition de la présente délibération au district, à laquelle sera jointe copie des différents mémoires dont il a été fait lecture; que les administrateurs du district, après avoir arrêté la conservation provisoire des étangs, seront invités à adresser toutes les pièces au comité d'agriculture et à solliciter la conservation définitive sur laquelle la Convention nationale s'est réservée de prononcer.

« Délibère en outre que, dans le cas où les administrateurs penseraient qu'il est quelques-uns des dits étangs qui devraient être desséchés, ils seront encore invités à solliciter la prolongation des délais pour les mettre à sec.

« L'agent national [1] a été chargé de donner connaissance de la présente délibération aux différents propriétaires d'étangs, avec invitation de ne point faire travailler au dessèchement que dans le cas où le district n'aurait pas arrêté la conservation

---

(1) Par un décret de frimaire an II, la Convention avait établi dans chaque commune un « agent national » qui avait pour mission de « surveiller l'application des lois » dans son pays.

provisoire demandée par le vœu unanime du Conseil général de la commune. » [1]

12. — Commerce. — Les foires sont très anciennes au pays. Dès avant 1477, Jacques de Fontette en avait obtenu deux de Charles le Téméraire. En 1495, au mois d'octobre, Charles VIII avait accordé par lettres patentes « à Georges de Fontette, seigneur d'Aligny, l'établissement de quatre foires audit lieu d'Aligny, savoir la première le jour de la fête de Saint-Eloy, en juin (26 juin), la seconde le mardi après la fête Saint-Martin, la troisième après la fête Saint-Hilaire et la quatrième avant Pâques fleuries. Lesquelles foires se tiendront dans un champ appelé « la Champagne, » près dudit lieu d'Aligny. » [2]

Un mandement du bailli d'Autun, en date du 25 juin 1496, obligea le seigneur d'Aligny « de faire bâtir audit champ une belle grande halle pour tenir ladite foire. » [3] Mais en retour il était dû au seigneur quelques menus droits réglés par Charles VIII et ainsi formulés :

« Tous les merciers seront tenus de payer à chacune des quatre foires l'an 2 deniers et maille tournois, revenant à 2 blancs par foire. — *Item,* tout drapier paiera chaque ban 2 deniers tournois. — *Item,* un magnien par place paiera 1 blanc et les pannetiers 2 deniers tournois. — *Item,* toutes les langues des grosses bêtes tuées esdites foires seront audit seigneur et ne pourront lesdits bouchers les tuer sans les faire visiter. — *Item,* le cheval de prix ferré vendu auxdites foires paiera 2 blancs, le poulain 1 blanc, la jument

---

(1) Archives municipales.
(2) Archives château d'Alligny.
(3) Archives château d'Alligny.

1 blanc, le bœuf 1 blanc et la vache 2 blancs. — *Item,* chaque bête à laine mâle, 1 denier tournois et la femelle la moitié qui est 1 maille. — Toute chèvre et bouc, 1 denier tournois le mâle et la femelle la moitié. — Le porc de deux ans passés, 1 denier tournois et la truie 1 maille. — Tout cuir à poil, 1 denier tournois la pièce. — *Item,* tous royers paieront de vente pour chacun char 4 deniers et une charrette 2 deniers. — Tous selliers et bervaliers paieront pour place au prix des merciers et ceux qui s'en iront sans payer paieront l'amende 1 sol au seigneur d'Aligny. » [1]

Par suite des guerres, ces quatre foires avaient été négligées, mais elles furent rétablies par lettres patentes de Louis XIV, en décembre 1663. En outre, en mars de l'année suivante, le même roi concéda « audit Aligny un marché le jeudi de chaque semaine. »

Il y avait donc du commerce au pays autrefois. Aujourd'hui, le marché n'existe plus et depuis une cinquantaine d'années les foires se tiennent non plus à la Champagne mais dans le bourg. Au lieu de quatre, nous en avons dix [2] qui n'ont aucune importance, peut-être à cause du voisinage de Saulieu et de Liernais. Quoi qu'il en soit, il est regrettable que les jours des quatre anciennes foires n'aient pas été conservés : leur antiquité n'aurait certainement pas nui au développement des affaires.

---

[1] Archives château d'Alligny.

[2] Voici la date de ces foires : 28 janvier, 13 mars, 1er mai, 2 juin, 25 juin, 20 juillet, 20 août, 18 septembre, 18 octobre, 18 novembre.

CHAPITRE II

La seigneurie d'Alligny.

————

1. — Avant d'entrer en matière, nous voulons préciser le sens du mot *fief*, assez fréquemment employé dans le cours de cette étude.

Fief est la traduction du latin *feudum, feodam*. *Feodum* vient du saxon *feod*, paiement, car les fiefs ont été originairement donnés aux gens de guerre, afin de leur tenir lieu d'appointements pour le service militaire qu'ils étaient tenus de rendre à leur seigneur.

Le fief était une concession gratuite d'un héritage, seigneurie ou droit immobilier, par laquelle le seigneur transférait le domaine utile au vassal et se réservait le domaine direct, à la charge de foi et hommage et des autres droits et devoirs qu'il voulait retenir sur la chose ainsi donnée.

Les droits et les devoirs des fiefs, en général, étaient la foi et hommage, l'aveu et le dénombrement, le quint, le relief ou rachat, la saisie féodale ou mainmise, le retrait féodal ou retenue, la commise ou perte du fief.

Il y avait les fiefs de profit et les fiefs de danger.

Les fiefs de profit étaient ceux qui, outre la foi et l'hommage, étaient sujets à des droits utiles, lors des mutations, comme le relief, le quint requint, ou autres droits réglés par les titres ou par les coutumes.

Les fiefs de danger étaient ceux dont le nouvel acquéreur ne pouvait prendre possession sans le consentement du seigneur dominant, à peine de commise ou perte de fief.

On distinguait encore le fief dominant et le fief servant.

Le fief dominant était celui duquel un autre relevait. Le seigneur du fief dominant s'appelait seigneur féodal.

Le fief servant était celui qui relevait d'un autre. Le seigneur du fief servant se nommait vassal.

On donnait le nom de fief ouvert à celui qui n'avait plus de propriétaire reconnu du seigneur féodal.

La foi et hommage constituaient le premier devoir des vassaux. Cela ne s'entendait pas seulement de la fidélité due au seigneur féodal et qui est de l'essence du fief, mais encore d'un acte extérieur par lequel le nouveau vassal devait reconnaître sa dépendance. D'où la règle : tout nouveau vassal doit la foi à son seigneur et lui en faire quelque reconnaissance.

La reconnaissance était différente suivant la qualité des mutations, l'état des personnes, la disposition des coutumes. En certains cas, la reconnaissance suffisait; en d'autres, il fallait prestation de foi et hommage.

C'est en personne et non par procureur que tout nouveau vassal devait faire la foi. Et voici comment les choses se passaient :

Le vassal allait trouver le seigneur, le demandait, ou, en cas d'absence, demandait son principal officier. Puis, sans épée ni éperons, tête nue, un genou en terre et les mains jointes entre celles de son seigneur, il disait : « Sire, ou Monsieur, je deviens votre homme, vous promets foi et loyauté de ce jour en avant ; je viens en saisine vers vous et comme à seigneur vous offre ce. » Et le seigneur devait répondre : « Je vous reçois et prends à homme et en nom de foi vous baise à la bouche, sauf mon droit et l'autrui. »

Si le vassal ne rencontrait ni le seigneur ni son principal officier, il devait « heurter par trois fois à sa porte et après avoir baisé le verrou ou étiquette d'icelle, faire pareille déclaration que dessus et en prendre acte authentique, signifier aux officiers de la justice ou aux prochains voisins et en laisser copie.»

Ce premier devoir de foi et hommage était suivi de l'aveu et dénombrement. Il consistait à dresser un état exact de la consistance du fief en maisons, justice, héritages et droits, sans rien omettre. Ce dénombrement devait être fourni 40 jours après la reprise de fief, en forme authentique, passée par devant notaire et écrite sur parchemin. Le seigneur avait 40 jours pour l'approuver ou le refuser.

2. — **Résidence**. — Sous le régime de la féodalité, Alligny eut ses seigneurs. Barons d'abord, ils furent élevés ensuite à la dignité de comte en 1676 dans la personne de Pierre Quarré, surnommé le *Brave d'Aligny* par Louis XIV, à cause de sa belle conduite devant Maëstrich et Valenciennes. Ils eurent en notre pays trois résidences : la tour d'Alligny, la tour d'Ocle et le château d'aujourd'hui.

L'abbé Baudiau prétend que la première résidence des seigneurs se trouvait dans la direction nord-est de notre bourg actuel, sur la rive gauche de la Terrène, mais il n'en fournit aucune preuve et on n'en voit aucun vestige.

Dans un vieux manuscrit, nous avons lu que le château était désigné sous le nom de Tour. Il y avait là Tour d'Aligny, comme il y eut aussi la Tour d'Ocle et la Tour d'Illan. Au sommet de la Cremaine, il y a un endroit nommé la Tour; c'est une enceinte quadrangulaire environnée de fossés très bien conservés et où se concentrent de vieux chemins. Selon nous, c'est l'emplacement de la première résidence des seigneurs du pays.

La Tour d'Ocle, du nom de ses anciens propriétaires, s'élevait au nord, sur un monticule qui domine la Terrène. C'est la seconde habitation des seigneurs. On n'y voit plus que des ruines. La position de ce castel et les vestiges de ses anciens fossés dénotent une importance assez grande. Il fut, dit Courtépée, démoli vers 1490. Dans un contrat de 1504, il est parlé « du vieux chastel d'Aligny appelé Tour d'Ocle, ensemble la cour, les fossés, jardin et tout le pourpris d'iceux contenant environ un journal. » [1] En 1642, Gaspard Quarré écrivait : « La tour d'Ocle consiste en une mazure remplie de buissons, avec des vestiges de fossés et quelques restes de ruines, de la contenance d'environ un journal de terre, sans autre dépendance. » [2]

Leur troisième résidence est le château actuel, désigné d'abord sous le nom de la Motte [3] d'Aligny. Nous lisons, en effet, dans le terrier de 1488 : « C'est le terrier de noble hôme George de Fontette, escuyer, seigneur de la Mothe d'Aligny et de toute la valée

---

(1) Archives château d'Alligny.
(2) Archives château d'Alligny.
(3) On appelle Motte un tertre naturel ou fait de main d'homme, servant d'assiette à un château.

d'Aligny en partie... » [1] A ne le considérer que par
ce qui frappe nos yeux, on en comprendrait mal
l'importance primitive, mais nous sommes heureux
de donner ici la description de ce manoir, telle que
nous la fournit le terrier de 1649 : « Le chatel et
maison-forte dudict Alligny concistant en deux corps
de logis, ung pavillon et une escurie, déservie de
six tours scavoir quatre ronds et deux pentagones,
le tout enfermant ung cour de figure exagonale, tout
ledict chatel estant entouré d'ung fossey, à fon de
cuve revetu d'ung parie et muraille sèche, ledict
fossey estant plain d'eaux d'une longueur de cent pied
et profondeur de quinze. La basse-cour de ladicte
maison est formée d'une muraille de chaux et ar-
rènne flanquée de deux tour quarré et d'ung colombier de vingt quatre pied de diamettre sur une
pareille hauteur, y ayant une grange et quatre escurie. Le tout soubs ung mesme thoy qui a l'une de
ses yssue dans le prey beugnion et l'aultre du costé
de la métayrie dudict seigneur.

« Est encorre devant ledict châtel une aultre cour
qui a ses yssue pâr deux portes sur le chemain qui
monte dudict châtel à l'esglisce dudict Alligny, ladicte cour estant fermée de muraille de chaux et
arrenne. » [2]

Les six tours dont il est parlé plus haut, en rem-
plaçaient six autres de même forme qui avaient été
rasées par ordre d'Henri IV.

Au commencement du xviiⁱᵉ siècle, le château,
écrivait Pierre Quarré, « se compose de cinq corps

---

(1) Archives château d'Alligny.
(2) Archives château de la Chaux.

de logis et de sept tours dont une ne va qu'au cordon. » [1]

La physionomie actuelle de ce château ne dit plus rien de sa grandeur passée. Les démolitions d'une part, les réparations de l'autre, lui ont enlevé ce cachet grandiose qui était le propre de toutes les constructions de ce genre au moyen-âge.

C'est dans cette dernière résidence qu'eut lieu en 1792 la perquisition dont nous avons connaissance par le procès-verbal suivant :

« Cejourd'hui 23 septembre 1792, l'an IV de la liberté et le premier de l'égalité, nous maire, officiers municipaux de la commune d'Aligny en surveillance communale, assistés de 4 gardes nationales de cette commune, nous nous sommes transportés au château dudit Aligny pour y faire perquisition dans toutes les chambres et logements dudit château, sur le bruit public qui est que plusieurs personnes suspectes y étaient retirées avec des armes et amounitions pour y faire et commettre trahison aux citoyens et à la patrie dudit lieu.

« En conséquence, nous avons le tout vu dans les chambres dudit château, que nous sommes été assistés du domestique de Monsieur Moreau, fermier régisseur de la terre dudit Aligny, qui nous y a conduits et ouvert toutes les portes desdites chambres et n'y avons trouvé ni personne ni armes qui puissent nuire à la patrie, sauf une porte de fer qui était fermée à clef; que nous a dit ledit domestique ou jardinier dudit sieur Moreau qu'en cette chambre il y avait les registres et papiers et autres choses retirés dans ladite chambre et qu'il n'y avait pas possible

---

[1] Archives château d'Alligny.

dans ce moment de savoir ce qui était enfermé dans cette chambre.

« Qu'au moyen de ce, nous avons répondu sur le champ qu'il était très nécessaire de poser notre scellé à la porte de ladite chambre, ce que nous avons exécuté sur le champ. Fait ce dit jour que dessus par nous officiers municipaux. En foi de quoi nous nous sommes soussignés, ceux le sachant faire. » [1]

Qu'y avait-il donc derrière cette porte de fer? Le voici, à la date du 30 mai 1793 :

« Nous nous sommes transportés à la maison du citoyen Choiseul, ci-devant seigneur dudit Aligny, pour y reconnaître le scellé qui fut apposé sur une porte de fer, lequel nous avons reconnu intact, sans avoir été touché. Après quoi, nous en avons fait l'ouverture; nous y avons trouvé des vieilles cassettes qui ne renfermaient rien. Le tout fait et visité de l'accord et présence du citoyen Pernin, régisseur du ci-devant seigneur. » [2]

3. — **Droits honorifiques.** — Les seigneurs d'Alligny jouissaient de nombreux droits honorifiques que nous allons énumérer, tels que nous les lisons en tête du terrier de 1649 : [3]

« 1° Ledit seigneur est seul seigneur, en toute justice haute, moyenne et basse, dudit Aligny.

« 2° L'église dudit Aligny est en la seule et totale justice dudit seigneur.

« 3° A cause de sa justice, il lui est loisible d'insti-

---

(1) Archives municipales.

(2) Archives municipales.

(3) Nous connaissons quatre terriers d'Alligny : celui de 1488, celui de 1609 reçu Salier, celui de 1649 reçu Martin et celui de 1779 reçu Collenot.

tuer tous officiers, comme bailli, lieutenant, procureur, greffier, sergent ordinaire et sergent forestier.

« 4° Les susdits officiers ont la connaissance de toutes causes, tant civiles, mixtes que criminelles, voire jusques à sentence de mort, s'il échet.

« 5° Sitôt qu'une partie est assignée devant le juge, s'il fait défaut, il est émandable de 7 sols.

« 6° Sitôt qu'une cause est présentée entre partie et partie, ils ne peuvent sortir hors de cause sans payer l'amende de 7 sols.

« 7° S'il y a contestation au serment prêté, l'amende est de 14 sols.

« 8° Toute prise de bêtes faite en l'héritage du seigneur, ou celui d'autrui au rapport du sergent, l'amende sur le mésusant [1] est de 7 sols.

« 9° S'il y a garde faite par autre que par ledit sergent, l'amende est de 3 livres 5 sols.

« 10° Lesdits habitants sont gens de mainmorte [2] et servile condition.

« 11° Ledit seigneur a le droit des quatre cas de la coutume, qui est pour nouvelle chevalerie, rançon du seigneur, voyage d'outre-mer et mariage d'une fille.

« 12° Lesdits sujets sont gens de pouette [3] ne

---

(1) Mésus, mésusage, est le dommage causé dans des héritages par le bétail.

(2) D'après le droit féodal, on appelait mainmortables les serfs qui ne pouvaient transmettre leurs biens qu'en ligne directe et aux biens desquels le seigneur succédait, quand ils mouraient sans enfants, bien qu'ils eussent des neveux, des frères, des parents.

(3) Pouette, pote, poté, sont trois mots qui désignent une seigneurie comprenant plusieurs villages et familles de condition servile, appelés *gentes potestatis*. Cette sorte de serfs attachés à la glèbe, était immeuble et se vendait avec la terre qu'elle ne pouvait quitter, si elle n'était affranchie.

pouvant faire assemblée ni jeter impôt sur eux sans la permission dudit seigneur ou de ses officiers.

« 13° Lesdits sujets ne peuvent faire moulins, batteurs ni autres engins sans la licence dudit seigneur.

« 14° Ledit seigneur a ses moulins audit village et finage d'Aligny, appelés le moulin des Rèzes et le moulin Jarle, le droit desquels se paiera à la manière ancienne et accoutumée.

« 15° A ledit seigneur le droit de messerie, qui est une gerbe de seigle sur chaque feu deça la rivière de Terrène, et de là la rivière la moitié avec le seigneur d'Illan.

« 16° La justice et signe patibulaire doit être au champ des Fourches, autrement le Meurot, appartenant à Jean Girard Guichard et consorts, au finage de Fétigny.

« 17° Le foulon banal [1].

« 18° Ladite terre d'Aligny est allodiale [2], qui est tous achetant héritages doivent les lots de 20 deniers pour livre.

« 19° Lesdits acheteurs sont sujets mercier lesdits lods 40 jours après l'achat, à peine de l'amende de 3 livres 5 sols.

« 20° Les héritages possédés ruère ladite terre

---

(1) Au temps féodal, on donnait le nom de banal aux choses assujetties par le seigneur à certaines redevances et dont les vassaux étaient obligés de se servir. Ainsi, on devait cuire dans le four banal, porter ses raisins dans le pressoir banal, envoyer son grain au moulin banal, etc., à charge de laisser une partie de son pain, de son vin, de sa farine, etc., en paiement du service rendu.

(2) Les héritages francs ou allodiaux sont ceux pour lesquels il n'est dû aucune prestation de foi et hommage, ni aucun cens et redevances, et qui pour cette raison sont appelés francs alleux.

doivent taille au jour de fête Saint Barthelemy, à peine de 7 sols d'amende.

« 21° Doivent aussi les aucuns d'iceux cens [1] à la Notre Dame de Mars, à peine de 7 sols d'amende.

« 22° Tous lesdits habitants doivent chacun une poule de coutume au jour de fête de Noël, à peine de 7 sols d'amende.

« 23° Doivent les susdits trois corvées de bras, l'une à sacler, l'autre à faucher et l'autre à moisson-ner.

« 24° Doivent encore les susdits deux corvées de charrue, l'une à sombrer et l'autre à semer.

« 25° Doit encore chacun d'eux une charretée de bois au jour de Noël, lesquelles corvées ils sont obligés de faire 24 heures après qu'ils auront été avertis, à peine de l'amende de 7 sols.

« 26° Si lesdits habitants tuent ou font tuer quel-que bête, comme bœuf, vache, taureau et taurie, ils doivent la langue audit seigneur, à peine de 3 livres 5 sols d'amende.

« 27° N'est loisible auxdits sujets faire taverne sans la permission dudit seigneur.

« 28° A ledit seigneur ses étalons de blé et de vin auxquels lesdits sujets doivent esgandillonner leurs mesures de blé et de vin, et n'en peuvent tenir en leurs maisons sans être marquées de la marque dudit seigneur, à peine de l'amende arbitraire.

« 29° La banalité des bois est confesssée.

« 30° A ledit seigneur seul le droit de dîme au finage de Fétigny, même es terres sises es ouches et

---

(1) Le cens est une redevance foncière due au seigneur direct, justi-fier ou féodal, sur un héritage dont le domaine utile appartient au possesseur.

terres de Lormot, comme aussi en ceux de Champcreux, de la Serrée, des Prés, de Montafroy, la Chaux,
Montabon, Creuzot et Fontaine Blanche, et ce de
20 gerbes l'une.

« 31° N'est loisible à aucun desdits sujets de faire
fête, sonner tambour, jouer hautbois, ni aucuns
autres instruments sans la permission dudit seigneur.

« 32° A permis ledit seigneur de labourer les terres
de son domaine, payant la tierce de 13 gerbes l'une.

« 33° Ne peuvent lesdits sujets mettre porcs en
engrais que ceux de l'auge de Mars; à cet effet seront
tenus faire inscrire la quantité que chacun d'eux en
aura, à peine de l'amende arbitraire.

« 34° La rivière dudit Aligny est banale et n'est
loisible à qui que ce soit y pêcher, à peine de
l'amende de 3 livres 5 sols et l'appelleront la rivière
de Terrène.

« 35° N'est loisible à qui que ce soit de chasser ni
chaier dans les détroits de ladite terre, à peine de
punition selon la rigueur des arrêts.

« 36° Tous lesdits sujets sont obligés au guet [1] et
garde du châtel dudit Aligny en temps d'éminent
péril, à la charge de les retirer, comme à l'entrete-
nement des menus emparements nécessaires au pont
dormant, murailles de basse-cour, rateaux desdites
murailles, palissades, curées des fossés, le tout suivant et conformément l'ordonnance du duc Jean [2].

« 37° Auxquelles réparations tous les retrayants

---

[1] Le guet est l'obligation de faire garde dans un château ou maison seigneuriale.

[2] Il s'agit du duc Jean sans Peur, 1404-1419. Son ordonnance est
de 1408.

sont obligés, ni plus ni moins, que les sujets dudit Aligny.

« 38° N'est loisible ni permis à aucun sujet d'Aligny de couper bois dans les usages pour les vendre, ains seulement pour leurs chauffage, bouchures et autres nécessités. » [1]

4. — **Justice.** — Le premier des droits honorifiques concerne la justice. A cette époque, elle était royale et seigneuriale.

Le roi se réservait de juger certains cas que l'on désignait sous le nom de cas royaux, mais il concédait aux seigneurs de juger dans l'étendue de leur seigneurie tel et tel cas déterminés qu'on appelait les cas seigneuriaux.

Toute justice seigneuriale n'était donc qu'une justice déléguée par le roi, de qui émane toute justice.

Cette justice seigneuriale était de trois sortes : la haute, la moyenne et la basse justice.

La haute justice, selon Denizard, était celle d'un seigneur qui avait pouvoir de faire condamner à une peine capitale et de juger de toutes les causes civiles et criminelles, cas royaux exceptés.

La moyenne justice avait droit de juger des question de tutelle et injures, dont l'amende ne pouvait excéder 60 sols.

La basse justice connaissait des droits dûs au seigneur, du dégât des bêtes et injures, dont l'amende ne pouvait excéder 7 sols 6 deniers; on l'appelait aussi justice foncière.

Tous les seigneurs de France participaient plus ou moins à la justice royale, mais à qui on accordait

---

[1] Archives château de la Chaux.

la basse justice, on n'accordait point toujours la moyenne et la haute justice.

Nos seigneurs d'Alligny eurent à leur service l'exercice de la haute, de la moyenne et de la basse justice et par conséquent baillis, lieutenants, procureurs d'office, greffiers, sergents ordinaires et sergents forestiers, dont la mission était d'instruire les causes déférées à leur tribunal. Ils eurent en outre le droit de dresser potence. Elle se voyait au Meurot, dans le champ des Fourches, « où doivent être les signes patibulaires et la justice dudit Aligny, suivant l'article 16 des droits généraux au terrier signé Martin et l'article 15 de la reconnaissance des droits généraux faite par devant Salier en 1609, contenant toute ladite pièce, 19 journaux un quart, joignant le chemin du village de la Serrée à Champcreux ou à Aligny, de soleil levant et midi, le chemin des prés au Merle à l'étang des Ruaz, de midi, le chemin dudit étang des Ruaz à Saint-Léger, de soleil couchant déclinant septentrion, la terre de François et Jean Rignault appelée le champ des Boulas, de septentrion, et les terres de la Comme de Vivant Lepage et ses consorts, de soleil levant et septentrion. » [1]

Dans les registres de la tenue des jours de justice, nous n'avons point rencontré de procès de causes criminelles entraînant la peine capitale. Il nous est donc impossible d'affirmer si la potence a servi à quelque coupable.

5. — **Antiquité.** — Un mot maintenant sur l'antiquité de la seigneurie d'Alligny.

D'abord cette seigneurie est très ancienne et

---

[1] Archives château d'Alligny.

remonte aux premiers temps de la féodalité sous le titre de baronnie.

La baronnie est une dignité féodale plus grande que celle du seigneur-châtelain et moindre que celle de comte. Les baronnies en général étaient de grandes seigneuries qui avaient toutes justices et connaissaient des grands crimes, ainsi qu'on peut le voir dans le chapitre 25 des établissements de Saint Louis.

Les ordonnances de juillet 1566 voulaient qu'il ne fut érigé aucune terre en duché, marquisat ou comté, qu'à charge de réversion à la couronne à défaut d'hoirs mâles. Celle du 17 août 1569, que la châtellenie eût anciennement justice haute, moyenne et basse, droit de faire marché, prévôté, péage et prééminence, surtout es églises étant au-dedans de ladite terre; que la baronnie fût composée de trois châtellenies pour le moins; le comté de deux baronnies et trois châtellenies, ou d'une baronnie et six châtellenies; le marquisat, de trois baronnies et trois châtellenies pour le moins, ou de deux baronnies et six châtellenies, le tout tenu à un seul hommage. [1]

La baronnie d'Alligny était terre allodiale, c'est-à-dire exempte de tout droit et ne relevant d'aucun seigneur. Pourtant le franc alleu n'exemptait point des droits de souveraineté, et, lors même qu'une terre quelconque était déclarée libre comme propriété, elle dépendait néanmoins, pour la justice, ou du roi ou d'un seigneur.

6. — Étendue. — Cette seigneurie s'étendait jadis

---

[1] Manuscrit de 1750. Archives de la Chaux.

sur les deux rives de la Terrène. Sa mouvance appartenait aux évêques d'Autun, mais elle leur fut souvent disputée par le comte de Nevers et par le seigneur d'Illan, qui semble enfin avoir prévalu. Cette terre fut divisée au xiiie siècle en deux portions, ayant pour limites le cours de la rivière qui resta banale entre les deux seigneurs d'Alligny et d'Illan. Gaspard Quarré confine en ces termes la justice d'Alligny, pour la distinguer de celle de Basole et d'Illan : « Tout ce qui est renfermé entre le village de Pensière, Beaumont, la Serrée, Fétigny, Champcreux, la Place, la Cremaine et Jarnoy, s'appelle de toute ancienneté le vallon d'Aligny. Dans ledit vallon est un chemin qui descend de Reglois, remonte à Beaumont et tire à Champcommeau, lequel chemin divise la justice d'Aligny d'avec celle de Basole, de sorte néaumoins que ledit chemin et tout ce qui est dans ledit vallon, tirant au château d'Aligny, est de la seule et totale justice dudit seigneur d'Aligny, comme faisant partie de son village, lequel est divisé par un ruisseau nommé Terrène, qui coule le long du vallon et qui prend sa source entre les villages d'Illan et la Vaux.

« La partie enclose entre ledit ruisseau et le chemin qui descend de Reglois et qui remonte à Beaumont, s'appelle Aligny outre Terrène et l'autre qui comprend le château d'Aligny s'appelle simplement Aligny.

« Non seulement sur la partie qui comprend le château, le seigneur d'Aligny est seul seigneur en toute justice, mais encore en celle renfermée entre ledit ruisseau et ledit chemin...

« Quant à l'autre partie, qui comprend le château

d'Aligny, elle a pour confins, du côté du village de la Place, un petit ruisseau appelé le Rupt du Tour, qui descend de la Chaux [1] et se jette dans le ruisseau de Terrène, lequel Rupt est de la justice et seigneurie d'Aligny. » [2]

Les acquisitions successives des terres de Gouloux, de Breules et de la seigneurie d'Illan ont reculé ces limites dans de notables proportions.

---

(1) Le Rupt du Tour se forme des eaux qui descendent des Guttes-Bonin et non de la Chaux.

(2) Archives château d'Alligny.

CHAPITRE III

Les Seigneurs d'Alligny.

Il est temps de parler des seigneurs d'Alligny. Déjà plusieurs noms ont été cités, les Fontette, par exemple, les Quarré, les Choiseul. Mais nous voulons faire avec eux une plus ample connaissance et, pour mieux réussir, nous allons coordonner tout ce qu'il nous a été possible de recueillir à leur sujet.

I. — D'ALIGNY

La baronnie d'Alligny appartenait au xııᵉ siècle à une très noble famille de ce nom. HUGUES D'ALIGNY partit pour la Palestine en 1147 et fonda à son retour un hôpital rural dont le souvenir revit dans le nom de l'*Etang de la Maladière*.

En 1214, JEAN, prévôt d'Aligny, céda au prieur de Bar-le-Régulier, tout ce qu'il possédait à Savilly, en hommes, femmes, meix et chevances, étangs... [1]

En novembre 1225, SEGUIN, seigneur d'Aligny, vendit une maison située au cloître, à Autun, à Hugues de Verrière, chevalier, seigneur d'Etang, qui la céda à Girard de Saint-Symphorien. [2]

En mai 1258, JEAN D'ALIGNY reconnaît devoir 400 livres dijonnaises à l'évêque d'Autun et engage Saucey. [3]

---

[1] Baudiau.
[2] Cartulaire de l'église d'Autun, 1900.
[3] Cartulaire.

Mai 1260, Jehan d'Aligny reconnaît avoir emprunté et devoir à Girard, évêque d'Autun, 530 livres dijonnaises pour lesquelles il oblige *titulo pignoris* tout ce qu'il a ou peut avoir à Saucey, vers Bligny-sur-Ouche. [1]

Au mois d'octobre 1260, Alexandre et Jehan d'Aligny reconnaissent tenir de fief de Girard, évêque d'Autun, tout ce qui est énuméré dans la pièce suivante :

« DOU FIÉ QUE ALIXANDRES ET JEHANS DE ALIGNI
ONT PRIS DE GIRART ÉVESQUE D'OSTUN

« Nous Hugues dux de Bourgoingne, façons savoir à tous ceaux qui verront ces présentes lettres, que Alixandres et Jehans qui furent filz mon seigneur Arnou de Aligne, cognoissent aus être fors de toutes avoeries ; estaubli por ce an nostre présence ont recognu aus avoir pris an perdurauble fié de Girart évesque dOstun lou més de Jehan de lestan et les apertenances de celui més et la moitié de lestan de Cham Comaul ; la ville que lon apele oultre Tarone et les apertenances de celte ville, sauz lou més qui ut damz Bernarz ; la ville que lon apele lou Reu [2] et les apertenances de cette ville ; la ville que lon apele Principau [3] et les apertenances de cette ville, tout quant [4] quil ont en la ville que lon apele Cumienne ; [5] la ville que lon apele Jarnoy et les apendices, sauz ce que le chapitre de Sauleu hai en

---

(1) Cartulaire.

(2) Reu, nom des maisons situées dans le haut du bourg, en allant à Moux. On y voit encore la fontaine du Reu, à gauche de la route.

(3) Principau, ou Prespaux, village actuellement détruit et qui se trouvait jadis entre la Cure et la Champagne.

(4) Tout quant, *totum quantum*.

(5) Cumienne, aujourd'hui Cremaine.

ladite ville; tout quant que il ont en Chaseingnes, en bois et en toutes autres chouses, c'est a savoir en la ville de Chaumiens, sauz lou més Baillot qui est au seigneur de Guipey et le finaige de cette ville; la ville de Marnay, sauz trois més qui sont au chapitre de Sauleu et lou finaige de cette ville; la ville de Reglais et les apertenances de cette ville; tout quant que il ont à Golois [1] et es apertenances; tout quant que il ont en Vaux de Chaissey, en més, en homes, en bois, en terres, en autres chouses, ensinc cum la valée porte dis Poloysie [2] en jusques en Lucenay a dextre et a sénestre; la moitié de lestan desouz lou moistié dAligney, que lon apele lou grand estan et la moitié dou molin de celui estan; la moitié de lestan de Marnay et des molins dou dit estan; la quarte partie des bois qui partent avec les enfants d'Arne et avec Jehannin de Aligney; la moitié de la forest Chauve qui part avec Jehannin d'Aligney; la moitié de la forest de Rouge Terre; la moitié dou bois d'outre Cure qui part avec Jehannin de Aligney; la moitié de la forest que lon apele Giros Vernoy; la moitié de la forest que lon apele Jarmya; la moitié de la forest que lon apele Tueberthain; la moitié de la forest que l'on apele de Chazelles sous Maiour [3]; la moitié de la forest que lon apele de Forcenne, qui part à Jehannin de Aligney; la moitié de la forest de Chanlon en laquelle Guillaume de la Bouloye hai la quarte partie; la moitié de la forest de Bron et touz les plaissiez et les sarrées, ensinc cum elles vont entre Ruères et

---

(1) Golois, aujourd'hui Goix, village de Moux.

(2) Poloysie, aujourd'hui Palaizot, village de Moux, de Chissey et de Menessaire, par lequel on passe pour aller à Lucenay-l'Evêque.

(3) Maiour, ancien nom de Moux.

Pancères et Beaumont et lou vaul d'Aligney, des
Bron jusques à lestan de Bois Comau; la moitié de
Gros Bois; la moitié de la forest de Pancères; la
moitié de Boloy de Vignol; la quarte partie de la
forest Garnier; la moitié dou bois de Romenay; la
moitié de la sarrée d'Yllant; la moitié de la sarrée
de Boquerouse; la moitié des bois qui partent es
homes de Saint Ligier; la moitié de la sarrée de
Maison Ytier et lou fié que Jehannins d'Aligney doit
tenir dou dit Alixandre et Jehans; c'est a savoir la
fort maison d'Aligney et lou fié que Guiot de Julley
tient d'aux, et lou fié que messires Guillaume de
Turcey tient d'aux, et généraulment quamque il
tiennent ou doivent tenir en la terre d'Aligney et
es apendises, an terres, an bois, an homes, an justices, an rivières, an prez, en aultres chouses et en
fiez et an rière fiez, sauz la maison fort de Aligney
que il tiennent dou comte de Neverz, c'est a savoir
la maison d'Amont, et sauz lou fié de Poilemarrou, (1)
louquel il tient des enfanz d'Arne, et sau lou fié dou
Conforgien, et est a savoir que lé diz Alixandre et
Jehans et lor hoirs et tous ces qui tiennent ces devant
dites chouses ou tiendront de l'évesque d'Ostun en
fiez sans nuns moiens (2) an quelque ménière que
ceste chose tiennent et queque les tiennent, en telle
ménière que elles ne reingnent en rières fiez. Et toutes
ces chouses il sunt tenus garantir il et lor hoirs a
l'évesque d'Ostun et en ont lié an la main l'évesque
d'Ostun por lou sairement fait devant nous, aux, lor
chouses, lor hoirs et toutes les choses que ils porront
conquester et avoir quelcunques elles fussent, et de

---

(1) Palmaroux, commune de Montsauche.
(2) *Sine nullis mediis*, sans intermédiaire entre eux et l'évêque.

toutes choses garantir et tenir an pais audit évesque il et lor hoirs tenu par lou devant dit sairement, et por les chouses faicent, il ont heu dou dit évesque dix et sept vinz livres de digenois, lesquelx ils ont receu dou dit évesque en deniers nombrez, ensinc cum il ont recogneu par devant nous, et ces choses li évesque d'Ostun ne puet mettre en autre main. En tesmoinz des choses devant dites, por la prière et por la requeste des devant diz Alixandre et Jehans nous avons mis en ces présentes lettres notre séaul, ce fut fait an lan de Notre Seigneur M. CC. et LX. ou moys d'oictouvre. » [1]

Quatre ans plus tard, octobre 1264, Jehans d'Aligny et sa femme mettent en gage leur propriété de Souvert par une lettre dont la finale est curieuse. Cette lettre est ainsi conçue :

« LITTERA QUOD VILLA DE SOVER [2] ET OMNES APPENDICIE SUNT DE FEODO EPISCOPI EDUENSIS

« Nos Jehans de Aligney, chevalier, et dame Dannons, fame audit Jehanz, faisons savoir a touz céaus qui verront ces présentes lettres que nos, por nostre prou et por nostre besoing contreignant, de nostre espoigne gré, sauz nulle force et sauz nul barat et sauz nulle deception, avons mis en gaige a nostre redoutez père Girars por la grace de Deu avesque d'Ostun, nostre ville de Sove, qui sict ou Vaul de Lucenay, et quant que nos avons ou poons avoir en la devant dite ville, en maisons, en terres, en prez, en champs, en bois, en vignes, en homes, en tailles,

---

(1) Cartulaire de l'évêché d'Autun.
(2) Souvert, commune de Chissey-en-Morvan (Saône-et-Loire).

en censes, en costumes, en aigues, en pastures, en
justice et en totes autres choses quex qu'elles soient,
les quelles choses totes de sus dites nos tenons en fié
et sunt et muevent dou fié de l'yglise et de l'avesque
d'Ostun, por 11 ᶜ livres de Viennois, des quex nos
avons heu nostre gréance et nostre finance dou dit
avesque, et nos en tenons a paié antirenemant, et
nos devestons de la dite ville et des choses de sus
dites et an revestons lou dit avesque corporelmant
et prometons por noz sairemanz que nos avons fait
et baillé corporelmant sus seintes évangiles la devant
dite gaigere tenir en pais, garantir et deffendre contre
tote genz ne ne venrons en contre ne por nos ne por
autrui, por parole ne por fait, en jugement ne defors,
ne ne consentirons ne n'aiderons nullui qui vuille
venir en contre ne por nos ne por autrui, et quant
a ces choses devant dites garentir et tenir en pais
nos obligeons audit avesque et a ses successors touz
nos biens mobles et non mobles quanque nos avons
ne poons avoir, et nos hoirs, et renonçons a totes
demandes endui ensamble et chascuns por soi por
nos sairemanz devant dit a totes deffenses, a totes
barres [1] et a totes hainnes que nos ou nostre hoirs
avons ou poons avoir sus ces choses et nos li devant
dite Dannons par nostre sairement abrenonceons a
toz assenemanz et a tote hautoire et a tote hainne
qui est escripte et continue en droit escrit et an costume por raison de privilege de doaire ou por favor
ou por raison de fame, et abrenonceons an dui
ensamble à totes choses c'un porroit dire an contre
ceste lettre ne ceste gaigère et especiaumant au droit

---

(1) Le mot *barres* signifie exceptions ; on a dit aussi barroyer, pour
exciper et se défendre. Les exceptions sont les défenses ou moyens
que l'on oppose à une action.

qui dit que généraus abrénonciations ne vaut noiant, an tel meniere que quant nos aurons au devant dit avesque ou a ses successors ou a lor comandemant fait lor gré ou lor finance des devant dites douz cenz livres ces choses revauront a nos et a nos hoirs, sau lou fié de l'yglise et de l'avesque d'Ostun. Au tesmoignaige de ces choses devant dites, nos li diz Jehans por nos et por la devant dite dame Dannons nostre fame, a la requeste de celi avons mis notre seaul an ces présentes lettres, et nos li devant dite Dannons avons prié et requis lou dit Jehans nostre mariz que il mete son seaul por lui et por nos en ces lettres et il l'i a mis a nostre requeste et a nostre prière et nos avons prié et Jehanz de Chastoillon, seigneur de Rosillon, que il meist son seaul an ces présentes lettres an tesmoignaige de ces choses de sus dites et nos diz Jehans de Chastoillon, sire de Rosillon, a la requeste et a la priere des devant diz Jehanz d'Aligny chevalier et de dame Dannon sa fame, avons mis nostre seaul en ces présentes lettres an tesmoignaige de vérité. Ce fut fait et doné an l'an de l'incarnacion Nostre Seigneur mil cc sexante et quatre ou mois d'oictouvre. » [1]

Souvert qui avait été mis en *gaigère* en 1264 fut retiré le 12 novembre 1273, comme nous l'apprenons par cette autre lettre de Jehan d'Aligny :

« LITTERA QUOD JOHANNES DE ALIGNEYO MILES CONFI-
TETUR VILLAM DE SOVER ET PERTINENTIAS ESSE DE
FEODO EPISCOPI EDUENSIS.

« A tos ces qui vauront ces présentes lettres, je Jehans d'Aligney chevalier fais a savor que cum je

---

[1] Cartulaire de l'évêché d'Autun.

hausse obligié et mis en gaigière en la main de redoté père mon soignour Girart por la grace de Dei avaque de Ostun, la ville de Sover, les bois, les prez et totes les apartinances, les issues, les rantes et les esploiz de la dite ville, por deux cent livres de viennois, les quex deux cent livres je havoye receues dou dit avasque sus la dite ville de Sover et des apartinances laquele vile et les apartinances je tenoye et tien en fyé dou dit avaque et de l'église d'Ostun et je haye payé au dit avaque les dites deux cent livres et faict son gré, li dit avasque m'a rendu la dite vile de Souver et les apartinances et se tient a paiez de moy, et des dites deux cent livres de viennois, et je me a tien a paiez de lui et de la dite gaigière et de la tenue et de la randue. An tesmoin de laquel chose por ce que je n'ay seal je ha fait mettre an ces présentes lettres les seaux de honorable homes Jehan prieur de Bar..... Ceu fu doné a Lucenay an l'an de Notre Seignour mil deux cent septante et trois le dimoinche apres la feste saint Martin d'iver. » [1]

En 1264, Jehan d'Aligny avait un sceau qu'il appose à la lettre d'octobre et il n'en a point en 1273. Nous n'en devinons pas la raison.

Quittance de novembre 1275 par Pierre de Beaune, vierg d'Autun, d'une somme de 160 livres, remise à l'évêque d'Autun, par JEAN D'ALIGNY, chevalier. [2]

Novembre 1275, Girard de Beauvoir, évêque d'Ostun, vend au chapitre d'Ostun « medietatem totius ville de Sanceyo versus Beligneyum super Hoschuram cum appenditiis et pertinentiis, juribus, etc.

---

(1) Cartulaire de l'évêché d'Autun.
(2) Cartulaire.

quam acquisiverat a nobili viro domino JOHANNE DE ALIGNEIO milite. » [1]

1277. — Le même Jehan d'Aligny possédait un pré et sans doute d'autres terres au finage de Belnay (Barnay, Saône-et-Loire). [2]

JEAN Ier D'ALIGNY eut de Dagnone, sa noble épouse, cinq fils : Jean, Seguin, Philippe, Poncet et Girard, dit Besort. Le plus jeune étant entré comme novice au monastère de Saint-Martin, ses frères réunis à Autun en 1284 lui constituèrent pour sa part de patrimoine, soit qu'il se fît religieux, soit qu'il restât séculier, une rente de huit livres, sa vie durant. Ils s'obligèrent en outre envers l'abbaye à une aumône perpétuelle de vingt sous et assignèrent le tout sur le moulin et l'étang de *Chancomeaul au parochiage d'Aligny*. Ils donnèrent encore plusieurs pièces de terre à la cure pour le remède des âmes de leurs père et mère et de leurs ancêtres. [3]

En 1296, JEANNE D'ALIGNY, femme de Jean de Menessaire, vendit Esfours en partie à Colard Chapeluz, écuyer.

En cette même année, le même Colard, ou Nicolas Chapeluz, de Saulieu, reconnaissait tenir de fief de l'évêque « les Forx, paroisse de Blaanou, item in aliis feudo omnes res illas quas acquisivi a Johanneta quondam filia Alexandri de Aligneyo, videlicet domum apud Chaumes in parochiatu de Mahou, cum manso Perroueti de Furno sito in parochiatu de Aligneyo. » [4]

---

(1) Cartulaire.
(2) Cartulaire.
(3) Baudiau.
(4) Cartulaire.

Jean II, baron d'Aligny, fut témoin en 1327 de l'acte de foi que fit Louis II, comte de Nevers, à l'évêque d'Autun, devant le grand autel de la collégiale de Saulieu, pour tout ce qu'il tenait en fief du prélat. Il donna lui-même dénombrement de ce qu'il possédait à Alligny, savoir : sa maison du Puy, la haute justice, les tailles, cens, rentes... pour oultre Taronne, Reglois, Marnay, la Chaux, Gouloux, Montbroin, Guise. ... Il laissa de Catherine, son épouse, Jean, Guillaume, Pierre, Henri... qui firent aveu en 1333 et en 1356. (1)

En 1355, mercredi après l'Ascension de N.-S. J.-C., testament de Jean d'Aligny léguant à l'église Saint-Andoche de Saulieu 200 livres tournois pour la fondation d'une messe quotidienne et perpétuelle à célébrer dans ladite église. En voici les termes :

« Anno Incarnationis 1355, ego Joannes de Alinio do et lego ecclesiæ beati Andochii de Sedeloco ducentas libras turonenses semel persolvendas pro quâdam missâ quotidianâ in dictâ ecclesià à canonicis ejusdem ecclesiæ seu eorum capellanis perpetuis temporibus ac diebus feriatis et non feriatis, festivis ac non festivis, celebrandà...... » (2)

En 1447, jeudi après l'octave de la Saint-Martin d'été, Guillaume d'Aligny fait au comte de Nevers aveu de sa maison forte et de tous les fiefs mouvant de sa baronnie, et énumérés dans la pièce ci-jointe :

« In nomine Domini Amen. Incarnationis ejusdem 1000 quadringentesimo quadragesimo septimo, die jovis, post octavas œstiva les festi Beati Martini, ego

---

(1) Baudiau.
(2) Terrier de 1649, archives de la Chaux.

Guillelmus de Aligneo, dominus Castri Alignensis domicellus, notum facio universis prœsentes litteras inspecturis, quod ex mea et libera voluntate mea confiteor et in veritate recognosco, me tenere in feudum et nomine feudi ab excellenti et potenti principe domino meo domino Comite Fleudrensi et Nivernensi res inferins annotatas, videlicet domum fortem de Aligneo, prout dicta domus fortis inter fosseta est inclusa ; item feudum hœreditatum quod dominus de Conforgien [1] tenet a me in feudum, videlicet domum de Conforgien et totius villa de Conforgien, excepta quadam maisera antiqua sita desuper domum Guillelmi Numerii, quœ maisura est de fondo domini episcopi œduensis ; item feudum Nemoris de la forêt de Conforgien, nemoris Denalay et nemoris d'Avroy ; item feudum Proni stagni de Conforgien de subtus nemus prœdictum ; item feudum sedis stagni de Labre ; item feudum terrarum et pratorum situm in finagio de Conforgien, exceptis terris de Fénillé, d'Echenon et de Bouloy ; item feudum de manso de la Luze de sancto Martino de Mari et pertinentia dicti mansy ; item feudum Justitiæ [2] et dominii hæreditatum prædictarum, protestans quod si aliquid obmiserim declarare quod mihi nihil ejus qui a me tenere in feudum non præjudicare in futurum, promittem bona fide quod quotiescumque obmissa, si qua obmiserim, ad meam notitiam devenerint, quod ea manifestabo ac etiam declarabo. In cujus rei testimonium sigillum curiæ temporalis domini episcopi œduensis, unà cum signo

---

(1) Conforgien, hameau de Saint-Martin-de-la-Mer (Côte-d'Or).

(2) La Justice est un hameau de Saint-Martin-de-la-Mer (Côte-d'Or).

et subscriptorum, notarii subscripti præsentibus litteris rogavi et feci apponi. Datum anno et die prædictis, præsentibus Joanne filio Guillelmi Prunié, de Sedeloco, clerico et Galeo de Conforgien, testibus ad hoc vocatis et rogatis. Et ego Guido Goeti de Sedeloco, electus auctoritate imperiali curiæque temporalis prædictæ, notarius publicus prædictus, confessioni, recognitioni protestatæ et præmissæ præsentes institui cum testibus prædictis easque in sane formam publicam redegi et signo meo signavi. In testimonium præmissorum vocatus et rogatus signo G. Goix. » [1]

En ce temps-là, continue l'abbé Baudiau, la terre d'Alligny était indivise entre une foule de seigneurs que nous voyons reprendre de fief alternativement. Guy d'Aligny fit devoir pour son chastel en 1371 et Guillaume 16 ans plus tard. Guyot [2] en fit autant pour une partie de la terre et le *quarante-huitième des bois,* indivis avec ses co-seigneurs en 1396. Il vendit, deux ans après, ses droits à Philippe d'Aligny, fils de Guillaume, sieur du lieu en partie et de Souvert, favori du duc de Bourgogne, et mourut sans postérité, bien qu'il eut épousé Catherine, dame de Juilly.

Jean III d'Aligny, surnommé d'Ocle, marié à Marguerite, sa cousine, fille de Nicolas d'Aligny et dame d'Alligny en partie, fit hommage en 1404. Il avait pour co-seigneurs les enfants de Perrein de Menessère, Simon de Fresne, Guy d'Aligny, la dame de Villarnoult, le baron d'Illan..... Jean assista, huit ans

---

(1) Terrier de 1649, archives de la Chaux.
(2) Hugues Guyot de Mazoncle avait pour co-seigneurs Catherine d'Aligny et Philippe de Fontette.

après, avec Guillaume, son frère, capitaine du château d'Autun, au siège de Château-Chinon. Celui-ci reprit de fief en 1444. Pierre d'Aligny, homme de bonne et sainte mémoire et d'une très noble famille de Bourgogne, élu abbé de Moutier-Saint-Jean en 1461, était leur proche parent.

Jean fut un seigneur dur et cruel. L'histoire lui reproche la mort d'un grand Gruyer [1] qu'il fit périr dans son château. Revenu de ses emportements, il se condamna lui-même à une sévère pénitence et donna pour la rémission de ses péchés la terre d'Auxan à la collégiale de Saulieu, où il fut inhumé, et des fonds à diverses autres églises.

Ce gentilhomme laissa deux filles. L'une épousa Jean, *aliàs* Jacques de Fontette, issu d'une noble maison du Charollais, qui fut armé chevalier par Charles le Téméraire et en obtint deux foires pour Alligny. Jeanne, la seconde, s'unit à Pierre Quarré de Château-Renaud, veuf de Jeanne de Thésut. Ces deux seigneurs portèrent simultanément le titre de barons d'Alligny.

II. — DE FONTETTE [2]

Jean de Fontette eut de son union plusieurs enfants : Georges, Jean, Jacques, Hugues, Girard, Philibert. Georges, l'aîné, déclara qu'il ne savait de qui relevait la terre d'Alligny, 13 janvier 1503, attendu

---

(1) Le Gruyer était un officier qui jugeait en première instance les délits commis sur les rivières et dans les bois soumis à sa juridiction.

(2) Fontette est le nom d'un hameau de Gilly-sur-Loire (Saône-et-Loire). C'est encore le nom d'un hameau de Saint-Mesmin, canton de Vitteaux.

Les Fontette avaient pour armoiries : d'or à six fasces d'or et d'azur en chef, aigle de gueules en pointe.

que trois compétiteurs, savoir : l'évêque d'Autun, le comte de Nevers et le seigneur d'Illan, se disputaient la mouvance.

Jean II, son frère, *alla de vie à trépassement* vers 1535 sans laisser de postérité de Edmonde de Vingles, sa femme. Celle-ci convola à de secondes noces avec Arthus de Colombier, écuyer, seigneur de Champlois, de Châtellenot... qui devint aussi baron d'Alligny en partie. [1]

III. — DE COLOMBIER

Le 13 mars 1535, Arthus de Colombier acheta de « Jean, Georges et Guillaume de Fontette les trois huitièmes parties de la terre et seigneurie d'Aligny, de Gouloux, de la Tour d'Ocle, situées tant en Bourgogne qu'en Nivernais, consistant tant en châtel, maison-fort, pourpris, justice haute, moyenne et basse, hommes et femmes mainmortables, tailles, rentes, [2] cens, gélines, corvées, rivières banales, moulins, bapteurs, étangs, bois tant de haute futaie qu'en taillis, épaves [3] confiscations, mainmortes, héritages et autres droits et revenus quelconques.

« Ledit Gouloux chargé du droit de fief envers l'évêque d'Autun, ledit droit de fief toutefois prétendu par M. de Nevers.

« Ladite Tour d'Ocle tenue et réputée de francaleu. [4]

---

(1) Baudiau.

(2) Les rentes sont des revenus annuels dûs ou à cause de la puissance d'un héritage, ou pour un capital en argent aliéné au profit du débiteur.

(3) Les épaves sont les choses mobilières dont le propriétaire est inconnu.

(4) Le mot aleu, alode, alodis, alodium, signifie un héritage franc et exempt de tous droits et devoirs seigneuriaux.

« Et parce qu'il y a procès au baillage d'Autun de la teneur et mouvance du fief dudit Aligny entre l'évêque d'Autun et le seigneur de Vésigneux, lesdits vendeurs n'ont su déclarer de quel fief meut ladite seigneurie d'Aligny.

« Encore ladite seigneurie d'Aligny chargée envers le chapitre de l'église d'Autun, le chapitre de Saulieu et le curé dudit Aligny et celui de Saint-Ligier pour l'annonce du jour et Feste-Dieu en ladite église de neuf septiers six· boisseaux blé seigle, de charge ancienne par chacun an et envers le curé dudit Aligny de 41 l. 3 s. 6 d. tournois de rente à cause des fondations faites en l'église paroissiale et cure d'Aligny tant par lesdits défunts Jean et Georges de Fontette que autres leurs héritiers.

« Ladite vente faite pour la somme de 3.500 livres. [1]

« Le 5 août 1566, vente faite par le seigneur de Beaurepaire à M. Arthus de Colombier, seigneur en partie d'Aligny, de la huitième partie des terres, justices et seigneuries d'Aligny, Gouloux et la Tour d'Ocle. Les charges sont les mêmes qué celles énoncées dans la précédente vente. Ladite vente faite pour la somme de 1.200 livres. » [2]

Par ces achats successifs, le domaine seigneurial s'agrandissait de plus en plus.

En 1537, comme Arthus de Colombier venait de faire hommage à l'évêque, le seigneur d'Illan fit mettre brandon sur son château pour devoir non fait. Voici cette saisie :

« Jehan Vaulbert, sergent establi en la justice d'Illan..... en allant à la Mothe et maison-forte d'Ali-

---

(1) Archives château d'Alligny.
(2) Archives château d'Alligny.

gny, j'ai trouvé par devant la dicte maison messire
Blaise Bonin, prestre, receveur et négociateur d'icelle
maison, au qué je lui ay dict que je mettoye et sai-
sissoye ladicte Mothe d'Aligny, où, à présent, se
tient noble seigneur Arthus de Colombier, ayant
espousé la vesfe dudict seigneur d'Aligny, membres
et dépendances d'icelle terre... pour faulte de fiez...
non faict, droits et devoirs non payés... Et ce faict,
je me suis transporté aulx pourtes de ladicte Mothe
d'Aligny, lesquelles j'ay trouvéez ferméez, auxquelles
j'ay touché par trois fois, à son évident, et ne m'a-t-
on aulcunement voulu ouvrir lesdictes pourtes, au
moyen de quoi j'ay mis ladicte Mothe et dépendances
d'icelle sous la main de mondict seigneur d'Illan.
En signe de ce j'ay jeté par dessus la pourte de
ladicte Mothe ma verge blanche, laquelle je pourte
en mon office exerçant..... »

Il s'en suivit un procès que perdit Lucas de Vésigneux, seigneur d'Illan, qui revendiquait la mouvance.

Arthus reprit de fief en 1581 pour la terre d'Alligny
et la Tour d'Ocle, anciennement dite la Tour d'Aligny. N'ayant pas de postérité de son premier mariage
avec Edmonde de Vingles, ni d'un second avec
Charlotte de Saint-Belin, veuve de Guillaume de
Clugny, baron de Conforgien, il légua ses domaines
à Jean de Colombier, son neveu, écuyer, seigneur de
Cogny. Celui-ci fit aveu à l'évêque, le 9 février 1583,
pour Alligny, Gouloux et leurs dépendances.

IV. — QUARRÉ

Pierre Quarré de Château-Renaud, mari de Jeanne,
seconde fille de Jean d'Aligny, laissa deux fils,

Edouard et Louis. Edouard Ier, l'aîné, chevalier, seigneur de Château-Renaud, baron d'Alligny, lieutenant en la chancellerie d'Autun, s'unit à Marie de Cerveau et en eut trois héritiers, Charles, Celse et Guillaume. Charles, baron d'Alligny, sieur de Château-Renaud, ayant épousé Marguerite de Malin, dame de Lux, de son union vinrent quatre enfants. François, baron d'Alligny, capitaine d'une compagnie de chevau-légers, s'unit en premières noces à Jeanne de Boucanson qui lui donna trois fils et en deuxièmes noces à Claude Berbis, fille de Philibert, conseiller au Parlement, dont il eut quatre enfants : Jean, Pierre, Marguerite et Odette.

Jean, issu du second mariage, fut baron d'Alligny, lieutenant général à la table de marbre de Dijon et conseiller au Parlement. Il épousa en 1583 Marie Langlois, fille de Hugues, conseiller d'Etat de la République de Genève, et laissa onze descendants. Quelques années avant sa mort, il fut forcé d'engager sa baronnie à Jean Andrault, comte de Langeron.

V. — DE LANGERON

Jean Andrault eut en 1609 de graves démêlés avec l'évêque d'Autun pour la mouvance.

Par arrangement du 18 février 1611, les habitants de la rive gauche de la rivière reconnurent devoir chacun au comte de Langeron, pour passer et repasser à pied, ou avec bœufs et chevaux, dans le chemin qui va de Basole à l'Eglise, une poule payable à leur volonté depuis la Saint-Martin jusqu'au carême prenant. [1]

---

(1) Baudiau.

Nous connaissons deux transactions que le comte de Langeron passa, l'une le 16 décembre 1613 avec le chapitre Saint-Andoche de Saulieu, et l'autre le 23 janvier 1622 avec le curé Jacques Salier.

Les membres du chapitre de Saulieu « prétendaient le paiement de 16 boisseaux de seigle, mesure dudit Saulieu, à les prendre et lever annuellement sur la terre et seigneurie dudit Aligny et audit lever duquel droit lesdits vénérables tant par eux que par leurs prédécesseurs et fermiers prétendaient être en bonne possession et en avoir joui paisiblement au vu et su d'un chacun et jusque deux ans auparavant l'adjudication faite par décret de la susdite terre d'Aligny audit seigneur de Langeron qui prétendait n'y être tenu, parce que lesdits vénérables, quoiqu'ils fussent en possession auparavant ledit décret, ne pouvaient induire un droit, d'autant plus qu'ils ne pourraient prétendre un droit sur sa dite terre qui ne fut assisté de quelque devoir, ce qui pouvait apporter de grands procès..... En définitive, pour auquel procès obvier, cejourd'hui, date de cette, ledit seigneur en sa personne et lesdits sieurs vénérables par vénérable Me Jacques Salier, doyen chanoine, Jean Naulot et Jacques Salier le jeune aussi chanoines de ladicte Eglise, présents et acceptant, tant pour eux que pour les autres confrères, sont demeurés d'accord que l'arrêt de provision, donné en icelle instance, demeure converti en définitive et pour les arrérages de ladite rente échue jusqu'à présent, ledit seigneur pour les cinq années précédentes échues au jour de fête de Saint-Martin d'hiver 1612, ledit seigneur a payé auxdits vénérables et à messire Claude Guenault, prêtre curé de Saint-Ligier, ayant droit de la moitié de ladite redevance, la somme de 24 livres dont lesdits vénérables et ledit Guenault présents se sont de tout contentés, ont quitté et quittent ledit seigneur, et pour l'année échue au jour de Saint-Martin d'hiver dernier, ledit seigneur les a promis payer sur la première quittance qui sera portée en son châtel dudit Aligny et d'heure à autre ; et pour les dépens de ladite instance, ledit seigneur les a payés 30 livres réellement comptant, présents notaires et autres soussignés dont ils se sont contentés et ont quitté et quittent. Et sous ce bénéfice, ledit seigneur a promis continuer le paiement annuel desdits seize boisseaux seigle, savoir la moitié auxdits vénérables, l'autre audit curé de Saint-Ligier et à ses successeurs. Et sous le même bénéfice, ledit procès demeure cessé et assoupi, tous dépens quittes et comptant. Entre lesquelles parties est accordé que pour les redevances échues auparavant ledit décret, il sera loisible auxdits vénérables se pourvoir sur ceux qui possédaient ladite terre, et le tout, sous le bon vouloir et plaisir de ladite cour. Entre lesquelles parties a été accordé que où il se trouverait que pour raison desdites redevances, iceux vénérables et curé fussent tenus à quelque desserte audit cas en justifiant, lesdits vénérables et curé seront tenus à ladite desserte et fondation. Ainsi il a été convenu entre lesdites parties. » [1]

C'est avec le curé Jacques Salier qu'eut lieu la seconde transaction du 23 janvier 1622. En voici la teneur :

« Comme procès fut exposé de mouvoir entre

---

(1) Terrier de 1649, archives de la Chaux.

vénérable personne messire Jacques Salier, chanoine
à Saulieu, curé et recteur de l'église parochiale
d'Aligny, prétendant le droit de dîmes lui appartenir
des Novales [1] sur ceux qui nouvellement se sont
habitués et s'habituent aux grands bois dudit Aligny
et s'y sont habitués, labourant les terres sèches
desdits bois et sur les autres qui ci-après s'y pourraient habituer, comme à lui seul appartenant à
l'exclusion de tous autres, à quoi messire Jehan
Andrault de Langeron, chevalier, seigneur dudit
Langeron, Cogny, baron de Vaulx, Varier, Cham-
nerière, dudit Aligny, Gouloux et dépendances, prétendait fournir empêchement pour autant que son
intention n'a été, faisant les baux à ceux qui de
présent se sont habitués auxdits lieux ni aux autres
particuliers ayant accensé desdits bois et terres, de
les convertir en labourage, mais seulement en user
par droit de pacage pour la nourriture de leur bestial, et quand bien ils le voudraient faire, qu'ils
étaient en voie de faire résoudre tous lesdits baux et
laisser toutes lesdites terres sèches en bois pour en
recueillir le fruit, où ledit sieur curé ne pouvait prétendre aucune chose comme ses prédécesseurs ne
l'avaient fait. Ce qui pouvait apporter de grands
procès entre lesdites parties comparantes cejourd'hui,
savoir ledit sieur curé en personne et Pierre Andrault, écuyer, seigneur de Buis, ayant charge, quant
à ce, dudit seigneur de Langeron et dudit Aligny et
avec promesse de lui faire ratifier et avoir pour
agréable, ferme et stable le contenu aux présentes
devant le jour de fête Nativité Saint Jehan Baptiste

---

(1) Les Novales sont les dîmes des terres nouvellement mises en
culture.

prochain ; sont desdits différends, circonstances et dépendances, demeurés d'accord que ledit seigneur garantira au sieur curé tous lesdits baux par lui faits, dépendant de ladite seigneurie d'Aligny, être de ladite justice pour par lui et ses successeurs seigneurs dudit Aligny et ledit sieur curé et ses successeurs curés dudit lieu prétendre et lever annuellement et perpétuellement ledit droit de dîme en tous lesdits bois et terres par moitié. A cet effet seront annuellement, comme dit est, amodiés ensemblement, pour être partagés entre eux, soit à la gerbe, ou au boisseau, ou autrement, ainsi qu'ils verront et sans que ci-après ledit sieur curé ni ses successeurs y puissent prétendre plus grand droit, à la charge où quelques seigneurs y voudraient prétendre quelque chose ou audit cas, ledit seigneur de Langeron seul le disputera et prendra la tuition et défense de ladite cause à l'encontre et sans que ledit sieur curé soit sujet pour ce à aucuns dépens, dommages et intérêts, ni diminution de ladite moitié qu'il prendra nettement, car autrement il n'eut été traité ; même défense et tuition contre tous autres qui pourraient ou voudraient prendre ou entreprendre ledit droit, car ainsi il a été traité et accordé entre lesdites parties, dont sont contentes ; à l'effet de quoi ils ont soumis et obligé, savoir, ledit Salier, les biens temporels de ladite église, et ledit sieur de Buys les biens dudit seigneur de Langeron, par la cour du roy renonçant à toutes choses à ce contraires. Fait à Saulieu avant midi, le 23ᵉ janvier 1622. » [1]

---

(1) Archives château d'Alligny.

VI. — QUARRÉ

Charles et Philibert Andrault de Langeron, par vente reçue Morel, notaire à Dijon, le 27 novembre 1637, cédèrent à Gaspard Quarré de Château-Renaud, fils de Jean, dont il fut le 18me enfant sur 24, leur part de la terre et seigneurie d'Alligny, membres et dépendances sans aucune réserve, si ce n'est ce qui se trouve à Gouloux, pour la somme de 24.000 livres. Dix ans plus tard, 5 novembre 1647, Hector Andrault de Langeron lui vendit également sa terre de Gouloux moyennant 3.000 livres et l'acte fut passé par devant Moreau, notaire à Autun. C'est en 1649 que Gaspard renouvela le terrier de sa seigneurie, mais il n'habita guère sa propriété, absorbé qu'il était par les intérêts du roi pendant sa minorité. C'est lui, en effet, qui pendant la Fronde se rendit maître de la capitale bourguignonne, aidé de ses deux frères dont l'un était grand prieur de Saint-Bénigne de Dijon et l'autre chevalier de Malte. En récompense de cet exploit, le cardinal Mazarin lui envoya des lettres de conseiller d'Etat et lui fit offrir l'abbaye de Saint-Seine. Déjà la renommée lui avait consacré ce vaudeville honorable :

> Vive la Fronde
> De Monsieur d'Aligny !
> Quoiqu'on en gronde,
> Il tient le bon party.
> Vive la Fronde
> De Monsieur d'Aligny ! (1)

Ce seigneur se distingua comme avocat au Parlement et acquit par sa science, son brillant esprit

---

(1) « Le grand prieur de Saint-Bénigne et le chevalier Quarré son frère, cassèrent le maire qui était la créature de M. le prince de Condé

et son inébranlable fermeté, une réputation méritée. Ses harangues, imprimées en 1657, fournissent, dit Tinsand, une preuve irrécusable de son profond savoir et de son zèle ardent pour la justice.

Il mourut à Dijon en 1659 et fut inhumé dans l'église Saint-Pierre où on lui éleva un beau mausolée. Sa femme, Marguerite de Perreault de la Serrée, qu'il avait épousée en 1641, était fille de François et de N. de la Perrière. Elle lui donna cinq enfants : Pierre, qui naquit au château d'Alligny le 14 juillet 1641, François, Etienne, chevalier de Jérusalem, Marie et Vivande, abbesse du Tard. Elle remit en 1662 la propriété à son aîné, Pierre, chevalier, baron d'Alligny, seigneur de Juilly et en partie de Fétigny, Guise, Chaumien, brigadier général des armées du roi, ancien colonel du régiment de Bourgogne, gouverneur de Pierre-Châtel, des ville, cité et château d'Autun et grand bailli de la noblesse de la province du Charollais. C'est ce nouveau seigneur que Louis XIV surnomma le *brave d'Aligny,* à cause de sa belle conduite devant Maëstrick et Valenciennes et créa comte d'Alligny en 1676. Ses armes eurent dès lors pour exergue ces mots : *Bellicæ virtutis præmium* [1].

---

et en élurent un qui avait comme eux le cœur royaliste, le sieur Malteste ; ce qui sauva la ville, dont mon père n'eut pour toute récompense qu'un vaudeville.

« Le cardinal Mazarin passant avec le roi à Dijon, l'abbaye de Saint-Seine étant vacante, il l'offrit à mon père pour un de mes frères qui était chevalier de Malte, mais à condition de donner 10.000 livres à l'abbé Undedée qui était son fideicommissaire ordinaire pour le prix de tous les bénéfices qu'il vendait. Mon père n'en voulut point à ce prix. Ne voulant pas pourtant le laisser tout à fait sans récompense, il lui fit expédier des lettres de conseiller d'Etat que j'ai en ma puissance. » (*Mémoires du comte d'Aligny*, archives de la Chaux.)

(1) Archives château d'Alligny.

Pierre agrandit sa propriété par l'acquisition des Breulles [1] en toute justice, haute, moyenne et basse, au prix de 7.400 livres. « Je payai cette somme, dit-il, à Monsieur le conseiller Espiard, tant de la vente de mon équipage, lorsque je quittai les mousquetaires du roi, que par deux années des appointements de mon gouvernement de Pierre-Châtel de 1.200 livres par an, que du bien que je vendis à Monsieur de Riollet, ma mère n'ayant pas fourni un liard. » [2]

Pierre fit le 12 décembre 1695, avec les habitants d'Alligny, de la Cremaine, de Champcreux, de Jarnoy, de la Place et des Valottes, un traité par lequel ils lui abandonnaient une partie de leurs bois communaux en leur permettant de défricher le reste. Il épousa Philippe-Guillemette de Montessu, fille de Bernard, baron de Rully, laquelle mourut au bout d'un an de mariage en lui laissant Philippe; puis en 1684 il épousa Colombe d'Anstrude, fille de Claude, chevalier, seigneur de Bierry, qui lui donna encore cinq enfants : Claude, André-Denys, page de la grande écurie, blessé en 1709 à la bataille de Malplaquet, François, Philippe et Pierre. Philippe, seigneur de Juilly, eut lui-même une jambe emportée à cette bataille de Malplaquet [3] et mourut à Arnay-le-Duc en 1776, doyen des officiers de France.

---

(1) Breulles, village de Moux.

(2) Archives château d'Alligny.

(3) Nous lisons dans les *Mémoires du comte d'Aligny* : « Un de mes fils, qui était déjà capitaine depuis 8 ans, a perdu à cette malheureuse bataille de Malplaquet une jambe et celui qui le suit, qui était aussi à cette bataille, fut si fort blessé qu'il n'a pas eu depuis ce temps-là un moment de santé. Il était pour lors dans la première compagnie des mousquetaires depuis quatre ans et avait été nourri page du roi. Lorsque je pus mener ce pauvre estropié à la Cour, je priai le roi, en considération de mes longs services, de le traiter un peu plus favorablement que les autres capitaines estropiés, d'autant

C'est l'aîné, Claude, qui, avec son frère François, fit élever dans le bourg, près du pont de la Terrène, cette croix en pierre que nous voyons encore aujourd'hui et sur laquelle nous lisons l'inscription suivante :

« Cette croix a été érigée à l'honneur de la mort et passion de Nostre-Seigneur Jésus-Christ par Messire Claude Quarré, chevalier, comte d'Aligny, gouverneur pour le roy et la ville d'Autun, et Messire François Quarré d'Aligny, officier au régi^{nt} de la Chenelaye, son frère, le 26 mars 1725. » [1]

Cette croix, brisée en partie pendant la Révolution, fut réparée en 1825 par M. le curé Pillien.

VII. — DE CROMEY

Pierre Berbis, chevalier, seigneur de Cromey, succéda aux Quarré dans la propriété d'Alligny. Nous lisons en effet qu'Etienne, Claude et François Quarré lui vendirent par-devant Martenne, notaire à Autun, le 1er février 1736, pour la somme de 100.000 livres en principal et 3.300 livres d'étrennes, la « terre et

---

qu'il avait perdu cette jambe à une troisième charge que son régiment avait faite, et comme ce régiment se trouvait séparé dans le bois, il commandait l'une des deux charges. Le roi, sachant la chose, lui donna 1.000 francs de pension au lieu de 400, mais à l'heure que je finis ces mémoires, j'apprends qu'on lui a retranché le quart, comme à moi qui étais de pareille somme et qui me fut donnée lorsque je fus hors d'état de monter à cheval et que, de retour d'Italie, je me présentai au roi qui me dit avec cet air obligeant qu'il prenait quand il faisait une grâce : « M. d'Aligny, je suis très « fâché de vos infirmités ; j'aurai soin de vous. » Et ayant fait quatre pas, (il allait à la messe), il se retourna et me dit encore ces mêmes paroles et c'est dans ce temps que j'eus cette pension de 1.000 francs. » (Archives de la Chaux).

(1) Cette famille Quarré d'Aligny survit encore à Autun dans la personne de M. le comte d'Aligny.

baronnie d'Aligny dans toutes ses circonstances et dépendances, sans en rien réserver, consistantes dans le château d'Aligny et autres bâtiments, cours, jardins, dîmes, moulin banal, baptoirs, étangs, bois futaye, taillis, prés, terres, rentes, cens, corvées, mainmorte et généralement tous autres droits honorifiques et utiles annexes à la baronnie. Ladite terre d'Aligny vendue en toute justice, haute, moyenne et basse, sans aucunes charges, excepté quelques rentes et cens affectés sur le domaine de Breulle et Fétigny, qui demeurent à la charge de l'acheteur. » [1]

Ce nouveau seigneur ne garda que neuf ans son titre de propriété qu'il transféra le 3 mars 1745 à François-Bernard-César, marquis de Choiseul, pour la somme de 110.000 livres et 600 livres d'étrennes.

VIII. — DE CHOISEUL

Voici, en effet, l'acte de vente :

« L'an 1745, le troisième jour de Mars, par devant Nicolas Pescœur, messire Pierre Berbis, chevalier, comte de Cromey, seigneur d'Aligny, et dame Antoinette de Colombet, son épouse, solidairement et sans division, l'un pour l'autre, un d'eux seul pour le tout, vendent, cèdent, quittent, remettent et transportent perpétuellement pour eux, leurs hoirs successeurs, ayants droit et cause, avec promesse de toute conduite et garantie à haut et puissant seigneur messire François-Bernard-César de Choiseul, chevalier, comte de Choiseul, seigneur de Montsauge, Roche, Argoulois, le Sausse, Palmaroux, Vilars,

---

[1] Archives château d'Aligny.

Perroussy, Cheilly, Bussière, et Patron de l'église
collégiale et paroissiale de Notre-Dame d'Autun, et
de son autorité dame dame Louise-Charlotte de
Fondras, son épouse, présents et acceptant et acquérant aussi perpétuellement pour eux, leurs hoirs
successeurs, ayants droit et cause, la terre et baronnie d'Aligny en toutes ses circonstances et dépendances et sans en rien réserver, ensemble le fief et
domaine des Breules, comme il s'étend et comporte,
et le tout suivant et à la conformité de l'acquisition
que ledit seigneur comte de Cromey en a fait de
messires Claude, Estienne et François Quarré d'Aligny, par acte reçu Martenne, notaire royal à Autun ;
une grosse duquel contrat en forme a été remise
auxdits seigneur et dame de Choiseul pour leur
servir d'enseignement. Demeure aussi compris dans
la présente vente des bestiaux dans les domaines de
ladite terre, jusques et à concurrence de la somme
de 2.516 livres, lesquels seront estimés par des
experts dont lesdits seigneurs conviendront ; comme
aussi les biens provenant de Lazare Boidot, lesquels
ont été remis auxdits seigneur et dame acquéreurs,
sans néanmoins que lesdits seigneur et dame vendeurs puissent être inquiétés ni recherchés en aucune
manière que ce soit pour la jouissance qu'ils ont eue
desdits biens Boidot ; se réservant lesdits seigneur
et dame vendeurs les rentes et cens dûs à la seigneurie d'Aligny échus depuis la Saint-Martin d'hiver
dernière, comme aussi toutes les échutes de mainmorte, lods et ventes et amendes à ce sujet jusqu'à
aujourd'hui, même la faculté de poursuivre ceux
qui ont chassé, pêché et dégradé les bois et de s'en
faire adjuger les amendes, dommages et intérêts ; se

réservant aussi toutes les acquisitions qu'il a faites sur plusieurs particuliers, lesquelles acquisitions lui seront remboursées par ledit seigneur comte de Choiseul et la dame son épouse à vue de contrat. Après l'estimation des bestiaux, compte sera fait avec les métayers et où ils devraient audit seigneur comte de Cromey, ledit seigneur comte de Choiseul se charge de payer à leur acquit et par lesdits vendeurs remettant les obligations, chetels et autres titres qu'ils pourraient avoir contre ces particuliers.

« La présente vente ainsi faite par et moyennant les prix et somme de cent dix mille livres principal et 600 livres de chaines pour la dame de Cromey, de laquelle somme principale il a été payé réellement et comptant 37.200 livres, en bonne monnaie ayant cours, retirée par lesdits seigneur et dame de Cromey. A l'égard du surplus qui est de 72.800 livres, ils seront payés ainsi que s'en suit, savoir : 15.000 livres à M. Lopin de Jumeaux, conseiller au Parlement de Dijon ; 24.000 livres à M. de la Toison, baron de Bussy ; 12.000 livres à M. Voizenet, maire de Semur ; 5.000 à M. Champault, demeurant à la même ville ; 3.000 livres à M. de Conigan, brigadier des armées du roi et seigneur d'Arcenay y demeurant ; 3.200 livres à l'hôpital Saint-Antoine d'Autun ; 4.600 livres aux Dames Ursulines de la même ville ; 6.000 livres aux Dames de la Visitation du même lieu..... Promettent lesdits seigneur et dame de Cromey remettre incessamment aux dits seigneur et dame acquéreurs tous les titres et enseignements, terriers, manuels et autres concernant lesdites terres, lesquels demeurent chargés pour l'avenir de leurs charges, notamment d'une fondation à l'église d'Aligny et suivant qu'il

est porté plus au long par ledit contrat reçu Martenne. » [1]

Ce dernier paragraphe de la minute Pescœur indique assez clairement la vraie raison qui a forcé le
comte de Cromey à vendre la terre d'Alligny au
comte de Choiseul.

Ce nouveau propriétaire était un homme de grand
mérite et très religieux. On lui proposa un jour de
faire percer une route pour Saulieu par ses vassaux
d'Alligny. « Dieu me préserve de les fatiguer ainsi,
répondit-il; si je voulais un chemin, je le ferais faire
à mes frais et dépens. »

Il avait, le 23 mars 1730, épousé Louise-Charlotte
de Fondras. Une de ses filles, Claude-Jacquette,
chanoinesse de Neuville, se maria dans l'église d'Alligny à François-Victor de Clugny. [1] François-
Bernard mourut au château le 5 juillet 1749. Son corps
demeura 48 heures exposé dans une chapelle ardente,
puis fut transporté à Autun, en présence de deux
chanoines de cette ville et des curés de Montsauche
et d'Alligny. Quand le convoi funèbre arriva à la
porte de Marchaut, les chanoines de la cathédrale et
de Notre-Dame, en manteaux longs, et les magistrats
de la ville en corps le reçurent et le conduisirent en
grande pompe à l'église de Notre-Dame dont il était
le patron. Il repose dans le charnier de ses an-
cêtre. [2]

____

(1) Archives Adnot.

(2) Nous transcrivons ici l'acte de mariage :

« Le mercredi vingt-six juillet, an que dessus (1752), haut et puissant seigneur messire François Victor comte de Clugny, fils de haut
et puissant seigneur messire Charles Antoine de Clugny, chevalier,
marquis, seigneur de Chenissey, d'Arcey, l'Epervières, Aignan-le-
Duc, Etalentes et autres lieux, et de haute et puissante dame madame Marie de Choiseul, ses père et mère, d'une part;

Son fils Louis-Marie-Gabriel-César était né à Autun le 5 juin 1734. [1] Il était maréchal des camps

---

« Et haute et puissante demoiselle Claude Jacquette de Choiseul, fille de feu haut et puissant seigneur messire François Bernard César de Choiseul, chevalier, comte, seigneur de Bussière, Montsauche, Palmaroux, Montreuillon, Argoulais, Peroussy, le Saulce, baron d'Aligny et patron de l'église collégiale de Notre Dame d'Autun, et de haute et puissante dame madame Louise Charlotte de Fondras, son épouse, baronne d'Aligny et de Dracy, ses père et mère, d'autre part ;

« Se sont présentés à moi pre curé sgné de l'église d'Aligny pour y recevoir la bénédiction nuptialle, laquelle je leur ai accordée, vu la dispense obtenue de notre Saint Père le pape Benoit XIV, en datte du dix-neuf du mois de juin dernier, et fulminée par Monsieur l'official de monseigneur l'illustrissime et réverendissime évêq. d'Autun le vingt du présent mois, signée Develle et plus bas Lacroix avec paraphe, icelle fulmination insinuée et controllée au greffe ecclésiastique dud. Autun le vingt juillet de la présente année, signée Martenne, ne s'étant trouvé aucun autre empêchement ni opposition quelconque à la célébration de leurs nopces, non plu qu'à la publication de leurs bans qui a été faite le dimanche vingt-trois de ce mois avec annonce de la dispense de deux bans accordée par mondit seigneur évêq. d'Autun le vingt de juillet dernier, signée † *Aut. episc. œd., de mandato,* etc.; Lacroix, insinuée et controllée le vingt trois juillet suivant et signée Martenne, tant au prône de la messe paroissialle d'Aligny que de Notre Dame d'Autun, de Saint Pancrace et de Chenissey, suivant les certificats des lettres de Recedo des sieurs Negrel, prévot et curé de la paroisse de Notre Dame dud. Autun, Bailleau, curé de lad. paroisse de Saint Pancrace, et Laumantrant, pre desservant celle dudit Chenissey, toutes trois dattées du vingt-quatre juillet dernier. Ladite célébration de mariage faitte en présence des parents et amis des parties sgnés.

« Signé : Choiseul Clugny; Choiseul Clugny; Clugny; Choiseul; Choiseul, chanoinesse; Fondras Choiseul; le Chr de Fondras; le chevalier de Monluc; Burevelle, c. a. »   (Archives municipales.)

(1) Ondoyé à Autun, on le conduisit 13 ans plus tard à l'église d'Alligny pour lui suppléer les cérémonies du baptême. Nous en transcrivons l'acte.

« Le lundy vingtième Mars mil sept cent quarante-sept, nous pre curé d'Aligny sgné avons suppléé les cérémonies du baptême à Monsieur le Marquis, fils de très haut et très puissant seigneur messire François Bernard César de Choiseul, seigneur d'Aligny, Bussière, Montsauche, Cheilly et autres lieux, et de très haute et très puissante dame Louise Charlotte de Fondras, ses père et mère, lequel fils avoit été le cinq juin mil sept cent trente quatre ondoïé dans la

et armées du roi, chevalier, commandeur des ordres royaux militaires et hospitaliers de Saint-Lazare et de Notre-Dame du Mont-Carmel, ambassadeur de la cour de France auprès de Sa Majesté Sarde, patron et collecteur de l'église collégiale d'Autun, seigneur d'Alligny, Argoulois, Roche, Montsauche, Bussière, Chely et autres lieux. Il avait pour épouse Marie-Jeanne-Françoise de Girard de Vannes, née en février 1741. En 1778, il reprit de fief du comte de Montal, seigneur d'Illan et fit refaire le terrier l'année suivante.

La seigneurie d'Illan était voisine de la seigneurie d'Alligny et les seigneurs eurent souvent des démêlés entre eux. Ces démêlés prirent fin par l'acquisition de la terre d'Illan. En effet, le 26 février 1782, par devant les conseillers du roi, notaires au Châtelet de Paris, Louis de Choiseul acheta la terre et seigneurie d'Illan de Charles-Gabriel, vicomte de la Rivière, vicomte de Tonnerre et de Quincy, seigneur

---

chapelle de l'hôtel de Beauchamp à Autun, avec la permission de Mr Seuvre, vic[re] général de Monseigneur l'illustrissime et révérendissime évêque dudit Autun, par Monsr Negrel, prévot et curé du chapitre et de la paroisse Notre Dame dud. Autun, suivant son certificat au bas de l'extrait baptistaire dud[t] fils en datte du premier de septembre mil sept cent quarante quatre, signé Negrel et auquel fils nous avons donné le nom de Louis Marie Gabriel César, ayant eu pour parrain haut et puissant seigneur messire messire Louis de L'Estour, marquis de Pradine, représenté par Mons. Claude Charleuf, agent des affaires de Monsieur le Comte de Choiseul, signé, et pour marraine très haute et très puissante dame dame Marie de Champagne, épouse dud[t] messire César Gabriel, comte de Choiseul, maréchal des camps et armée du roy, représentée par Mad. Edmée Larmier, femme du fils Simon Bidaut, avocat en Parlement, aussi signée, les jour, mois et an que dessus.

« Signé : Saint-André de Saint-Just ; de Ganay l'aîné ; chevalier de Ganay ; Charleuf ; Emée Larmier Bidault ; Bidault ; Choiseul ; Fondras Choiseul ; Charlot ; Choiseul ; le chevalier de Choiseul ; Burevelle, c. a. »   (Archives municipales.)

de Thostes, Beauregard, Courcelles, Quincy, Illan, Gouloux, Nataloux, Montsauche, Genouilly, le Montal et autres lieux. La vente fut faite à forfait moyennant la somme de 42.000 livres, dont 40.000 pour la partie située en Bourgogne et 2.000 pour la partie située en Nivernais.

Cette vente comprenait :

« 1º Le fief de la Tour d'Island situé pour la portion la plus considérable en Bourgogne et pour l'autre partie en Nivernais, consistant dans l'ancien emplacement de la Tour d'Island, située en Bourgogne, au hameau dudit Island, paroisse alternative de Saint-Martin de la Mer et de Saint-Léger de Fourches, actuellement en broussailles, dans lesquelles sont plusieurs gros arbres, un pré joignant appelé le pré du Château, avec plusieurs pièces de terre, le tout dans un seul enclos, contenant environ 34 journaux de Bourgogne, de 360 perches de 9 pieds 1/2, amodié présentement 300 livres.

« 2º Le droit de tierce sur plusieurs grands cantons de terres, situées aux finages de Basole et de Champcommeau, indivis par moitié avec ledit seigneur baron de Choiseul, comme seigneur d'Alligny.

« 3º Le droit de tierce de 13 gerbes une, ainsi que le précédent, sur un canton de terre situé sur un canton de terre proche le village dudit Islan, appelé Montmerle.

« 4º Un autre droit de tierce de 13 gerbes une, sur plusieurs cantons de terre situés au finage de Chassagne.

« 5º Des directes en cens, rentes, coutumes et autres droits, produisant 307 livres 14 sols un denier et demi en argent, 219 boisseaux et un tiers d'avoine, mesure de Saulieu, 4 boisseaux de seigle même mesure, 59 poules, 56 corvées et 3 chapons, lesquelles directes s'étendent et sont situées dans les villages et hameaux d'Islan, Fétigny, les Prés, Boignon, Champcommeau, Basole, Chassagne, Marnay, Guise, Moux, Velle-sous-Moux, Bize, la Pommereau, les Ligerons, la Coupe de Launay, la Corne au Cerf, Gien, Moligon, Montboblin, Fontaine Blanche et partie du Creuzot.

« 6° Un fief situé à Saint Martin de la Mer, consistant dans les redevances de 4 livres 9 sols 7 deniers en argent et d'un boisseau d'avoine, de la nature qu'elles sont dues, avec en outre une maison en dépendance, située à Saint Martin de la Mer.

« 7° Le fief de la Chaux consistant dans les redevances annuelles ci-après, savoir 26 livres 11 sols 2 deniers en argent, 14 mesures et un douzième de mesure d'avoine, mesure de Saint-Brisson, un tiers de mesure de Saulieu, une corvée et 2 poules 1/2, lesquelles redevances sont assignées sur les hameaux et territoires de la Chaux, les Grosses Pierres, partie du Creuzot et de Caillot, ou Roche, avec un petit étang situé au finage des Grosses Pierres, de la contenance d'environ un demi-journal.

« Et 8° le fief de Ruère, consistant dans les redevances annuelles ci-après, savoir 29 livres 2 sols 4 deniers en argent, 37 boisseaux trois quarts et un vingt-quatrième d'autre boisseau d'avoine, mesure de Saulieu, 44 corvées et demi et 21 poules, lesquelles redevances sont assignées sur les hameaux et finages de Ruère, la Ferrière, le Défend, Reglois, Mont et Pierre Ecrite. » [1]

---

(1) Archives château d'Alligny.

Cette terre d'Illan avait appartenu en 1414 à Marguerite de Maysoy, dame de Mally et d'Illan, et en 1417 à Guyard de Mally, seigneur d'Illan. En 1444, elle devint la propriété de Nicolas Rollin, puis de son fils Anthoyne. En 1487, elle passa aux mains de l'évêque d'Autun et du chapitre de l'église collégiale de Notre-Dame. En 1504, elle revint à damoiselle Jeanne de Chaumoy, veuve de Claude d'Estinville. Il est à présumer que Sébastien de Vésigneux, qui possédait cette terre en 1526, la tenait dudit d'Estinville par achat ou succession. Sébastien de Vésigneux obtint le 15 juillet 1528 des lettres patentes lui permettant d'en confectionner le terrier. Après de Vésigneux, Saladin de Montmorillon, dont une fille, Louise, porta Illan et tous les biens de sa famille à César de Bourbon, comte de Busset. Louis de Bourbon revendit en 1675 cette terre à Charles de Montsaulnin, comte de Montal. Par voie d'héritage, elle passa successivement au marquis de la Rochette, aux comtes et vicomtes de la Rivière. C'est du dernier vicomte de la Rivière, Charles-Gabriel, que le comte de Choiseul en fit l'acquisition que nous avons relatée. [1]

Dix ans après cette acquisition, on signala la présence de Louis de Choiseul en France, tantôt à Paris, tantôt à Sermoise, tantôt à Sancerre. Et voici en quèls termes la municipalité de cette dernière ville donne son signalement en date du 15 octobre 1792 : « taille de 5 pieds 4 pouces, cheveux et sourcils châtins, yeux bleus, nez aquilin, bouche moyenne, menton relevé, front découvert, visage long. » [2]

---

(1) Archives château d'Alligny.
(2) Archives château d'Alligny.

Cela ne plaisait que juste à certains révolutionnaires qui brûlaient d'envie de saisir sa propriété et il ne fallut rien moins qu'une lettre des administrateurs du district de Château-Chinon, à la date du 3 octobre 1792, pour calmer leur impatience. Cette lettre, signée Colon, Ravault et Coquard, s'exprime ainsi :

« M. Pernin, homme d'affaires de M. de Choiseul, Messieurs, vient de nous faire part d'une lettre que vous lui avez adressée, par laquelle vous le menacez de faire faire une saisie sur les biens de M. de Choiseul. Il nous a représenté un certificat de résidence visé par le département, ce qui met fin à tout. Au surplus, quand M. de Choiseul serait vraiment émigré, vous n'avez pas le droit de saisir; cette saisie ne peut être faite qu'à la réquisition du procureur syndic de l'administration, dans le cas où M. de Choiseul ne justifiera pas de résidence exigée par la loi. Vous pouvez croire que l'administration ne négligera rien à ce sujet. » [1]

De son mariage avec Marie-Jeanne-Françoise Girard de Vannes, dame de Charnoy, Sermoise, etc., M. de Choiseul eut deux filles : Charlotte-Ferdinande-Marie et Louise-Joséphine. L'aînée, Charlotte, naquit à Turin en 1769 et épousa le 26 octobre 1786 le comte de Sérent, Armand-Sigismond-Félicité, auquel elle porta en dot Alligny, Montsauche, Sermoise, etc.

IX. — DE SÉRENT

Armand appartenait à une très ancienne maison de Bretagne et avait été élu de la noblesse aux Etats généraux. La révolution l'ayant forcé à quitter sa

[1] Archives château d'Alligny.

patrie, il passa en Angleterre, d'où il revint en 1795 avec l'armée des émigrés. Celle-ci fut battue par le général Hoche à Quiberon, sur les côtes du Morbihan. C'est là que le comte de Sérent trouva la mort le 30 juillet. Sa fille unique, Armandine-Marie-Georgine, épousa Louis-François-Auguste, duc de Rohan-Chabot, prince de Léon. La cérémonie religieuse fut célébrée le 8 mai 1808 à Saint-Thomas-d'Aquin. Louis XVIII avait été l'un des signataires du contrat de mariage.

Un jour, c'était le 9 janvier 1815, vers cinq heures du soir, la princesse mettait la dernière main à sa toilette pour se rendre à un dîner chez le duc d'Orléans et de là à un bal donné par le comte Apponyi, ambassadeur d'Autriche. Elle s'approcha de la cheminée. Le feu prit aux dentelles de sa robe. A ses cris, Mme de Sérent, sa mère, accourut, mais déjà les flammes s'élevaient à trois mètres au-dessus de sa tête. On appela le prince qui la trouva assise dans un fauteuil. Tous ses vêtements étaient consumés et son corps n'était qu'une plaie. Après une nuit horrible, la malheureuse princesse expira à huit heures du matin; elle n'avait que 24 ans. [1]

Cette catastrophe inattendue plongea le duc de Rohan dans un immense chagrin et, pénétré de la caducité des choses humaines, il résolut de quitter le monde. Le 20 mai 1819, il entra au séminaire de Saint-Sulpice et fut ordonné prêtre à Notre-Dame le 1er juin 1822. Le 23 mai 1823, il était installé en qua-

---

[1] L'abbé Baudiau, p. 11, commet une inexactitude historique en faisant mourir la princesse « après quelques semaines de mariage seulement ».

Lire Charles Baille, *le Cardinal de Rohan-Chabot*, archevêque de Besançon, 1788-1833.

lité de chanoine honoraire, en même temps que Mgr de Quelen l'appelait à siéger en son conseil comme vicaire général. En 1828, sous le ministère Martignac, l'archevêché d'Auch étant devenu vacant, l'abbé de Rohan y fut appelé, mais, avant qu'il eût pris possession de ce siège, il était nommé archevêque de Besançon. Son sacre eut lieu à Notre-Dame le 14 janvier 1829 et le 25 février il fit son entrée dans sa ville archiépiscopale. Le pape Pie VIII le créa, le 5 juillet 1830, cardinal de la sainte Eglise romaine avec le titre de la Sainte Trinité du Mont. C'est le 8 février 1833 qu'il mourut et l'une de ses dernières paroles fut : « Je ne suis rien, rien, moins que rien. »

Le cardinal était né à Paris le 29 février 1788, à l'hôtel de La Rochefoucauld. Il était fils d'Alexandre-Louis-Auguste, prince de Léon et plus tard duc de Rohan, et de Louise-Magdeleine-Elisabeth, fille du duc de Montmorency.

Quant à la comtesse de Sérent, douloureusement frappée dans ses plus chères affections, elle ne songea plus qu'à se dépenser pour les bonnes œuvres. Nous parlerons plus tard de celles qui intéressent spécialement la paroisse. Trois ou quatre ans avant sa mort, elle devint aveugle. Le bon Dieu, après l'avoir ainsi détachée de la terre, la rappela à lui le 10 avril 1845. Elle avait 78 ans.

Ses propriétés revinrent à son neveu le comte Albéric-César-Guy de Choiseul, décédé sans enfants le 17 juillet 1868, en son château de Baillet (Seine-et-Oise). C'est alors que par voie d'héritage, elles passèrent en partie au prince d'Arenberg, ancien député du Cher. Aujourd'hui le prince ne possède plus ici que la maison des sœurs, le jardin et une ouche vers le cimetière, car la terre, d'une contenance d'environ 450 hectares [1] non compris le château et ses dépendances, a été vendue et se trouve entre les mains de différents propriétaires. Le château, avec une partie de ses dépendances, appartient depuis 1877, aux héritiers de l'acquéreur, Jean Cortet, ancien maire d'Alligny.

---

(1) La terre d'Alligny était assise dans les communes d'Alligny, de Moux et de Gouloux.

I. — Alligny comprenait : 1° le domaine de la Cour avec une partie de la réserve, en tout 71 hectares 50 ares ; — 2° la ferme de la Champagne, avec terres labourables, prés naturels, pâtures, bois et accrues, d'une contenance de 65 hectares; — 3° les moulins de l'Etang neuf et de Jarle, avec aisances et prés qui en dépendent, d'environ 1 hectare 50 ares ; — 4° les bâtiments du garde avec pré renfermant 1 hectare ; — 5° les bois du Boulet, de la Vente-Gaudry, de Ravert, de la Grande-Vente et du Perron, d'une étendue de 175 hectares.

II. — Gouloux n'avait qu'un canton de bois dit le Petit-Montaigu, d'environ 10 hectares.

III. — Moux avait le domaine des Breules ou des Suisses, comprenant bâtiments, terres labourables, pâtures, prés naturels, bois et accrues et un canton de bois appelé le Grand-Montaigu, d'une contenance d'environ 128 hectares.

CHAPITRE IV

Les villages de la rive droite de la Terrène

La plupart de nos villages méritent une mention spéciale, en raison de certains faits que nous avons eu la bonne fortune de recueillir.

Commençons par le bourg d'Alligny.

ALLIGNY

En l'an 1645, Richard, élu par le roi, fit la visite des feux du baillage d'Autun. Voici le procès-verbal qu'il dressa de la visite des feux du village d'Alligny :

« Dudit Moux, nous sommes allés à Aligny, apartenant à Monsieur Quarré, advocat général au Parlement, d'où dépendent les hameaux de Jarnoil, la Chaux, la Cremenne, la Place, Champcreux, Champcommault, Bazolle, Beaumont, Mont, Pentière, Ruère, la Ferrière, Reglois, Marnay et Fétigny; où nous estans arrestés à nostre course, nous avons fait advertir les eschevins dudit village pour nous venir trouver et nous aporter les roolles de leurs tailles; ce qu'ayant esté faict, Dimanche Perruchot et Millan Collenot, collecteurs d'icelles, nous les ont representés; par lesquels il nous a aparu y avoir, audict Aligny, *cent soixante-treize habitans*, desquels *quatre-vingt-dix sont laboureurs* tenant charrue; ce que nous avons treuvé ainsy par la visitte que nous avons faicte de pot en pot, en toutes les maisons dudict Alligny et de quelques hameaux qui se sont rencontrés en nostre chemin, que nous avons veu, nous estant informés des autres qui estaient trop esloignez de nostre roulte, desquels nous avons esté asseurés estre en aussy bon estat que ceux que nous avons visitté par effect; ledict Alligny et ses dépendances sont conservés des passages des gens de guerre; ils ont esté seulement gelés l'année dernière dans leurs bas, avec quelques gresles qu'ils eurent la précédente, de laquelle leurs bleds furent un peu endommagez; outre ce, à la Serrée, hameau, il y eut, ladicte année, six maisons bruslees avec tout le bestail, qui estait dedans; ils sont d'ailleurs mainmortables, n'ont point de communaux et ne doibvent rien; qui est tout ce que nous avons peu recognoistre en procédant à nostre visitte audict Alligny. » [1]

CREMAINE

La Cremaine était une dépendance de la seigneurie d'Alligny. Il y a la Cremaine d'en haut et la Cremaine d'en bas. Au sommet du village, est une enceinte formée par d'anciens fossés et désignée sous le nom de Tour. Là se trouvait dans les premiers temps de la féodalité le premier manoir des seigneurs du pays.

VERNAY

Ce mot, d'après le *Glossaire du Morvan,* désigne un terrain humide où croissent les bouleaux et particulièrement les vernes ou aunes. Nous avons plusieurs Vernays : Vernay-des-As, Vernay-Boidot,

---

[1] *Mémoires de la Société Eduenne,* t. V, p. 389.

Vernay-Blanc, Vernay-Buyen. Nous avons aussi Vernotte, diminutif de Vernay.

MAGNY

Ce hameau porte un nom latin qui veut dire grand, puissant, seigneur. Dans les temps reculés, il a dû être la propriété et peut-être même la résidence de quelque seigneur. La fontaine et les champs du parc qui l'avoisinent en paraissent une preuve assez convaincante : un parc n'est pas un enclos vulgaire.

VALOTTES

Le nom de Valottes signifie petites vallées. Il y a là, en effet, une série de petites vallées agréablement superposées les unes au-dessus des autres et sur le flanc desquelles on a construit des groupes de maisons. Les Valottes dépendaient de la seigneurie d'Alligny.

Au finage des Valottes se rattachent les Bouillassons, situés à droite de la route conduisant des Culmets à la Chaux. En 1756, « Emilande Boire, veuve de Martin Cottin, laboureur aux Bouillassons, même paroisse d'Aligny, » y demeurait encore, [1] mais aujourd'hui on n'y voit plus que des prés.

ROUSSELOTS

Au midi de ce hameau, et sur le flanc de Montbregon, il y a le pré Martin, où habitait en 1649 « Claude Boire, laboureur, demeurant en la vente du pré Martin, paroisse d'Aligny. » [2]

---

[1] Archives Boucher, de la Place.
[2] Terrier de 1649.

MONTPERROUX

Montperroux, *mons petrosus,* mont pierreux. On y voit encore des vestiges d'anciens fossés qui indiqueraient quelque retranchement romain. C'est le sentiment de M. de Soultrait.

MONTBOBLIN

Ce village dépendait de la seigneurie d'Illan, suivant les registres du greffe de cette justice.

FONTAINE-BLANCHE

Les quatre communes de Montsauche, Gouloux, Moux et Alligny se partagent ce village qui était jadis de la seigneurie d'Alligny.

FEMME-MORTE

C'est le nom donné à un massif qui se trouve sur la lisière du bois des Turreaux, à droite de la grande route qui va à Gouloux, entre Montboblin et Fontaine-Blanche. Comme ce nom l'indique, là gisent les restes mortels d'une femme. A quelle époque y ont-ils été déposés? Il serait difficile d'assigner une date précise. Ce qui est certain, c'est que ces ossements ont été mis à découvert le 2 novembre 1855 par des terrassiers qui creusèrent le fossé qui longe le massif. Mais ils y étaient depuis longtemps. Ce qui le prouve, ce sont ces lignes de M. le curé Pillien, en 1825, racontant la confirmation du 19 septembre par Mgr Millaux : « La veille de la confirmation, toutes les personnes qui devaient être confirmées allèrent en procession au-devant de Sa Grandeur jusqu'à

Fontaine-Blanche, vers la *Femme-Morte.* » [1] Mais pourquoi parler de 1825, quand déjà, à la date du 21 avril 1781, un acte de partage entre les héritiers Chaumien de Montboblin fait mention d'un « petit pré de la levée à environ deux chars de foin, appelé le Verny-Gellé, ou pré de la Femme-Morte, tenant d'un bout au chemin de Montsauche à Aligny. ? » [2]

Maintenant, quelle était cette femme morte ? C'était, dit-on, une mendiante surprise par la neige et morte de froid à cet endroit écarté. Quand la neige fut fondue, on trouva son cadavre sous l'arbre où elle s'était abritée. Et comme elle n'avait sur elle ni croix ni chapelet, on lui refusa l'honneur de la sépulture ecclésiastique. On l'enterra sur place et les passants donnaient satisfaction à leurs sentiments religieux en jetant des brindilles sur cette tombe, comme ils auraient répandu de l'eau bénite à l'église et au cimetière. Cette mort serait arrivée vers 1755.

Derrière ce massif, il y a quelques arbres sur l'écorce desquels on a gravé une croix en souvenir de la défunte. *Requiescat in pace !*

GUTTES-BONIN

Les Guttes ou les Gouttes, d'après le *Glossaire du Morvan,* sont toujours des éminences du haut desquelles les eaux descendent dans la vallée. Nous avons les Guttes-Bonin et les Guttes-Jeanne. Le terrier de 1649 écrit Guttes-Jouanne.

Le sommet des Guttes-Bonin forme la montagne du Grand-Hâbre, suivant l'expression de Cassini.

---

(1) Archives fabriciennes.
(2) Archives Jean-Marie Boucher, de la Place.

Hâbre est le mot patois d'arbre. Cette montagne, qui a 685 mètres d'altitude, était jadis couronnée d'un signal, [1] ou télégraphe à signaux, construit en bois et à deux étages et dont il restait encore quatre grands poteaux en 1852. Il avait servi à l'époque du cadastre pour la triangulation du terrain. Un homme qui l'a vu fonctionner disait : « C'est un arbre qui a des bras; il se dresse, il s'incline, il se couche; ses bras font en même temps leurs mouvements, se lèvent, s'abaissent, s'étendent, s'inclinent en dessus ou en dessous, disparaissent quelquefois. » C'était le système Chappe et Bréguet qui fut employé par le gouvernement de 1792 à 1845. Le signal est remplacé aujourd'hui par une tour carrée, munie de créneaux et terminée en terrasse. Cette tour, construite en 1869 par la famille de Chambure, a 15 mètres de hauteur et de la terrasse on a une vue splendide sur la Nièvre, la Côte-d'Or et Saône-et-Loire. Par certaine matinée bien claire, l'on découvre même le Mont-Blanc, dit-on. En 1870, les Prussiens, qui l'apercevaient de Saulieu, disaient : « Eh ! eh ! la tour Malakoff ! »

L'abbé Baudiau prétend que l'ancienne voie romaine qui allait d'Autun à Auxerre par le nord du Morvan, devait presque toucher le pied de cette montagne et alors il se demande si cette montagne du Grand-Hâbre ne serait pas celle dont parle Ammien Marcellin à l'occasion du voyage de Julien l'Apostat en 356. Les uns affirment qu'il passa par l'Arbre, d'autres par Saulieu. Saint-Amateur, évêque d'Auxerre, et Saint Germain, de Paris, suivirent

---

(1) Ce signal correspondait, dit-on, avec celui de Bar-le-Régulier (Côte-d'Or).

également ce chemin. Saint-Germain raconte qu'en parcourant nos montagnes, une légion de Druides lui criaient : « Laisse, laisse du moins à des misérables la solitude des bois et la paix du désert. »

LA PLACE

La Place est un village adossé à la montagne de la Mine. Sous cette montagne, en effet, est une mine de plomb argentifère. Gaspard Quarré, seigneur d'Alligny et de la Place, en fit la découverte en 1640. A quatre reprises différentes, elle fut exploitée, mais infructueusement, d'abord par l'auteur de la découverte qui, après avoir dépensé 12.000 livres, ne retira qu'un lingot d'argent de 50 écus; ensuite par un aventurier qui, en 1734, fit fouiller cette mine avec un maigre succès; une troisième fois par un inspecteur des mines, M. Paulin du Boulet, qui, en 1742, commença une nouvelle tentative. Le produit du travail ne paya guère que la dépense. Une quatrième fois enfin, vers 1835, par M. Maret, duc de Bassano. On conduisait alors le minerai en chars à bœufs jusqu'à Chagny pour l'embarquer sur le canal, la route de Saulieu à Dijon par Pouilly n'étant pas encore faite. Le minerai était de qualité, mais parce que le filon avait peu d'épaisseur, parce que l'extraction de la gangue était très difficile et lente, parce que les transports étaient coûteux, le rapport fut loin d'égaler la dépense. La mine fut de nouveau abandonnée.

Courtépée dit : « La galerie où je suis descendu avec M. Pasumot, en 1774, est à voûte plate et s'avance dans une longueur d'environ 100 mètres.

Le noyau de la montagne est un granit rougeâtre et la pierre en spath fusible. On y trouve beaucoup de cristallisation. » [1]

Cette galerie, dont l'entrée est actuellement close par une porte en bois, appartient aujourd'hui à Michel Chopard, de la Place.

Entre la Place et Champcommeau coule un petit ruisseau appelé le Rupt-du-Tour dont il a déjà été question. Sur ce Rupt, jadis, étaient construits un Batteur, désigné sous le nom de Batteur-de-Pierre-Plate, et une maison, dont le souvenir se perpétue par le pré du Batteur ou du Bettou. [2]

Au nord-ouest de la Place se trouve le champ de la chapelle de la Maladière, dont il sera parlé au chapitre des Chapelles. En 1562, Edme Jehannin, prêtre, demeurait au village de la Place. Peut-être avait-il la desserte de cette chapelle ! L'étang, actuellement desséché, de la Maladière, à gauche de la route conduisant d'Alligny à la Place, « tenait par la levée au chemin tendant d'Aligny à la Place et par la queue au pré de Gutte, appartenant à Robert Paillard, d'un long aux champs de Pennerot, d'autre côté aux champs de tierces. » [3]

Un jour, c'était en l'an IV de la République, un conflit s'éleva entre les habitants de Champcreux et les habitants de la Place. Ceux-ci voulaient être « maintenus et gardés dans la propriété, possession et jouissance où ils sont de temps immémorial dans les bois communaux dépendant de la ci-devant seigneurie d'Aligny, notamment du canton de bois

---

(1) *Histoire de Bourgogne.*
(2) Archives château d'Alligny.
(3) Terrier de 1649.

communal appelé le Chaufaux, contenant environ 15 ou 20 arpents, ainsi que dans les parties de bois ci-devant défrichées et actuellement en terres labourables, et également maintenus dans le droit où ils sont, aussi de temps immémorial, d'y faire paître et pacager leurs bestiaux. »

Comme les habitants de Champcreux refusaient de faire droit aux habitants de la Place, ceux-ci, par acte notarié du 23 floréal, constituèrent « pour leurs procureurs généraux, spéciaux et irrévocables Louis et Claude Boidot, leurs concitoyens présents et acceptant, auxquels ils donnent pouvoir de et au nom de tous les habitants dudit hameau de la Place, pourvoir au tribunal civil du département de la Nièvre contre les habitants du hameau de Champcreux, même commune d'Aligny, pour lesdits habitants de la Place être maintenus et gardés..... bestiaux.

« Se pourvoir aussi contre lesdits habitants de Champcreux et notamment contre Dominique Meuley, Philibert Beurton et Claude Bourgeois en réparations et dommages et intérêts, pour avoir nouvellement, et notamment dans le courant de germinal et au commencement du présent mois, fait brûler et défricher environ 8 journaux dudit bois appelé les Chaufaux, dans la partie joignant les terres cultivées par lesdits habitants de Champcreux.

« Se pourvoir encore contre les mêmes habitants de Champcreux pour les faire condamner à laisser auxdits habitants de la Place le libre usage et passage pour jouir et faire paître leurs bestiaux et les conduire à l'abreuvoir ou fontaine au Derrier dudit canton de bois des Chaufaux, sans pouvoir intercepter les passages nécessaires.

« Pour cet effet et préalablement, lesdits procureurs spéciaux se prémunir de l'autorisation des administrations du département de la Nièvre. » [1]

La justice se déclara en faveur des gens de la Place qui jouissent toujours de leurs droits.

CHAMPCREUX

Champcreux était un fief appartenant au chapitre d'Autun. Les sujets étaient tenus au guet et garde envers la ville de Saulieu.

Les chefs de famille, qui en 1649 dépendaient de la baronnie d'Alligny, se nommaient Philibert Bourgeois, Léonard Bourgeois et son cousin Barthelemy Bourgeois, Noël Bourgeois, Edmilland Lhomme, Jean et Adrien Boisseau, père et fils, et Jean Mulier, tous laboureurs. Le 22 décembre de cette année-là, quatre d'entre eux, Adrien et Jean Boisseau, Philibert Bourgeois et Jean Mulier, confessèrent pardevant Martin, notaire à Moux, « devoir annuellement et perpétuellement, eux, leurs hoirs et ayants cause, audit seigneur d'Aligny, en sa seule et totale justice, haute, moyenne et basse, pour chacun feu, la quantité de quatre boisseaux seigle, mesure dudit, payable par lesdits habitants en la maison-forte dudit seigneur à chacune fête Saint Martin d'hiver et ce, à cause de la banalité de ses moulins, de laquelle ils ont été dispensés par ledit seigneur moyennant ladite quantité de quatre boisseaux pour chacun feu, et au cas qu'aucun d'iceux viendrait à se séparer et faire nouvelle communion, de même ils augmenteront ladite redevance au profit dudit seigneur à la

---

(1) Archives Adnot.

proportion ci-dessus qui est en raison de 4 boisseaux par feu. — En outre ont confessé devoir solidairement audit seigneur d'Aligny la somme de 12 sols de rente et cens, payable au château dudit Aligny à chacune fête Notre Dame en Mars, à peine de 7 sols d'amende, et ce, à cause du droit à eux concédé par ledit seigneur de pouvoir pacager tous leurs bestiaux tant gros que menus, en un canton de terre sèche, au finage dudit Champcreux, appelé le Vernoy entre les deux prés, tenant d'un long au pré Thibert, d'autre long au pré de la Vernault, par le dessus de la chaume Ramatin à la Barbotte, et par le dessous au ruisseau du pré Thibert et d'autre part au chemin tirant de Champcreux à la Chaux et au bout de la Vernault, seule et totale justice dudit seigneur, sans néanmoins qu'il soit loisible auxdits habitants de pouvoir défricher le bois ni labourer ladite pièce ci-dessus confinée, lequel bois demeure entièrement audit seigneur, lorsqu'il occurera. » [1]

En mars 1783, on trouva dans les Ventes de Champcreux un cadavre qui, « suivant le procès-verbal qui en a été dressé, est celui de Claude Laure, manouvrier à la Cremaine. » [2]

FÉTIGNY

Fétigny appartenait en partie au seigneur d'Alligny, en même temps que Montabon et Montafroy, hameaux de Saint-Léger-de-Fourches. Cela se justifie par la tenue des jours de justice, soit à la pierre Bonar-

---

[1] Terrier de 1649.
[2] Archives municipales.

dot, (1) assise au milieu du village, soit à la Serrée,
au lieu-dit la Comme-des-Moulins. Un arrêt du Parlement de Bourgogne, en date du 3 février 1560
et du 7 juillet 1562, reconnaissait et maintenait à
Arthus de Colombier, seigneur d'Alligny, la qualité
qu'il prenait avec ses prédécesseurs de seigneur de
Fétigny en partie. Cette partie de la seigneurie était
la plus considérable en valeur et en étendue; l'autre
partie, appartenant aux chanoines de Saint-Ladre
d'Autun, n'était estimée que pour un quart, et encore, pour en percevoir le payement, étaient-ils
tenus de descendre dans la maison du seigneur d'Alligny.

Au commencement du xviie siècle, ce village fut
l'occasion d'un assez long procès qui se termina en
faveur du seigneur d'Alligny contre la ville de Saulieu. Ses échevins voulaient obliger les habitants de
Fétigny à garder la ville. Gaspard Quarré prouva
devant MM. de requêtes du Palais que de temps
immémorial les gens de Fétigny avaient fait guet et
garde au château d'Alligny et qu'ils acceptaient encore pour la plupart de continuer ce rôle. Et puis,
ajoutait-il, « le village de Fétigny est plus proche du
château d'Aligny que de la ville de Saulieu d'un tiers
de chemin. Les échevins de la ville demeurent d'accord sur cette vérité, mais ils allèguent que cette
considération, à l'égard de leur ville, ne doit point
avoir lieu, ou que le droit qu'ils prétendent aujour-
d'hui sur le seigneur d'Aligny leur a été adjugé par
arrêt au préjudice du seigneur de Conforgien, quoique

---

(1) On dit aujourd'hui la « pierre Bonnard. » Elle se trouve un peu
au-dessus du puits Jacob, sur la gauche du vieux chemin.

le village de Fétigny soit beaucoup plus proche de Conforgien que non pas de Saulieu et d'Aligny.

« Quand la chose serait vraie, elle ne serait point à préjudice au seigneur d'Aligny, d'autant que la maison de Conforgien n'est pas dans les conditions portées par les ordonnances du duc Jean, étant sans flancs et sans fossés. Au contraire, le château d'Aligny a toutes les défenses nécessaires pour résister à tous efforts autres que ceux de l'artillerie, ladite maison étant assise au milieu des marais, flanquée par des tours élevées sur ses courtines de 20 en 20 pas, enceinte d'un fossé à fond de cuve plein d'eau, de la longueur de 80 pieds et de la hauteur de 15, outre la basse-cour qui lui sert comme d'un travail avancé, laquelle est aussi flanquée régulièrement par divers logements. Ainsi flanqué, ledit château de toutes parts, l'on ne particularise pas plusieurs autres conditions avantageuses audit château, ce qui donne bien sujet de dire que la ville de Saulieu n'est préférable au château d'Aligny qu'en raison du nombre d'hommes.

« Du reste le village de Fétigny est de la paroisse d'Aligny et de Saint-Léger alternativement et néanmoins ses habitants ne laissent pas d'être annuellement compris et imposés dans le rôle et les cottes que l'on jette pour les deniers royaux. » [1]

Suivant leur reconnaissance faite le 23 décembre 1649 et renouvelée le 29 juin 1779, les habitants de Fétigny confessent qu'ils doivent « annuellement et perpétuellement au seigneur d'Aligny : 1° deux gâteaux de la valeur de dix deniers chacun à chacune fête

---

(1) Archives château d'Alligny.

des Rois, ladite redevance affectée sur les maisons et héritages qu'ils possèdent des Maillots et de Philippe Jacob, le tout suivant le contrat reçu Salier le 10 mars 1611. — 2° *Item* que le dixme de 20 gerbes l'une appartient audit seigneur d'Aligny à cause de sadite terre, généralement sur tous les héritages desdits habitants de Fétigny, même sur leurs ouches, quelque part qu'elles soient situées et sur les ouches de l'Ormeau, même en ce qui est en la justice du chapitre d'Autun, suivant les arrêts rendus au parlement de Bourgogne les 4 février 1561 et 28 juillet 1564. — 3° *Item* que ledit seigneur d'Aligny est en partie seigneur dudit Fétigny, que ses officiers tiennent les jours près la pierre Bonardot, dans une ouche où sont des masures appartenant à Jean Rignault, appelée aujourd'hui *Derrière chez l'Huilier*, contenant un journal et sur plusieurs héritages énoncés dans leurs reconnaissances particulières. — 4° Que le signe patibulaire de la justice dudit Aligny peut être relevé et planté au champ des Fourches joignant le Meurot, appartenant à François Girard et autres, où il a été de temps immémorial. — 5° et enfin être sujets au guet et garde du château dudit Aligny et aux menues réparations dudit château, comme les autres sujets et retrayants dudit lieu, le tout suivant l'ordonnance de Jean, duc de Bourgogne, à quoi ils ont satisfait et payé leurs parts et impositions, fait à cet effet en l'an 1640. » [1]

Les dîmes et les tierces de ce village s'élevaient bon an mal an à 55 ou 60 septiers, dont 5 revenaient au chapitre d'Autun. [2]

---

(1) Terrier de 1649.
(2) Archives château d'Alligny.

Le chapitre d'Autun, avons-nous dit, était seigneur de Fétigny en partie, ainsi que des Prés, de la Serrée, de Lavault et dépendances. Il en fit refaire le terrier en 1757, [1] et le 11 octobre de cette année-là, par-devant Maréchal, notaire royal à Saulieu, commis à la confection de ce terrier, les justiciables de Fétigny déclarèrent :

« 1° Mesdits seigneurs les vénérables doyen, chanoines et chapitre de l'église cathédrale d'Autun ont toute justice, haute, moyenne et basse, sur tous les hommes et sujets de ladite seigneurie de Fétigny et dépendances et sur tous et chacun des héritages assis et situés en ladite terre et seigneurie, pour l'exercice de laquelle justice ils ont droit d'instituer et nommer les officiers, comme juge, procureur d'office, greffier, sergent et tous autres officiers qu'ils jugeront à propos.

« 2° *Item,* appartient pareillement à mesdits seigneurs de prendre et appliquer à leur profit tous exploits de justice, amende, épaves, confiscation, quand le cas y échet.

« 3° *Item,* ont pareillement mesdits seigneurs le droit général de lods, rentes, retenues et amende sur tous les héritages qui se vendent en ladite justice, finage et territoire dudit Fétigny, lesquels lods se paient sur le pied du sol huit deniers par livre du prix de l'acquisition, et les acquéreurs sont tenus de remettre dans 40 jours, sous peine de trois cinq sols d'amende, leurs actes et contracts d'acquisition au greffe de ladite justice pour être par lesdits sei-

---

(1) Le terrier précédent datait de 1543 et était signé Mathieu Pelletier, notaire royal à Saulieu.

gneurs leurs préposé, fermier, receveur ou commis, alloués ou les fonds retenus à la volonté desdits seigneurs, ainsi qu'il paraît à la page 28 du terrier signé Pelletier.

« 4° *Item*, qu'il appartient pareillement à mesdits seigneurs plusieurs tailles, cens, poules, avoine, cire, affectés sur les héritages situés à ladite terre, ainsi qu'ils sont ci-après déclarés. » [1]

Le chapitre de Saulieu jouissait également en ce village de quelques rentes annuelles, et nous le savons par un double bail à cens reçu par le notaire Delamarche. En vertu du premier, daté de 1445, Jehannot Girard, de Fétigny, lui devait « quarante sols de cens annuel et perpétuel portant lods et payables chacun an au 25 mars » sur « plusieurs héritages provenant de feu Mᵉ Simon Dufraigne, situés au finage de Fétigny, savoir deux soytures au pré du Chatelet, deux autres soytures joignant la rivière de Fétigny, une chaintre contenant une soyture, le quart d'une autre soyture et une chenevière contenant demi-journal. » — En vertu du second, daté du 7 mars 1449, Jean Clément, de Fétigny, lui devait aussi chaque année « deux boisseaux d'avoine et un denier de cens portant lods » sur « une pièce de terre et pré contenant trois journaux situés près le moulin de Chambout. » [2]

L'ouche qui avoisine l'école de Fétigny s'appelle l'ouche de la Prison. La prison devait appartenir au chapitre d'Autun.

La scierie, qui fonctionne depuis 1893 au bas de

---

(1) Archives Baptiste Lambert, de Champcreux.
(2) Archives municipales de Saulieu.

Fétigny, remplace deux anciens moulins à tan et a pour propriétaire actuel Ernest Chaumien.

Au village de Fétigny se rattache le bois de la *Pierre-qui-Tourne*. Dans ce bois est un dolmen composé de trois pierres, dont la pierre supérieure, soutenue par deux autres verticales, est plate et présente en son milieu une concavité qui, par ses dimensions, semble bien destinée à un corps humain. [1]

LES PRÉS

Les Prés sont comme le prolongement de Fétigny. « Jeanne Patru, âgée d'environ 40 ans, a été trouvée morte dans un creux, aux Prés de Fétigny, le 21 mars 1787, et a été inhumée après les formalités de justice observées. » [2]

Sur la gauche du chemin qui va des Prés au moulin de Conforgien, on rencontre les *Quatre-Vents,* où il ne reste plus qu'une maison, trois autres ayant été démolies il y a quelques années.

En continuant ce chemin, sur la droite, on trouve le bois de *Pierre-Pointe,* ainsi nommé d'une énorme pierre terminée en pointe : sorte de pierre fiche, un menhir peut-être, qui se dresse depuis des siècles au milieu de grosses pierres dont la plupart semblent avoir été mises là de main d'homme. Elle mesure 2^m50 de hauteur, du côté de la pointe, 1^m70 de

---

(1) Au nord-ouest de la *Pierre-qui-Tourne,* on rencontre la *Pierre-des-Chiens.* Cette pierre offre aux regards un bassin à peu près rectangulaire d'environ $0^m,35$ de long sur $0^m,20$ de large et $0^m,15$ de profondeur. Ce bassin aurait été creusé, selon la tradition populaire, par le diable qui, en tombant, aurait laissé sur cette pierre l'empreinte de son derrière !!!!!

(2) Archives municipales.

largeur et 0^m75 d'épaisseur. N'était l'écornure du faîte, la pierre serait à peu près rectangulaire.

Plus loin, sur la gauche, l'étang du Chapitre, [1] ainsi appelé du nom de son ancien propriétaire, le chapitre d'Autun. Cet étang, dans lequel s'est noyé le 23 juin 1842 un jeune enfant de onze ans, Claude Lepage, de la Serrée, a été converti en pré peu de temps après ce douloureux accident.

Plus loin encore, mais sur la droite et confinant la pâture de la Tanière, on voit un gros bloc de pierre, connu sous le nom de *Pierre-du-Saint*. Une niche, dont l'ouverture regarde l'est, y a été taillée de main d'homme. Sa hauteur totale est de 80 centimètres. La cavité réservée aux jambes de la statue a 35 centimètres de hauteur sur 20 de largeur et 10 de profondeur. La partie destinée au buste est faiblement creusée, striée, en forme de coquille et mesure 45 centimètres de hauteur et 40 de diamètre dans sa plus grande largeur. La statue n'est plus dans la niche : elle fut un jour, dit-on, portée en procession à Alligny d'où elle ne revint pas. On désirerait savoir le nom de ce saint, les circonstances et l'époque de sa prise de possession de la niche et de sa disparition.

Sur la route des Prés à la Serrée, le très ancien moulin de la Chaume. Nous avons relevé avec plaisir le nom de quelques meuniers qui l'ont occupé. En 1715, c'était Louis Roux; en 1753, René Rignault; en 1793, Nicolas Boucher. Les deux derniers propriétaires furent Adolphe Primard et Eugène Nevert. Le propriétaire actuel se nomme François Brullé.

---

[1] Cet étang existait déjà en 1777, d'après un manuscrit.

LA SERRÉE

Ce village est cité dans le dénombrement de Jean d'Aligny à Girart, évêque d'Autun, en 1260. En 1757, il était une dépendance de la seigneurie de Fétigny et relevait du Chapitre d'Autun.

A côté de la croix, le voyageur aperçoit une stèle gallo-romaine représentant, dans un médaillon, un buste de femme en relief (0^m40 de hauteur sur 0^m35 de largeur). Elle fut plantée là par Jean Choureau [1] qui, vers 1860, en fit la découverte dans le bois de la *Pierre-qui-Tourne*.

En 1745, nous rencontrons Léonard Millereau, meunier au moulin de la Serrée.

En 1811, les habitants de Fétigny, des Prés, de la Serrée et du moulin de Chambout, s'entendirent avec un ancien magistrat de Saulieu, M. Jacques-Marie Laligant, pour un échange de terrain. M. Laligant consentait à céder trois pâtures nommées *Chaintre, Robbe, Vernay-de-Vie-fort* et même le *Loichot* pour les *Ichards* et les *Chapelots,* deux terrains communaux appartenant en commun aux habitants des villages précités. Dans sa séance du 24 mars, le Conseil municipal donna son avis favorable, en raison des avantages réels qui en reviendraient à la commune, puisque les terrains de M. Laligant étaient estimés 1.700 francs et les terrains communaux 1.300 francs. Mais il exigea trois conditions : la première, c'est que l'échange aurait lieu sans soulte ni plus-value depart et d'autre; la seconde, que les haies vives qui séparaient les trois

---

[1] Décédé le 7 août 1895 à la Serrée, à l'âge de 80 ans.

pâtures des autres héritages de M. Laligant demeureraient sa propriété; la troisième, enfin, que les frais d'échange seraient payés par moitié et égale partie entre les échangeurs.

LES HATES

Dans les vieux manuscrits, nous lisons *hâtes, hastes, âte, aste.* Un grand nombre de localités, dit le *Glossaire du Morvan,* portent le nom d'Hâtes ou des Hâtes : l'Hâte-au-Sergent, l'Étang-des-Hâtes, les Hâtes-de-Fétigny.

Ce mot *Hâte,* féminin singulier, est une mesure agraire qui dans l'usage n'a rien de fixe et qui dans quelque partie du Morvan s'applique à une planche de jardinier : une hâte de carottes, une hâte d'épinards.

Ne pourrait-on pas dire aussi de quelques hâtes, qu'elles étaient un lieu destiné aux ventes publiques sous la présidence d'un officier muni de sa pique? Alors hâte, haste, viendrait du mot latin *Hasta,* pique : l'Hâte-au-Sergent.

Il y avait aux Hâtes trois étangs assez considérables, appelés étang des Hâtes, étang Cousin, étang Larmier, et appartenant, en 1780, à Vivant-Simon Moreau, conseiller et procureur honoraire du roi aux baillage et chancellerie de Saulieu où il résidait. Ces trois étangs (l'étang Cousin était au milieu) se trouvaient sur la même rivière et se joignaient; par le couchant, ils confinaient dans toute leur longueur au bois de Verneau, dans un endroit isolé où il n'y avait aucune maison.

De ces trois étangs il ne reste plus que celui des

Hâtes, [1] dans lequel s'est noyé par imprudence, le 15 août 1899, vers les deux heures du soir, Pierre Naudin, célibataire, demeurant avec ses parents à Vernay-Bousson. Son corps, trouvé le lendemain au Grand-Trou, fut conduit à Saint-Brisson pour y recevoir les honneurs de la sépulture.

Mais revenons en 1780. Le samedi saint, 25 mars, on commença la pêche de l'étang Cousin. Après avoir pris 600 alevins, M. Moreau, en prévision de l'impossibilité d'achever en ce jour la pêche qu'on ne pouvait pas continuer le lendemain, fit cesser tout travail et ordonna de remettre la pelle de l'étang.

Qui donc aurait pu « soupçonner que dans une semaine si auguste où se renouvellent les plus grands mystères de notre religion et où chaque chrétien a le devoir le plus essentiel à remplir, il se trouverait des gens assez avisés et téméraires pour former le complot de voler son poisson? »

C'est entre une heure et deux heures du soir que M. Moreau et ses hommes quittèrent l'étang. Et voilà qu'une heure après, arrivent sept gaillards, dont cinq de Fétigny, Jean X... et François Y..., ces deux premiers mariés, Emiland Z..., fils de Jacques, François, fils de René XX... et Jean, fils de Nicolas ZZ..., et deux de la Serrée, Pierre et Jean, fils de Philibert YY..., cabaretier. Ce fut Jean X... qui lâcha l'étang en levant la pelle et tous ramassèrent en quantité brochets, carpes, perches, tanches et anguilles, en emportèrent à Saulieu de pleins paniers, en don-

---

(1) Sa superficie est de 23 hectares 32 ares 60 centiares, dont 8 hectares 85 ares 10 centiares sur Alligny et 14 hectares 47 ares 50 centiares sur Saint-Léger-de-Fourches.

nèrent à tous ceux qui en désiraient, en mangèrent en famille et même au cabaret de la Serrée. Dans leur empressement à mal agir, ils oublièrent de fermer l'étang qui resta à sec et en ruisseau, ce qui occasionna la perte du poisson qui pouvait encore demeurer en ce lieu.

Naturellement il y eut procès au cours duquel les sept accusés ne purent nier le délit. M. Moreau fit des réclamations. Le tort dont il souffre, dit-il, est très considérable, parce que, ayant empoissonné l'étang de douze grands seaux de belle feuille, il comptait prendre 2 à 3.000 alevins et il n'en a pris que 600, plus quelques tanches qu'il y avait semées sur la fin de 1778. Il en avait encore mis 62 au mois de février et il n'en a pris que 38. L'anguille y abonde et il n'en a pris que 2.

Puisque le poisson des étangs est sous la sûreté publique, aussi bien que les bois, puisque les ordonnances des eaux et forêts règlent l'amende en cette matière, il tient à user de son droit, mais il se contentera d'exiger solidairement la somme de 600 livres pour tous dommages et intérêts, tant pour raison du vol qui lui a été fait de son poisson à l'étang Cousin que de la perte qui s'en est suivie en le laissant à sec et en ruisseau. (1)

Le procès se termina le 22 août suivant par une sentence définitive rendue au profit de M. Moreau contre les sept accusés. Ceux-ci, en effet, furent condamnés par le bailli et juge ordinaire de Fétigny, la Serrée et dépendances, M⁰ Simon-François Guichot, de Saulieu, avocat en Parlement, « à payer au

---

(1) Archives Roux, de la Rochotte.

sieur Moreau, tant pour la valeur des poissons pris dans son étang que pour dédommagement de celui perdu par le fait desdits X... et Y..., en lâchant ledit étang, la somme de 160 livres et en tous les dépens des procédures civiles et criminelles, par nous sommairement taxés à 272 livres 4 sols 1 denier; au paiement de toutes lesdites adjudications tant en principal que dépens, ils pourront solidairement être contraints par toutes voies dues et raisonnables, même par corps; et desquelles néanmoins, sans préjudicier à la solidité, il n'y aura à la charge dudit Emiland Z... pour le principal que 20 livres; à celles desdits ZZ... et François XX..., Pierre et Jean YY..., que chacun 10 livres et pour les cinq derniers particuliers, qu'un tiers des dépens ci-devant taxés, ensemble un tiers dans le tout, et vision des présentes non comprise en ladite taxe, le surplus demeurant à la charge personnelle desdits Y... et X... Et cependant faisons très expresses inhibitions et défenses à tous les accusés, et notamment auxdits Y... et X... de récidive, à peine d'y être sévèrement pourvu. » [1]

GROSSES-PIERRES

Les Grosses-Pierres portent un nom significatif; on y voyait autrefois des pierres d'un volume extraordinaire. Ce pays, que les vieux registres mentionnent comme « village », n'a plus aujourd'hui qu'un domaine avec ses dépendances. Les anciens se rappellent encore de trois maisons actuellement démolies. La route d'Alligny à Saint-Brisson par les

---

[1] Archives Pierre Girard, des Hâtes.

Cliché de M. Joseph de Chambure.

CHATEAU DE LA CHAUX

Guttes-Bonin et les Ichards passait jadis aux Grosses-Pierres où une hôtellerie hébergeait les voyageurs. L'hôtelier de 1741 était François Clair. En 1757, nous rencontrons en ce pays Pierre Bouley, manouvrier, et Léonard Thibault, sabotier.

LA CHAPELLE-SAINT-FRANCHY

Ce village doit son nom à une ancienne chapelle dédiée à saint Franchy ou saint Francœur. La piété populaire disait : Chapelle-des-Brebis, parce que les gens des environs s'y rendaient en procession pour invoquer saint Franchy contre les maladies des troupeaux. En 1667, messire Antoine Tixier, curé de Saint-Brisson, fut délégué par Mgr l'Évêque d'Autun pour visiter les paroisses de l'archiprêtré d'Anost et, dans son procès-verbal de Montsauche, il constate « qu'il est d'usage que tous les ans les paroissiens se rendent en procession à Notre-Dame de Savault, paroisse d'Ouroux, et à la Chapelle-Saint-Franchy, qu'on invoquait contre les maladies des troupeaux, d'où lui est venu le nom vulgaire de Chapelle-des-Brebis, paroisse d'Aligny. » Dans un autre procès-verbal, il parle encore d'une façon plus explicite et plus intéressante : « On a coutume, dit-il, de se rendre en procession, des paroisses voisines, le mardi de la Pentecôte, à une chapelle ruinée qui portait le nom de Saint-Franchy, dans l'enclave de notre paroisse, auquel jour il s'y trouve des cabaretiers, et où on commet quantité de désordres, tant par les jeux, danses, batteries, blasphèmes, que débauches. » [1]

La dévotion des fidèles avait donc disparu pour

---

[1] Archives de l'évêché d'Autun.

ne laisser subsister que des abus. L'apport n'a cessé qu'en 1849. On chercherait en vain quelques vestiges de la chapelle.

Ce village était alternatif, suivant une « ordonnance en parchemin et en latin de Mgr le cardinal Rollin, évêque d'Autun, signée par Mgr Guillette, le 10 juin 1461, qui réunit la cure de Saint-Francœur aux paroisses voisines qui sont Saint-Léger, Saint-Brisson, Montsauche et Aligny. » [1] Et voilà pourquoi les procès-verbaux le déclarent tantôt de « la paroisse d'Aligny, » et tantôt « dans l'enclave de notre paroisse » de Saint-Brisson.

LA CHAUX

La Chaux et les Culmets nous paraissent avoir une étymologie commune, provenant du mot latin *Calamus,* tige de seigle, de froment, et alors on devrait écrire la Chau sans *x*.

« Anciennement le village de la Chaux s'étendait jusqu'en un lieu où était bâtie une église qui servait de paroissiale, appelée Saint-Francœur. » Cette phrase est de Gaspard Quarré. [2]

Autrefois, une partie de la Chaux dépendait de la baronnie d'Alligny et le reste formait un fief particulier mouvant d'Illan. Guy d'Ostun, sire d'Arconcey, et sa femme Marguerite de Beauvoir laissèrent en mourant, vers 1335, trois enfants dont l'aîné, Girard d'Ostun, sire d'Arconcey, eut en partage la maison de la Chaux avec ses dépendances et la terre de Villars-Liernais. [3] Ce Girard d'Ostun fut bientôt

(1) Archives municipales de Saulieu.
(2) Archives château d'Alligny.
(3) *Histoire généalogique de la maison de Chastelux.*

poursuivi par Simon de Gayet pour le remboursement d'un emprunt fait par son père. La terre de Villars-Liernais fut saisie et vendue par commission royale, en 1340. [1] Le fief de la Chaux fut-il vendu volontairement ou par nécessité? En tout cas, il appartenait en 1338 à Jean de Bourbon, seigneur de Montperroux. Un carton de bois en rappelle le souvenir. Il fut dans la suite acquis par Lucas de Vésigneux qui le laissa à Jacqueline, sa nièce. Celle-ci le fit passer à Saladin de Montmorillon en 1698. Plus tard, il eut pour propriétaire Mathurin Pelletier de Chambure, écuyer, seigneur de Saint-Léger-de-Fourches en partie. Jeanne-Baptiste Martenne, sa petite-fille, le porta en mariage à François de Maurepas, dont le nom rappelle une aventure tragique.

François brûlait d'un amour criminel pour sa belle-sœur et afin de pouvoir la prendre pour femme légitime, il résolut de se débarrasser de son épouse, personne recommandable par ses vertus. Celui qui veut mal agir a horreur de la lumière. Une nuit donc, il prend une arme et lâche son coup au travers de la porte. A ce moment-là les deux sœurs occupaient le même lit; la Providence permit que la balle, épargnant l'épouse légitime, alla frapper le malheureux objet de sa passion.

La justice informée accourut en toute hâte pour s'emparer du coupable, mais l'épouse, oubliant l'injure et ne consultant que son cœur, réussit à cacher son mari qui put, sous des habits de paysan, gagner la frontière de la Suisse.

Etait-ce pour se dérober à de si funestes souvenirs?

---

(1) *Montjeu et ses seigneurs,* par l'abbé Doret.

Peut-être. Toujours est-il que le 9 septembre 1750, sa femme vendit le fief pour 30.000 livres et un poinçon de vin de Santenay à Pierre Serpillon, bourgeois de Saulieu, ancien lieutenant criminel au baillage d'Autun. C'est son fils, François-Samuel, qui en 1793 fut élu capitaine de la garde nationale d'Alligny et équipa à ses frais un volontaire du pays.

La terre de la Chaux connut encore d'autres propriétaires dans la personne de Dominique-André Mallet et de Laligaut, après lesquels elle revint dans la famille de ses anciens maîtres avec M. Eugène-Andoche de Chambure. C'est lui qui en 1860 fit reconstruire le château actuel flanqué de ses deux pavillons. Il eut soin d'y aménager une chapelle qui fut bénite le 5 mai 1862 par Mgr Forcade, évêque de Nevers, et dédiée à saint Joseph.

La propriété appartient aujourd'hui à son fils, M. Henri de Chambure.

Les de Chambure ont pour blason : d'azur, à un chevron d'or, accompagné de trois pommes de pin de même, posées 2 et 1, à une croix d'argent, en chef. Leur devise est : *Stella ducet.*

Aux visiteurs de la Chaux on montre trois pierres brutes en granit. Elles sont grossièrement sculptées et portent, l'une le type d'un officier romain avec ces noms : « Marcianus Marcius; » la deuxième, trois figurines composant une famille, avec cette inscription : « Aricia, Caïus; » et la troisième, une tête, type celte, sans inscription. Ces trois pierres proviennent, dit-on, d'un cimetière gallo-romain situé à Saulieu, dans le voisinage de la route qui va de cette ville à Arnay-le-Duc.

Dans un manuel de 1721, nous lisons que les

habitants de la Chaux devaient au seigneur d'Alligny.
tous les ans et solidairement, 5 boisseaux d'avoine,
4 deniers parisis et 2 deniers pour le droit de gâ-
teau. [1]

Signalons la Pierre-Fée, ou Roche-des-Fées, dans
le bois du Défend. C'est un énorme bloc de pierre,
au centre duquel, racontent les vieilles gens, est
caché un trésor. On y pénètre par une porte cintrée,
fort bien dessinée, qui ne s'ouvre qu'une fois par an,
pendant la messe de minuit. L'ambitieux qui con-
voite ce trésor épie le moment où la porte va s'ouvrir,
mais à peine est-il entré qu'elle se ferme. L'impru-
dent, au lieu d'un trésor, n'a trouvé qu'un tombeau.

C'est l'heure de consacrer quelques lignes à la
mémoire de M. Eugène-Andoche Pelletier de Chambure dont nous avons prononcé le nom.

Eugène de Chambure naquit à Paris le 4 mars 1813,
d'une vieille famille bourguignonne, et fit ses études
au collège Charlemagne. Dans la suite, il eut à com-
battre les préjugés et les erreurs qu'il puisa dans
l'enseignement professé par cette Université.

Il se maria à Saulieu, en 1834, à Marie-Claudine-
Herminie Dareau, [2] petite-fille d'Etienne Dareau,
ancien seigneur de Blancey et conseiller-maître à la
Chambre des comptes de Dôle. Il en eut deux
enfants : Marie-Marguerite qui épousa, le 8 septembre
1857, le vicomte Marie-Octave-Hyacinthe de Bala-
thier-Lantage et mourut le 18 mars 1880, et Henri-
Hugues-Denis-Antoine qui s'unit, le 6 septembre 1865,
à Louisa-Aldegonde, baronne d'Erp d'Holt.

---

(1) Archives château d'Alligny.
(2) Née à Saulieu le 26 février 1813 et décédée à la Chaux le 12 décembre 1904.

Deux passions partagèrent la vie de M. de Chambure : les lettres et l'agriculture. C'est à 18 ans qu'il publia son premier sonnet dans les *Annales romantiques* et en 1843 il fit paraître un volume de vers intitulé : *Transeundo*.

Mais son ouvrage capital est celui qu'il a composé sur la langue morvandelle. Il a pour titre : *Glossaire du Morvan*. C'est une étude sur le langage de cette contrée, comparé avec les principaux dialectes ou patois de la France, de la Belgique wallonne et de la Suisse romande. Cet ouvrage a dû lui demander une patience de bénédictin. Son apparition, en 1878, fut accueillie à l'étranger avec une faveur plus signalée qu'en France. Le prix Archon-Despérouses lui fut cependant accordé par l'Académie française.

L'agriculture était la seconde passion de M. de Chambure.

Déjà les lecteurs du *Journal de l'Agriculture* avaient remarqué une étude sur « Un domaine du Morvan, » et plus d'un se demandait pourquoi l'auteur, avec sa vaste et belle intelligence, n'allait pas se fixer dans les milieux industriels ou dans les grandes villes, pour y accroître sa fortune. M. de Chambure a préféré demeurer au milieu de nous pour donner l'exemple du travail et cultiver cette terre de la Chaux qui est devenue, grâce à son rude et persévérant labeur, comme une oasis dans l'aridité du désert.

Des succès si apparents lui valurent d'être élu, depuis 1848 jusqu'à 1870, à l'Assemblée départementale dont il fut une des lumières les plus brillantes et les plus suivies. Mais comme tant d'autres, avant et après lui, il finit par savoir que la faveur populaire n'est jamais de longue durée. Cette ingratitude lui eût été assurément très pénible, s'il n'eût été chrétien, mais sa foi lui fit surmonter très vite l'amertume de cet abandon.

C'est qu'en effet « il était un chrétien du vieux temps, » selon l'expression de Mgr l'Evêque de Nevers. Sa religion était profonde, éclairée, simple toutefois comme celle d'un enfant et comme il convenait à un esprit aussi cultivé et aussi droit.

Admirable était son dévouement à l'Eglise et à son Chef suprême. Pour lui, l'Eglise n'était pas une servante qui obéit, c'est une reine qui commande. Le pape n'était pas un chef plus ou moins puissant auquel on propose une alliance conditionnelle, c'est le représentant officiel de Dieu et par suite la plus haute autorité de ce monde. Aussi lui payait-il largement le tribut que tout enfant bien élevé doit à son père, et un jour même il lui offrit le sang de son fils qui prit l'uniforme de zouave pontifical.

Les seize dernières années de sa vie furent marquées par la souffrance. La souffrance est une expiation et un grand moyen de sanctification : le bon Dieu ne la ménage jamais à ses amis. M. de Chambure le comprenait ainsi et voilà pourquoi il aimait à redire : « Je n'ai plus qu'une manière d'utiliser ma vie, c'est de souffrir de mon mieux. »

Et pour la mieux utiliser, il se confessait et communiait tous les quinze jours.

Et un peu avant sa mort, comme il faisait à son aumônier les confidences de ses grandes douleurs : « Ce sont, disait-il, les harmonies de la fin. »

La fin approchait, en effet, et le 24 mars 1897, une crise plus terrible lui fit comprendre qu'il allait mourir. Alors il demanda les derniers sacrements, répondit lui-même aux prières du prêtre et embrassa avec amour le crucifix, celui-là même que le P. de Ravignan expirant avait pressé sur son cœur.

Le 6 avril, après une courte agonie, il rendit son âme à Dieu, à onze heures du matin, et après 62 ans de mariage. C'était le mardi de la Passion. Dix prêtres et une nombreuse assistance vinrent prier pour lui au jour de ses funérailles qui eurent lieu le vendredi suivant. Son corps repose au cimetière paroissial, dans le caveau de famille où il a rejoint deux de ses petits-enfants.

JARNOY

Jarnoy est un village construit sur le flanc de Montloup. Le chapitre de Saint-Andoche de Saulieu y possédait trois meix [1] et quelques rentes seigneuriales.

Claude Coujard, notaire royal et greffier de la justice d'Alligny, y résidait en 1673.

En 1704, Claudine Genrau, de Jarnoy, adressa la requête suivante à M. le Bailly de la justice d'Alligny :

« Supplie humblement Claudine Genrau, femme de Jean Bourloup, laboureur à Jarnoy, et vous expose que depuis environ quatre mois de çà ledit Bourloup son mari l'a quittée sans scavoir le lieu de sa retraite et qu'elle ne peut agir en leurs affaires par deffault d'authorité; que ledit Bourloup est débiteur à Mre Jean Farot, marchand à Saulieu, d'une somme considérable et à d'autres créanciers, dont elle re-

---

[1] Voir dénombrement de 1260, page 34.

cevra de grands frais, si elle n'y met quelque ordre. Pour ces causes elle recourt à vous, monsieur, à ce qu'il vous plaise lui donner authorité pour agir dans leurs dites affaires, pour éviter aux frais dont elle est menacée par lesdits créanciers et frais de justice. Fait à la réquisition et en présence de ladite Genrau qui ne signe enquis. » [1]

En 1776, le 24 janvier, traité entre la comtesse de Choiseul et les habitants de Jarnoy. Ceux-ci, « après avoir mis en considération que la dame comtesse de Choiseul voulait leur former une demande de censive, par devant M. le Lieutenant civil du baillage de Saulieu, de plusieurs années d'arrérages d'escheutes et cens qu'ils lui doivent annuellement par une voye solidaire, eu égard à ce que les héritages qu'ils possèdent audit finage de Jarnoy ont été extrémement partagés et morcellés tant par leurs ancêtres que par eux-mêmes, et que comme ladite Dame, ne voulant pas déroger au droit de solidité stipulé dans ses anciens terriers, leur aurait fait des frais immenses, pour à quoi obvier ils auraient supplié ladite Dame dès l'année 1774, comme ils l'ont encore fait aujourd'hui, de vouloir bien consentir à ce qu'égalation soit faite des anciens meix reconnus à son terrier par leurs devanciers pour être répartis sur lesdits habitants comparants, ainsi que sur les forains possédant héritages audit Jarnoy, à l'effet de pouvoir payer annuellement et relativement à leurs possessions d'escheutes lesdites redevances, à quoi ladite Dame inclinant et voulant leur donner une nouvelle preuve de sa bienveillance, a consenti par les pré-

---

[1] Archives château d'Alligny.

8

sentes à la susdite égalation aux conditions accoutumées, qu'ils passeront nouvelle reconnaissance à son terrier de tous les héritages qu'ils possèdent en sa censive, laquelle formera l'égalation ci-dessus demandée et encore aux conditions que chacun desdits habitants et forains pour lesquels ils se sont faits forts lui payeront pour l'indemniser des frais de ladite égalation faite par le sieur Darnay, commissaire à terrier demeurant à Saulieu, et pour les contrôles, papiers et autres accessoires desdites reconnaissances à raison de 8 sols par chacun article desdites nouvelles reconnaissances une fois payés, le tout se montant à environ 70 livres, consentant ladite Dame en faveur desdits habitants qu'il soit dérogé à l'ancienne solidité des terriers, se réservant seulement la solidité sur chacune desdites reconnaissances et sous les réserves expresses que fait ladite Dame qu'elle n'entend en aucune façon déroger à la mainmorte et tous droits généraux et seigneuriaux qu'elle a sur ledit finage de Jarnoy, conformément à ses titres et terriers, ce que les habitants ci-dessus comparants tant pour eux que pour les absents, même les forains, ont accepté. » [1]

On ne saurait parler de Jarnoy et oublier ses navets qui, expédiés à Paris, font les délices des gourmets. On en sème dans les autres villages, mais ils ne les valent point.

En haut de Jarnoy, l'étang des Puys ou des Puits. Le terrier de 1649 dit l'étang des Poix. Chaque feu de Jarnoy devait au seigneur d'Alligny 2 sols pour droit de passage sur l'étang des Puits. [2]

---

(1) Archives Adnot.
(2) Archives de la Chaux.

Au bas de Jarnoy, la Champagne. Champagne et plaine étaient jadis deux mots synonymes. Le domaine de la Champagne, construit au siècle dernier, remplace Prespeau, qui se trouvait entre la Champagne et la Cure. Le terrier de 1649 signale en ce hameau trois maisons, sans compter les granges et les étables. La première était habitée par Emiland Morin, laboureur ; la seconde par Jeanne Boire et la troisième par son gendre François Julien, laboureur. Ces habitants, outre les redevances territoriales, donnaient au seigneur d'Alligny « la poule de coutume, 5 sols de vain champois, 5 corvées aux conditions susdites, droit de messérie 7 deniers et une gerbe de seigle et la charretée de bois pour Noël. » [1]

L'étang Neuf est très ancien, puisque nous le rencontrons en 1495. Il est alimenté et par les eaux du « ruisseau fluant de la Fontaine de Luères » qui traverse Jarnoy et par les eaux qui descendent du Paron. En 1649, il était en nature de pré. Sa chaussée servait de passage pour lequel le seigneur percevait un droit consistant en « 2 sols pour chaque feu à chacune fête Saint-Martin d'hiver, » par suite d'une transaction conclue par devant Salier, notaire, le 3 mars 1611, entre Jean Andrault de Langeron et les habitants de Chaumien, Chassagne, etc. [2]

A gauche de l'étang Neuf se dresse le rocher du Vernoy, remarquable par son excavation naturelle qui sert d'abri aux bergers.

---

(1) Archives de la Chaux.
(2) Archives de la Chaux.

CHAPITRE V

Les villages de la rive gauche de la Terrène.

MARNAY

Marnay formait avec Reglois une seigneurie en toute jutice, dans la mouvance du comté de Saulieu. En parlant de Reglois, siège de la seigneurie, nous dirons la série des seigneurs.

Au village de Marnay se rattache un souvenir religieux : c'est celui de saint Eptade, prêtre et moine qui vivait au VIᵉ siècle, et dont l'Eglise célèbre la fête le 3 septembre. Il naquit au pays des Eduens, à Marnay. Deux Marnay se disputent l'honneur de sa naissance : l'un près de Lormes et l'autre dans notre paroisse. Nous voudrions pouvoir affirmer que ce prêtre nous appartient par sa naissance et les événements qui ont marqué sa vie ne nous donneraient peut-être pas tort. En tout cas, il appartient à l'Eglise catholique et ce titre nous suffit pour nous le rendre cher.

Nous avons connaissance de deux dénombrements faits en mars et en octobre 1260 par Alexandre et Jean, fils d'Arnoul d'Aligny [1] à Girart, évêque d'Autun.

---

(1) Le texte du premier dénombrement nous est inconnu. En le signalant, les archives du château d'Alligny disent : « Alexandre, Jean et Arnoul d'Aligny. » Dans le dénombrement d'octobre, que nous reproduisons à la page 34, nous lisons : « Alixandres et Jehans qui furent filz mon seignour Arnou de Aligne. » Nous ne nous chargeons pas d'accorder les deux textes. Pourtant le second, extrait de la charte authentique, nous semble le seul historiquement vrai. En outre, une autre charte de 1225, reproduite dans le cartulaire de l'église d'Autun, mentionne Arnoult comme fils de Seguin d'Aligny.

Dans le premier, il est question d'un bois appelé *forest du Chapitre soubz Marnay*. Dans ce bois est une fontaine connue sous le nom de Fontaine-Saint-Hilaire, où on allait jadis en dévotion, parce qu'on attribuait à son eau la vertu de guérir les fièvres. Trois autres fontaines jouissaient de ce privilège : la fontaine des Fièvres (c'est son nom) à la Cremaine, une autre à la Chaux et une troisième à la Chapelle-Saint-Franchy. Plusieurs personnes nous ont affirmé qu'elles avaient été délivrées de fièvres tenaces, après avoir prié auprès de ces fontaines et bu de leur eau.

Le second signale en ce même village de Marnay trois meix dont il ne précise point l'emplacement et qui appartenaient au chapitre de Saulieu.

Nous relevons dans l'inventaire des titres de ce chapitre l'existence de « trois pièces en papier attachées ensemble, la première desquelles est un extrait d'une vente faite au mois d'octobre 1397 par Marie-Anne de la Palue à Pierre Mathey, dit Sauvageot, de plusieurs héritages situés en finage de Marnay, chargés envers le chapitre de Saulieu de neuf gros de tailles et un septier d'avoine valant 8 boisseaux, payables à chaque Saint-Martin; la deuxième est une procuration du 30 novembre 1550 donnée par les Sauvageot, propriétaires desdits héritages à Guyot Munier pour être témoin à la collation de ladite rente et la troisième une quittance du même jour 30 novembre, donnée par MM. du Chapitre, desdites redevances affectées sur le meix de la Palue. » [1]

Dans chaque village, il y avait un endroit spécialement désigné pour les tenues de jours du seigneur.

---

[1] Archives municipales de Saulieu.

C'était sous le *tillot de Marnay,* [1] ou sous l'*orme,* disent d'autres manuscrits, que le seigneur de Reglois rendait la justice aux habitants de Marnay. A la suite de certaines chicanes, une sentence du tribunal l'avait maintenu, le 6 juin 1459, en possession de cette place, qui fut à nouveau disputée à Claude du Bouillard par Antoinette du Rouvray, veuve de Reuilly, et dame de Villars. De là procès.

Sans doute, la dame de Villars était dame de Marnay en partie, mais elle devait respecter les droits acquis de ses coseigneurs. Or, Claude du Bouillard et sa femme Bénédicte d'Estang avaient en différentes fois acheté du chapitre d'Autun la terre et seigneurie de Reglois et Marnay, membres et dépendances, avec la justice et les autres droits seigneuriaux spécifiés dans les contrats de vente. Le 14 janvier 1602, les nouveaux seigneurs affirmèrent solennellement leur titre par la tenue des jours sous l'orme de Marnay. Quelques mois après, la dame de Villars y mit opposition. C'est alors que Claude et son gendre Pierre de Xaintonge présentèrent contre elle une requête à Messieurs des Requêtes du palais de Dijon, concluant « à ce qu'ils fussent maintenus au droit de faire exercer la justice haute, moyenne et basse, par leurs officiers, comme ils ont fait du passé, sauf à être pourvus sur le règlement de ladite justice. » [2]

Nous ignorons la suite donnée à cette requête, mais la solution ne nous paraît point douteuse.

---

(1) N'est-ce point ce tilleul qu'un violent orage abattit en 1806? Les habitants de Marnay, après estimation, l'adjugèrent au profit de Jean Gillot pour la somme de 15 livres et 10 sols. (Archives municipales.)

(2) Archives château de Reglois.

Le 3 mai 1893, un ballon mesurant 12 mètres de diamètre vint atterrer à Marnay. Il était monté par le capitaine Godard, un second et deux Anglais. Parti de la veille de Paris pour la Belgique, des vents contraires le repoussèrent dans notre pays. Avant de quitter le village, les aéronautes laissèrent à la mairie une plaque couverte de médailles et un secours pour les pauvres.

Dans la vallée de Marnay, il y a quatre moulins.

Le premier porte le nom de Moulin-de-l'Etang-Neuf, sous la chaussée duquel il est bâti. En 1495, il en est fait mention. Après l'incendie du moulin de Jarle, au commencement du xviiie siècle, Pierre Quarré fit refaire « tout à neuf le moulin et l'étang qui se nomme l'Etang-Neuf, le meilleur de la paroisse... Le tout m'a coûté 3.600 livres. » [1] En 1714, Etienne Choureau en était le meunier. Cette famille Choureau se distinguait alors dans cette profession, car, à la même époque, le moulin de Marnay était dirigé par Lazare Choureau, celui de Jarle par François Choureau et celui du Bourg par Philippe Choureau.

En 1773, le 1er avril, décès « d'une femme inconnue qui nous a paru âgée d'environ 60 ans, morte la veille dans les granges du Moulin-Neuf, paroisse dudit Aligny, en présence de Pierre Boucher, meunier aud. moulin, qui nous a assuré que lad. femme est morte dans des sentiments chrétiens. » [2]

Egalement très ancien le moulin de Jarle. Primitivement « bâti aux pieds de Lambruère, sur le cours d'eau qui descend de Jarnoy et du Perrou dans

---

(1) Archives château d'Alligny.
(2) Archives municipales.

l'étang Neuf, à présent nature de pré, » [1] il fut, au commencement du xviiie siècle, incendié en même temps que l'huilerie et le batteur, par le nommé Jean Reault, de Marnay, et c'est le comte d'Alligny, Pierre Quarré, qui le releva de ses ruines en la place qu'il occupe actuellement.

Par bail du 16 octobre 1773, ce moulin, avec le battoir et l'huilerie, fut loué par Mme de Choiseul à Pierre Boucher, au prix de 200 livres par an, pour quatre ans. [2]

Le troisième moulin date de 1852. Sur son emplacement était un étang dont la chaussée fut démolie il y a une cinquantaine d'années. Dans le dénombrement de la terre d'Alligny, fait en 1260, Alexandre et Jean d'Aligny font hommage de la moitié de cet étang à Girart, évêque d'Autun.

Plus avant, dans la gorge du village, se trouve le quatrième moulin qui était « banal pour tous les habitants justiciables de Marnay, Pensière, Chassagne et Guise. » [3]

Le 8 thermidor an III, notre municipalité donna au citoyen Bonamour les renseignements suivants :

« Le moulin de Marnay, susdite commune, appartient au ci-devant Monmort (ce Monmort est le comte Lapin de Monmort, possesseur de Pensière au xviiie siècle), est composé d'une maison qui fait le moulin, un battoir, une petite grange, une petite écurie et trois petits jardins, un pré à la levée d'environ quatre chars de foin, joignant ladite maison

---

(1) Terrier de 1649.
(2) Archives Adnot.
(3) Archives Pitois, de la Ferrière.

MOULIN DE JARLES

Cliché de Mr l'Abbé Caspar.

et un petit étang appelé l'étang de Ceurcoux, [1] lequel étang situé au finage de Pensière, même commune. Quant au pré de la fabrique, il se nomme le pré des Etraittées. L'on observe que ledit pré a été échangé environ 7 ou 8 ans contre l'ouche des prés dessus. Ledit pré est d'environ d'un millier de foin, qui était affermé pour l'année 1790 la somme de quinze livres, et le champ la somme de 17 livres. Quant audit moulin de Marnay, les citoyens Claude Gibassier et Jean Bruley ont déclaré en présence de la municipalité qu'ils tenaient d'amodiation verbale ledit moulin la somme de 402 en argent pour l'année 1790. Quant au petit étang situé au finage de Pensière, dont nous avons déjà parlé, il s'amodiait dix et douze francs. » [2]

Le comte de Monmort ayant émigré, ses biens furent mis en séquestre. Le moulin et ses dépendances furent estimés 8.500 livres, à la date du 9 messidor an IV.

REGLOIS

Nous l'avons dit : Reglois et Marnay formaient une unique seigneurie dont le possesseur prenait le titre de seigneur de Reglois.

Guillaume Lombard en était le seigneur en 1356. Cette famille Lombard ajoutait assez volontiers à son titre de seigneur de Reglois celui de seigneur de Millery. [1] Guillaume reprit de fief de l'évêque d'Autun. On voit par l'acte d'aveu qu'il jouissait du droit de

---

(1) L'étang de Ceurcoux, desséché en 1866, se trouve entre Beaumont et les Dariots.
(2) Archives municipales.
(3) Millery, village de Saint-Fargeot, près d'Autun.

chasse, de messerie, de pêche dans les eaux du Ternin [1] et que sa justice s'étendait le long de cette rivière depuis la vieille levée de l'étang d'Alligny, vers le soleil levant, jusqu'aux prés de Goix. Simon, Richard et Jean Lombard firent un dénombrement où le dernier s'exprimait en ces termes : « L'an de l'Incarnation 1402, le dimanche où l'on chante dans l'Eglise de Dieu : *Judica me,* je Jehan Lombard, fils de Henri, fais reconnaissance à l'évêque d'Autun, à cause de Saulieu, de toutes les terres que je possède es villes de Reglois, Marnay,..... la mainmorte et les droits d'icelle sur tous les hommes de ladite terre, la justice totale, la pêche dans les eaux du Tarnin..... » [2]

En 1458, le seigneur se nommait Simon Lombard, auquel le cardinal Rolin, évêque d'Autun, accorda la permission d'une chapelle en son château de Reglois. [3]

Le 4 avril 1499, Jacques de Clugny, fils de Geoffroy, seigneur de Menessaire, vendit à Jean Lombard, chanoine de la cathédrale d'Autun, sa part de la terre de Marnay avec tous les droits, cens, rentes, redevances, etc. [4]

Le chapitre Saint-Lazare d'Autun en acquit lui-même une autre partie en 1503. Celui-ci, en la personne de Jacques Charvot, docteur en droit et chanoine prébendé, reprit de fief le 22 juin 1542 de l'évêque d'Autun Jacques Hurault, en qualité de « seigneur féodal des rentes, tailles et reddevances

---

(1) Sur le territoire de Saône-et-Loire, notre Terrène porte le nom de Ternin.

(2) Archives de l'évêché d'Autun.

(3) Archives château de Reglois.

(4) Archives château de Reglois.

de la terre et seignorie de Regloix, icelle terre et seignorie de Regloix mouvant et dépendant de nôe evesché dudict Ostun, à cause de nôe terre et baronnye de Lucenay-Lévesque, lesquelles tailles, rentes et reddevances ledit Charvot nous a baillé promptement le dénombrement et déclaracion. » [1]

Ce même chapitre, en 1601, se trouvant dans un besoin pressant d'argent, résolut, par délibération capitulaire, d'aliéner « les moings dommageables » de tous ses biens pour « l'acquictement des debtz dudict chapitre, signamment des décimes dont ilz sont obérez et retenuz à Maistre Nicolas Dagobert, recepveur desdictes décimes au diocèse dudict Ostun. » En conséquence, le 28 décembre de cette même année, par acte notarié reçu Desplaces, il vendit « à noble Claude du Bouillard, sieur de l'Espine, présent, stipulant, acceptant et acquérant pour luy et les siens, la terre et seignorye de Reglois et Marnay, membres et dépendances, hommes, femmes et subjectz, mainmortes, justice, rentes, censes, tailles, avoines et poulles de coutumes, boys de haulte futaye et de taillys, buissons, vivières, estangs, eaux, cours d'eaux, preys, terres que aultres droicts et debvoirs seignoriaulx à eulx appartenantz à cause de leur dicte soignorye de Reglois et Marnay et en quoy que le tout se puisse consister, sans aulcune chose réserver et comme lesdicts sieurs en ont jouy jusques à présent tant par eulx que leurs fermiers et admodiateurs. » [2]

Le prix de la vente fut fixé à 333 écus, avec l'obligations pour l'acquéreur d'en verser 300 à Nicolas

---

(1) Archives château de Reglois.
(2) Archives château de Reglois.

Dagobert en paiement des décimes dues pour l'année 1600.

Quelques temps après, Claude du Bouillard eut un procès avec le chapitre d'Autun relativement à 200 arpents du bois Jullien à lui vendu par le seigneur de Ménessaire, Jacques de Fussey. La conséquence de ce procès fut que le chapitre, par un arrêt du Conseil, obtint des lettres de restitution contre cet acte d'aliénation, comme ayant été fait « sans aucune permission du pape et du roi, sans observer aucune des formalités requises par la disposition du droit et par les édits et ordonnances en matière de biens d'Eglise. »

Le 21 août 1604, le Parlement de Dijon entérina ces lettres de restitution, prononça la nullité de l'aliénation et ordonna que le chapitre rentrerait en possession et jouissance de la terre et seigneurie de Reglois et de Marnay.

Quatre ans plus tard, 18 avril 1608, les chanoines d'Autun, reconnaissant que la terre de Reglois et Marnay leur était « infructueuse, inutile, étant éloignée de leurs autres propriétés, n'ayant aucun bâtiment, ni autre chose qui puisse leur apporter profit, ne pouvant monter le revenu d'icelle par commune année, à quarante livres, selon qu'ils l'ont reconnu par les amodiations qui en ont été ci-devant passées, tellement qu'il leur est utile et nécessaire de vendre icelle pour les deniers en provenant être employés à l'acquit de portion de leurs dettes, notamment de ceux qui portent intérêts, » revendirent par acte notarié reçu Desplaces, au même Claude du Bouillard, et pour la somme de 1.500 livres, cette même terre, justice et seigneurie de Reglois et Marnay, y compris « le bois dont il y a eu contestation ci-devant entre le sieur de Menessaire et la Mothe de Chissey et ledit sieur du Bouillard, après la première vente dudit Reglois. »

C'est en 1644 que Pierre de Xaintonge, époux de Vivande du Bouillard et avocat général au Parlement de Bourgogne, en devint l'acquéreur. En cette année-là, il passa avec les habitants de Marnay et de Reglois la transaction suivante au sujet du bois du *Tronsoy* :

« Au nom de Dieu *Amen*. L'an mil six centz quarante quatre, le dix neufviesme jour du mois de juing, au chastel dAlligny après midy pardevant Emilan Guyard notaire garde nottes et tabellion royal héréditaire soubzsigné résidant à Montot au rapport du bailli dOstun ont été présantz en leurs personnes messire Pierre de Xaintonge conseiller du roy en ses conseilz dEstat et privé et son advocat général au Parlement de Bourgongne, seigneur de Reglois et Marney paroissiage dudict Alligny d'une part, Dimanche Guilleminot André Labbe Jehanne Blanot vesve Jehan Breneaul Dimanche Saulvageot François et Guillaume Balloux, frères faictz pour ung tous habitans dudit Reglois, Sébastien Breneau dudit Marney à présant demeurant à Blanot, François Perrault Dimanche Debize et Etienne Brenault..... Brenau et ..... Debize et Claude Perraulz tous habitans de Marney de ladite paroisse et tous justiciables dudit sieur de Xaintonge dautre part, lesquelles parties pour terminer le proces pendant entre elles au Parlement de Bourgongne au subject dun quanton de bois appelé le Tronssoy contenant trante six arpentz en ce qui apartient audit sieur de Xaintonge en ont traicté et transigé ce qui sensuit soubz le bon voulloir et plaisir de ladite Cour à scavoir que la couppe de tous lesdits trante six arpentz de bois demeure entièrement aux susdits habitans tant à présent que pour ladvenir, en laquelle lesdits Etienne Breneau et Sebastien Breneau presantz et acceptant et et presumant pour eulx et les leurs auront droict, que lesdicts aultres habitantz bien quilz soient residantz ez aultres justice que celle dudit sieur de Xaintonge et pourront tous lesdictz susnommés faire division entre eulz en ladicte couppe comme bon leur semblera. Et moyennant ce paieront audict sieur de Xaintonge leurs hoirs et ayant cause par chacun an deux solz pour chacun arpent en cense amphiteotte [1] annuelle et perpetuelle à chacun jour de feste Saint Martin dhivert dont le premier terme sera et commancera audict jour de feste de la presante année et dellé en avant dans un an, demeurant en oultre audict sieur de Xaintonge le droict de justice et damande avec la propriété dudict bois et de la pièce de terre y joignant estant du costé dudict Marney, lesdictes asmandes jusques à la somme de trois livres par-chacune prinse ou délict. Encoirre tous les susnommez pairont audict sieur pour une fois dans le jour de Noel prochain six livres pour chacun desdicts trante six arpentz lesquelz six livres seront paiez par

---

(1) Le cens est une redevance foncière due au seigneur direct, justicier ou féodal, sur un héritage dont le domaine utile appartient au possesseur. Il y a le cens seigneurial, emphitéotique et simple. Le cens seigneurial est dû au seigneur comme une reconnaissance de la supériorité. Le cens emphitéotique est dû pour marque du domaine direct, en conséquence du contrat d'emphitéose et qui porte lods et retenue. Le cens simple ou privé n'est autre chose qu'une rente foncière affectée sur un héritage.

chacun diceulz a proportion de la quantité quil en aura et suivant le partage quilz auront faict entre eulz de la susditte couppe ou bien..... paiement faict par toutes ladicte..... en cas quilz nayent partagé entre eulz avant ledict temps et demeurera ladicte couppe speciallement ypotéquée à l'effect et pour la seurté de ce que dessus et moyennant ce ledict proces demeure esteint terminé et assoupy et donneront audict sieur à leurs frais la grosse du presant contract dont les parties sont contantes. Promectant ycelles de bonne foy..... Faict et passé en presance de André Auribault prebtre curé dud. Alligny et Jehan Baptiste Guenot clerc de Dijon tesmoings requis. » [1]

Déjà, le 1er juillet 1640, 35 autres arpents du même Tronsoy, contenant terre, bois et buissons, avaient été l'objet d'un bail à rente et cens payables à la Saint-Martin, au profit de la comtesse de Busset, Anne-Louise de Montmorillon, dame de Basole, Illan, Gouloux, Dun, Razou, Vésigneux, Saint-Martin-du-Puy, Chalaux, Empury, contre les habitants de Basole et et de la Ferrière. [2]

Pierre de Xaintonge céda la terre de Reglois et Marnay le 19 avril 1648, par devant Morel, notaire royal, à Gaspard Quarré et à son fils Antoine pour la somme de 10.000 livres. Gaspard Quarré, capitaine au régiment de Senlis, fît aveu pour la moitié en 1650. Un décret des requêtes du palais de Dijon l'adjugea neuf ans après à Pierre Quarré, écuyer, chanoine de la sainte Chapelle de cette ville. A sa mort,

---

(1) Archives château de la Chaux.
(2) Archives château de la Chaux.

en 1702, Reglois fut saisi sur ses héritiers et vendu à Pierrette Gauthier, veuve de Jean de Clugny, lieutenant général au baillage de Dijon. Cette dame possédait déjà l'autre moitié qu'elle tenait de Jean, son frère, maître des Requêtes de Bourgogne. Pierrette mourut peu de temps après, laissant ses biens à Philippe Lenet, à Philippe de Lamarre, à Jean Filzjan et à Etienne de Clugny, baron de Nuits, ses neveux, qui vendirent cette terre, le 11 janvier 1714, pour 9.500 livres, à François Ballivet, fils d'un notaire d'Anost. [1] Dans l'acte de reprise du 17 février suivant, il est dit « que par sentence rendue aux requêtes du palais à Dijon le 9 janvier dernier, délivrance lui a été faite par décret de la terre et seigneurie de Reglois, Marnay et dépendances sur l'hoirie jacente du sieur Quarré, chanoine en la sainte Chapelle du roi audit Dijon, suivant qu'il en appert par le mandement de possession qu'il nous représente dudit jour 9 janvier dernier....., ladite terre et seigneurie de Reglois, Marnay et dépendances mouvant de fief de mondit seigneur (d'Autun), à cause de son dit comté de Saulieu. » [2]

François mourut, laissant un testament, reçu Couhard, notaire royal à Saulieu, en date du 5 septembre 1731. Par ce testament, il demandait l'inhumation de son corps dans notre église et instituait sa femme, Jeanne-Baptiste Chifflot, son héritière universelle dans les biens qu'il laissait, à la charge néanmoins de disposer du quart de la terre de Reglois et dépen-

---

[1] François avait un oncle qui lui aussi se nommait François Ballivet et qui fut curé de Moux, de 1702 à 1729. Par testament reçu Lhomme, notaire royal à Autun, le 29 avril 1729, le curé lui léguait une pension annuelle de 100 livres pendant sa vie naturelle.

[2] Archives château de Reglois.

dances au profit de son fils Claude. La veuve rejoignit
son mari dans l'éternité au mois de mai 1738, et le
mois suivant, les héritiers Chifflot [1] et Ballivet, pour
terminer un procès qui avait chance de traîner en
longueur, (il s'agissait de la légitime due à Claude
Ballivet et du quart de la terre), convinrent de mettre
en licitation toute la seigneurie, « avec les bestiaux
y étant actuellement. » Claude en fit l'acquisition le
3 juin 1738, par acte reçu Febvre, notaire à Autun,
pour la somme de 18.300 livres. [2]

En mourant, Claude [3] laissa un fils du même nom
que lui. Celui-ci était né à Liernais le 19 avril 1719
et avait été reçu, après de brillantes études, avocat
à Dijon le 26 novembre 1744. C'est le 10 janvier 1750
qu'il reprit de fief la terre et seigneurie de Reglois,
Marnay et dépendances et voici le dénombrement
qu'il produisit en cette circonstance :

« Dénombrement que Maître Claude Ballivet,
avocat en Parlement, demeurant à Liernais, donne
et fait à Illustrissime et Révérendissime Messire Antoine de Montazet, évêque d'Autun, comte de Saulieu,
baron d'Issy, Lucenay, Touillon et autres places, à
cause de sa dite terre du comté de Saulieu, de la
terre et seigneurie de Reglois, Marnay et dépendances, à lui échus par le décès de Claude Ballivet,
bourgeois, demeurant audit Liernais, son père et à
lui arrivés par le partage fait entre Marie Quarré sa

---

(1) Ils se nommaient : Antoine Chifflot Douillefort, écuyer, seigneur
de Changy ; François Chifflot, curé de Saint-Ferréol ; Marie Chifflot,
épouse de Christophe Poussot, et Jean-Baptiste Chifflot, écuyer,
seigneur de Manet.

(2) Archives château de la Chaux.

(3) Il y eut deux Ballivet du nom de Claude. L'abbé Baudiau, p. 38,
ne parle que d'un seul.

mère, Philibert Ballivet et Jeanne Ballivet, ses frère et sœur, par acte passé par devant le soussigné notaire, le 18 décembre dernier, dûment contrôlé au bureau dudit Saulieu.

« Premièrement, que ledit seigneur de Reglois a la justice haute, moyenne et basse dans toute l'étendue de sa dite terre de Reglois et dépendances, qu'il a le droit d'instituer un bailli, un procureur d'office, un greffier, un sergent ordinaire et forestier, qui peuvent juger toutes causes jusqu'à la mort même, si le cas y échet; que partie des sujets de ladite terre sont de mainmorte et de petite condition, ainsi qu'il est porté par le terrier, à moins qu'il n'y ait acte d'affranchissement; qu'au seigneur appartient le droit d'épaves, toutes amendes, les unes de sept sols et les autres de trois livres cinq sols, suivant le cas; qu'au seigneur appartient le droit de lod ou retenue à son choix, lorsqu'il y a mutation d'héritage entre autres que deux sujets de ladite terre; que l'amende est due de trois livres cinq sols à défaut de mercement de lod par toutes personnes dans le temps de la coutume; que nul ne peut chasser et pêcher sur les détroits de ladite terre, à peine de l'amende conformément à l'ordonnance et ce aux peines portées par icelle; de même qu'aucuns sujets ni autres ne peuvent vendre vin ni tenir taverne sans la licence et consentement dudit seigneur.

« Que le château et maison-forte dudit Reglois est composé d'un seul corps de logis et d'une tour y attenant; que la basse-cour est d'un seul couvert sous lequel il y a une maison, deux écuries et une grange avec les aisances et dépendances dudit château, dans lesquelles il y a un colombier en pied;

que ledit seigneur a justice en la rivière appelée Terrène, autrement rivière dè Marnay, depuis la vieille
levée de l'étang d'Alligny, du côté du soleil couchant,
jusqu'aux près de Goix et en icelle droit de pêche.

« Que ledit seigneur a un petit domaine audit
Reglois dont il a la moitié des grains, qui s'ensemence
chacune année de 160 boisseaux, mesure de Saulieu,
de toutes graines ; que pour le domaine il y a environ
20 chars de foin.

« Que ledit seigneur a droit de tierce de 15 gerbes
l'une par les habitants de la terre et de 8 par les
forains.

« Que ledit seigneur a droit de lever taille sur ses
sujets de 20 livres par an ; qu'il a le droit de champoy
de 25 sols par an ; que tous les habitants tenant feu
et lieu doivent chacun an une poule avec les corvées, cens et rentes affectées sur lesdits biens, qui
peuvent revenir à la somme de 40 livres par an ; que
les habitants de la Ferrière et autres lieux doivent
redevance pour les terres qu'ils possèdent en la justice dudit seigneur ; que ledit seigneur a les bois de
la Grange aux Lombard et bois sur le grand Pré ; que
lesdits bois n'ayant point été arpentés il ne peut en
savoir au vrai la quantité ; que lesdits habitants ont
des bois d'usage, lesquels ne peuvent vendre.

« Et enfin que ledit seigneur doit avoir les langues
de toutes les grosses bêtes qui se tuent dans ladite
terre et détroit d'icelle, à peine de l'amende de 3 livres
5 sols.

« Lequel dénombrement ledit sieur Claude Ballivet donne sous les réserves d'ajouter d'autres droits,
s'il en advient à sa connaissance, ou en retirer de
ceux ci-dessus rapportés, s'il y échet, estimant tous

les revenus de ladite terre être en valeur de trois cent
et quelques livres, ajoutant ledit sieur Ballivet qu'auprès dudit château il y a une grande allée de vieux
charmes, composée d'environ cent pieds.

« Fait à Saulieu, en l'étude du notaire du roi, soussigné, ce jourd'hui 14 février 1750. » [1]

L'avocat Claude Ballivet fut remplacé par son
gendre Jacques-François Adelon de Chaudenay, officier du génie. De sa femme, Marie-Reine-Zacharie
Ballivet, Jacques eut Jeanne-Pierrette qui, en 1799,
devint l'épouse de Jean-Auguste Raudot. Celui-ci né
le 30 novembre 1775, fut quatre fois élu député de
l'Yonne, 1816 à 1832, et mourut maire d'Avallon en
1832, ayant eu trois enfants : Jacques-François-Henri,
Claude-Marie et François-Alphonse.

Jacques-François-Henri, qui épousa Léonie Dareau [2] et eut d'elle Georges-Claude qui se maria le
31 mars 1869 avec Suzanne Delacour, et Thérèse qui
s'unit à Charles de Gouvenain.

Claude-Marie, né à Reglois le 25 décembre 1801,
et député de l'Yonne, qui mourut célibataire à Orbigny le 22 avril 1879 et laissa le domaine de Reglois
à son neveu Georges-Claude. Celui-ci mourut à Orbigny le 23 juillet 1895, abandonnant à son fils Albert
le château de Reglois et ses dépendances.

Et François-Alphonse qui épousa Clémence Potin
de Lamairie, dont il eut Amélie et René.

La famille Raudot est très ancienne. Elle a formé
trois branches : celle d'Arnay-le-Duc, celle du Cou-

---

(1) Archives château de Reglois.
La famille Ballivet se continue dans la personne de M. Ballivet,
de Liernais.

(2) Léonie Dareau avait pour sœur Marie-Claudine-Herminie,
femme d'Eugène de Chambure, propriétaire du château de la Chaux.

dray et celle d'Orbigny, près d'Avallon. C'est à cette dernière, qu'appartiennent les Raudot, de Reglois.

Jean Raudot, père du député Jean-Auguste, était conseiller secrétaire du roi, maison-couronne de France, charge qui conférait le privilège de la noblesse au premier degré. L'un de ses aïeux, Jean Raudot, seigneur de Bazarne et du Coudray, fut aussi conseiller secrétaire du roi. Il eut trois fils. L'aîné, Jacques, né en 1647, fut conseiller au Parlement de Metz, 1674, puis à la Cour des Aides, à Paris, 26 mai 1678. Louis XIV le nomma, le 1er janvier 1705, intendant du Canada et lui adjoignit pour assistant son fils Antoine-Denis. C'est en quittant cette charge dont il était le neuvième titulaire, qu'il devint directeur au ministère de la marine et plus tard conseiller de marine. Il mourut en 1728.

Le château actuel, avec sa tour et ses machicoulis, a été reconstruit par Claude du Bouillard, au commencement du xviie siècle. [1] Au-dessus de la porte d'entrée, on lit cette devise seigneuriale gravée sur la pierre : *Junctis nihil tutius armis*. Ce qui signifie : Rien de plus sûr que l'union armée.

Ce château n'occupe point « la place où soulayt estre le chastel [2] et maison-forte d'icelle seigneurye »

---

[1] Archives château d'Alligny.

[2] Une curieuse petite cuillère en bronze a été récemment (1905) mise à jour au champ Chambert. Sa longueur totale est de 12 centimètres ; le cuilleron mesure 47 millimètres dans la plus grande largeur. Elle est de style gothique ; elle pourrait fort bien avoir été une cuillère à encens ou à parfum. Son manche, plat en dessous, est ouvragé en dessus. Sa petite figurine, de forme assez rare, qui lui sert de bouton, et sa torsade qui ornemente le bas, le rendent très original. M. de Saint-Venant, très compétent en la matière pour avoir étudié *la Cuillère à travers les âges*, attribue celle-ci à la fin du xve siècle, sous le règne de Charles VIII ou de Louis XII.

et où l'on voyait encore en 1603 « quelque apparance de fondations de certaines murailles. » [1]

Mais alors est-il possible de préciser l'emplacement du vieux castel? Nous le pensons. D'abord, nous savons que « auprès de laquelle place est un bois de haulte futaye portant glands, appellé le bois de la Grange aux Lombard. » Or, ce bois existe encore, au moins en partie, sur la gauche de la route de Pierre-Ecrite à Autun, faisant face à Reglois. Et puis, non loin de ce bois et du côté de Reglois, il y a un champ nommé champ des Murailles, où l'on a mis à jour des pavés, du béton, des tuiles romaines. C'est là sans doute que les Lombard et autres anciens seigneurs de Reglois avaient fixé leur résidence.

Au bas du château actuel, dans un pré, il y a une source, chaude en hiver comme en été, connue sous le nom de Chaude-Eau ou Laigue-Chaude. [2] Son eau, chimiquement pure, d'après l'analyse faite à l'école des Mines de Paris en 1853, compte 38 degrés de chaleur. Autour de la source, la végétation est toujours plus active qu'ailleurs et il est agréable en hiver de contempler 25 ou 30 ares d'une délicieuse et fraîche verdure qui semble défier la neige.

Nous allons, en terminant, raconter l'histoire d'un procès entre Reglois et la Ferrière.

De temps immémorial, les gens de Reglois avaient joui des deux cantons de bois dont parle le terrier

---

(1) Archives château de Reglois.

(2) En 1768, Claude Ballivet réclama à Pierre Bailly, de Reglois, les droits seigneuriaux du « pré situé audit finage dudit Reglois, appelé *Laigue Chaude,* tenant de toutes parts au bois de Champ Gelin ou Latois. »

de 1535, (1) appelés l'un le *Haut-de-Pierre,* contenant environ 3 hectares 42 ares et 60 centiares, et l'autre le Fossé-du-Regrétout, contenant environ 2 hectares 28 ares et 20 centiares.

Et voilà qu'en 1807 les habitants de la Ferrière se permirent d'y couper de la bouchure et du bois de chauffage.

Les gens de Reglois, ne voulant point agir avec rigueur envers leurs voisins, se contentèrent de leur défendre l'usage des deux bois. Pendant quelque temps, tout fut dans l'ordre ; mais bientôt les gens de la Ferrière revinrent couper du bois et de plus ils affirmèrent qu'ils en avaient le droit. De là, procès qui ne se termina qu'en 1810. L'avoué Petitier représentait les habitants de la Ferrière et l'avoué Colon ceux de Reglois.

« Les demandeurs, disait Colon, réunissent le titre et la possession, et leur titre est si décisif dans la cause que les défendeurs l'ont attaqué directement

---

(1) Nous donnons en note les articles 37, 38 et 43 de ce terrier :

« Article 37. Un autre quartier de bois appelé le Haut de Pierre, auquel bois est attachée la haute justice de ces dits sieurs à deux piliers et une faîtière sur le *quarré* dudit bois près le grand chemin, icelui bois contenant environ quinze journaux, tenant d'un long audit chemin, d'autre long au bois de Jean Bruley l'ancien, d'un bout es usages de la Ferrière et d'autre bout es terres de Messieurs de Motte Chissey, à cause de leur seigneurie audit Maisonthier.

« Article 38. Un autre quartier de bois appelé le Fossé du Regrétout, contenant environ dix journaux, tenant d'un long es bois de feu Léonard Verne, d'un long es usages de Maisonthier, d'un bout au grand chemin tendant de Saulieu à Ostun et d'autre bout aux terres de ladite Motte de Chissey.

« Article 43. *Item* tous les habitants dudit Reglois ont droit, puissance et faculté de pouvoir champoyer en toutes les terres et bois ci-dessus confinés, y prendre pour boucher leurs héritages, chauffer et autres leurs nécessités et affaires, fors ce réservé audit bois du château. » (Archives Bizot, du Défend.)

en prétendant que ce titre ne conférait aux demandeurs qu'un droit d'usage et non une propriété des bois de l'Haut-de-Pierre et de la Fosse-du-Regrétout. Si donc il est démontré que ce titre est un véritable titre de propriété, il sera pareillement démontré que les bois dont il s'agit appartiennent bien réellement aux demandeurs.

« Pour parvenir à cette démonstration, il suffit de recourir aux notions de droit les plus élémentaires sur la propriété sous le régime féodal. On distinguait deux sortes de domaine ou propriété, savoir : le domaine direct et le domaine utile. Le domaine direct ne consistait qu'en une espèce de propriété honorifique, telle que celle du seigneur haut justicier ou du seigneur féodal et direct, sur les fonds dépendant de leur seigneurie. Le domaine utile était celui qui consistait dans la jouissance du fonds plutôt que dans une certaine supériorité sur le fonds.

« Or, on voit par la reconnaissance du 4 novembre 1535 que les doyen et chapitre de l'église d'Autun étaient seigneurs en toute justice, haute, moyenne et basse, de la terre et seigneurie de Reglois, dans l'enclave de laquelle sont situés les deux cantons de bois dont il s'agit. On voit pareillement par l'article 43 de cette reconnaissance que les auteurs des demandeurs avaient droit, puissance et faculté de pouvoir champoyer en toutes les terres et bois confinés audit acte et y prendre bois pour boucher leurs héritages, chauffer et autres leurs nécessités et affaires, sauf ce réservé au bois du château. Qu'est-ce donc qui constitue la propriété utile, si ce n'est le droit de percevoir les fruits de la chose, et qu'est-ce que percevoir les fruits d'un bois, si ce n'est de le

Cliché de M. Joseph de Chambure.

CHATEAU DE REGLOIS

couper tant pour boucher les héritages que pour se chauffer et pour toutes les autres nécessités? En usant, comme ils le faisaient, de ce droit, quels fruits les auteurs des demandeurs et ceux-ci eux-mêmes laissaient-ils au chapitre d'Autun? Aucuns, sans doute. Celui-ci n'avait conservé que le domaine direct. Il est donc évident que le domaine utile appartenait aux demandeurs et, par la suppression de la féodalité, le domaine direct étant supprimé, les demandeurs réunissent aujourd'hui la plénitude de la propriété des deux cantons de bois dont il s'agit. Aussi, leur titre communiqué à l'autorité administrative a-t-il été reconnu comme un titre parfaitement valable et la propriété des demandeurs a été formellement reconnue par l'Administration forestière qui a fait aux demandeurs la délivrance d'une coupe pour l'an 1811. Le titre dont les demandeurs ont excipé est donc à l'abri de toute critique et on défie les défendeurs de rien produire qui puisse non pas détruire, mais seulement atténuer un titre aussi respectable.

« Les défendeurs ont tellement senti eux-mêmes la futilité de leur objection que, prévoyant l'avantage que les demandeurs allaient retirer de cet acte de 1535, ils ont prétendu que ces derniers devaient justifier de leur généalogie et prouver qu'ils descendaient de ceux qui ont paru dans la reconnaissance du 4 novembre 1535. La justification demandée par les défendeurs est absolument inutile et par conséquent ne peut être ordonnée : 1° parce que la possession immémoriale qu'ont les demandeurs tant par eux que par leurs auteurs, et dont en cas de besoin ils offrent la preuve, est une justification suf-

fisante; 2° parce que ce n'est pas à titre héréditaire,
mais bien *comme habitants du village de Reglois,* que
les demandeurs jouissent des bois de l'Haut-de-
Pierre et de la Fosse-du-Regrétout. L'acte de reconnaissance du 4 novembre 1535 n'est pas une reconnaissance individuelle, mais une reconnaissance
collective au profit du chapitre d'Autun de la part
des manants et habitants de Reglois. Ainsi l'habitation seule des demandeurs à Reglois établit suffisamment leurs droits.

« La discussion dans laquelle nous venons d'entrer
prouve bien clairement le droit des demandeurs. Ce
n'est qu'en opposant au titre par eux produit un titre
également valable que les défendeurs pourraient
justifier leur prétendue propriété. Mais dans l'impossibilité d'en opposer aucun, ils ont essayé de
faire valoir une prétendue possession; ils ont mis à
contribution Bourgeois, Denizard et Pothier, pour
faire ensuite une fausse application des principes
professés par ces auteurs. Ils ont dit : les demandeurs
ont reconnu, par leur exploit du 5 février, que depuis deux ou trois ans nous avions coupé de la bouchure et du bois à chauffer dans les bois dont il
s'agit. Or, cet aveu équivaut à un jugement qui nous
aurait maintenus et guidés dans la possession et
jouissance de ces bois. D'après cela, nous ne pouvons être dépossédés que par un titre et le titre que
vous nous opposez n'est pas valable.

« D'abord un seul mot peut trancher ici la difficulté, c'est que la validité du titre des demandeurs
est démontrée. Mais examinons un moment le système des défendeurs et montrons-en toute la fai-
blesse. Les défendeurs..... à un jugement qui **les**

aurait maintenus en possession et jouissance des
bois de l'Haut-de-Pierre et de la Fosse-du-Regrétout,
l'aveu fait par les demandeurs que depuis deux à
trois ans les défendeurs auraient coupé de la bouchure et du bois à chauffer. C'est le cas de leur
répondre que comparaison n'est pas raison, car celle
qu'ils font n'est rien moins qu'exacte. Un jugement
qui les aurait maintenus en possession et jouissance
supposerait une contestation dans laquelle les parties
auraient respectivement exposé leurs droits et leurs
moyens, en sorte que ceux des défendeurs eussent
paru au juge devoir faire prononcer en leur faveur.
Mais dans l'espèce, nulle contestation n'a précédé
l'action formée par les demandeurs. Fondés en titre,
ils ont cru qu'ils devaient aborder franchement le
pétitoire; ils n'ont pas cru devoir examiner si de la
bouchure et du bois à chauffer, coupés le plus souvent clandestinement dans le bois dont il s'agit,
pouvaient attribuer aux défendeurs une véritable possession, si cette possession peut résulter de quelques
voies de fait isolées, si pour l'établir il n'aurait pas
fallu une continuité de jouissance publique et notoire. Tout cet examen a paru inutile aux demandeurs; ils ont adopté un système plus simple; ils
disent aux défendeurs : depuis deux ou trois ans,
vous vous êtes permis de couper quelquefois de la
bouchure et du bois à chauffer dans les bois de
l'Haut-de-Pierre et du Regrétout. Eh bien! nous
rapportons le titre qui nous assure la propriété de
ce bois; nous offrons subsidiairement de prouver
notre possession exclusive depuis plus de trente ans.
Si de votre côté vous n'êtes pas fondés en titre, les
actes, quels qu'ils soient, que vous avez faits depuis

trois ans, ne peuvent vous conférer aucuns droits et nous demandons que défense vous soit faite de ne plus à l'avenir vous permettre ce que sans droit vous vous êtes permis de faire.

« En nous résumant, il est constant que la possession prétendue par les adversaires n'étant pas une possession publique et continue, n'a aucune des conditions nécessaires pour constituer la possession légale; mais cette prétendue possession, quand elle réunirait tous les caractères requis pour être légitime, ne pourrait prévaloir contre un titre. Le titre des demandeurs est précis et formel. Le ci-devant chapitre d'Autun n'avait sur les bois de l'Haut-de-Pierre et de la Fosse-du-Regrétout que le domaine direct; le domaine utile appartenait aux demandeurs; la suppression de la féodalité les a affranchis des rentes qui étaient le prix de la concession et qui n'ont pas même dû être rappelées dans l'extrait de la reconnaissance dont ils excipent aujourd'hui. Leur propriété a été reconnue par le gouvernement, d'après la représentation de leur titre. Quand elle ne serait pas reconnue, comme elle l'est, les défendeurs ne pourraient exciper du droit d'autrui pour repousser la demande formée contre eux; ces derniers devraient produire un titre, et comme ils n'en produisent aucun, cette demande doit être accueillie.

« Dans ces circonstances et par ces considérations, les demandeurs soutiennent que, sans s'arrêter ni avoir égard aux prétendus moyens signifiés par les défendeurs le 1er août dernier, les conclusions prises par eux demandeurs, par leur exploit du 5 février dernier, doivent leur être adjugées avec dépens, offrant subsidiairement seulement de prouver par témoins que depuis plus de 30 ans ils jouissent exclusivement du bois de l'Haut-de-Pierre et de la Fosse-du-Regrétout, tels qu'ils sont désignés et confinés dans leur demande et se faisant au surplus toutes réserves utiles et nécessaires. » [1]

Après de longues plaidoiries, le tribunal maintenant à Reglois le Haut-de-Pierre, a concédé à la Ferrière le Fossé-du-Regrétout.

DÉFEND

Ce hameau était-il jadis un poste de défense pour le château de Reglois dont il n'est séparé que de 4 à 500 mètres? Ou bien son nom était-il employé dans le sens de garenne? Car garenne et défense avaient autrefois la même signification. Aux étymologistes de se prononcer sur la question.

Le Défend était de la seigneurie de Reglois.

BEL-AIR

C'est le nom donné par M. le curé Pillien à la maison bâtie de son temps à la jonction des deux chemins allant de la Ferrière à Basole et du Défend à Pierre-Écrite. Avouons que le nom est justifié : comme coup d'œil, en effet, l'endroit est ravissant.

LA FERRIÈRE

Nous ne serions guère surpris qu'avec des recherches intelligentes on arrivât à découvrir en ce village des scories de fonte. Ces scories indiqueraient une exploitation de minerai de fer et même l'existence de forges si fréquentes chez les populations gau-

---

[1] Archives Bizot, du Défend.

loises. On comprendrait alors l'étymologie de ce nom : Ferrière, c'est-à-dire forges où l'on fabrique du fer. Cette explication, très personnelle, nous la livrons pour ce qu'elle peut valoir.

La Ferrière, dirons-nous avec l'abbé Baudiau, avait droit de justice et était un fief mouvant de la Tour d'Illan et un arrière-fief du comte de Saulieu. Hugues de Fontette, seigneur d'Alligny, le vendit, à la fin du xvᵉ siècle, à Charles d'Estinville. Jeanne de Chaulmery, veuve de ce dernier, en fit reconnaissance à l'évêque d'Autun en 1503 au nom de Jean, Michel et Françoise, ses enfants.

Le 7 juillet 1581, au château de Ménessaire, par acte reçu Demorroger, notaire royal à Bard-le-Régulier, Jean de Fussey, écuyer, baron de Sarcigny, seigneur de Ménessaire et de la Motte de Chissey, permit « à Jean, Germain, Thomas Bruley le jeune, fils de feu Antoine Bruley, Thomas Grandvault et à Guillaume Bruley, habitants du village de la Ferrière, paroisse d'Aligny, » et cela à perpétuité, « pour eux, tous leurs consorts et communs en biens, leurs hoirs et ayants cause, de mener et envoyer champoyer tout le bestail de leurs maisons et communions, tant gros que menu, à scavoir bœufs, vaches, chevaux, juments, poulains, brebis, moutons, pourceaux et leurs suivants qu'ils tiendront, nouriront et hyverneront en leurs maisons et communions et de les herbir en les vaines pâtures [1] de l'étendue et

---

[1] La vaine pâture est celle qui se prend sur les héritages où il n'y a ni semence, ni fruit, et dans les bois après la quarte feuille et hors le temps de la glandée. La glandée commence à la Saint-Michel et finit à la Saint-André. Les accoués sont les accroissements sous les bois sur les terres voisines qu'on laisse sans culture. Toutes accoués sont réputées vaines pâtures.

finage de Goix et Maisonthier, justice de laditte Mothe, en tout temps et par toute saison de l'année, fors le temps de garde qu'ils n'en pourront user, tant soit en paisson des bois que aux taillis jusqu'après la quarte feuille, suivant qu'il est dit par la coutume de ce duché de Bourgogne, sur peine d'amende, et outre ce, ledit seigneur a encore concédé, permis et accordé auxdits habitants de la Ferrière, leurs consorts et communs en biens, leurs hoirs et ayants cause, et leur donne droit, pouvoir et faculté par les présentes à perpétuité de prendre et couper bois par droit d'usage au bois des Pendants, finage dudit Maisonthiers, justice de laditte Mothe, selon qu'il s'extand et comporte à prendre iceluy par le long dessous aux preys Breudon et prey Meuley, d'autre long à la Charrière joignant aux bois de Champ Gelin, d'un bout au prey de Laigue Chaude et d'autre part à la passée de l'escluse, et ce pour touttes leurs nécessités, tant soit à chaufer, maisonner que pour boscher leurs héritages, sans qu'ils en puissent vendre ny distribuer hors leur finage dudit lieu de la Ferrière et qu'ils en puissent autrement user que pour leurs susdittes nécessités et commodités, à peine d'en être punis par amandes, et de tous dépens, domages et intérets. C'est et parmy payant chacun an par chacun desdits de la Ferrière susnommés, leurs hoirs et ayants cause audit seigneur de Fussey, ses hoirs et ayants cause et ses successeurs seigneurs de laditte Mothe au châtel de Menessaire, une mesure d'avoine, mesure de Saulieu et une poulle à chacune fête de Saint Martin d'hyvert et d'illec chacun an semblable rente audit temps perpétuellement et à jamais. Outre ce et pardessus le

droit de messérie qu'ils ont accoutumé de toute ancienneté payer audit seigneur, qu'ils continueront
de payer à l'avenir au prix accoutumé et raporté
par sentence rendue en la justice de laditte Mothe,
comme l'ont dit les dittes partyes, pourveu que par
icelle ledit droit de messerie y soit baillé, et à la
charge qu'ils seront tenus souffrir champoyer le bestail des habitants desdits lieux de Goix et Maisonthier par les vaines pâtures de tout le finage dudit
lieu de la Ferrière en la même façon et forme que
dessus et les en faire jouir à perpétuité, sans qu'ils
en payent aucune chose, sur peine de tout dépens,
dommages et intérêts. *Item* est traitté et accordé que
où lesdits de la Ferrière, leurs consorts et communs
en biens, leurs hoirs et ayants cause, viendraient à
se partager et diviser par ensemble, que ils seront
tenus chacun en son chef payer chacun ménage
semblable rente d'une mesure d'avoine et d'une
poulle que dessus, comme au semblable tous autres
tenants et qui tiendront feu et lieu audit lieu de la
Ferrière, ayants bestail tant de présent que pour
l'avenir, seront tenus chacun d'eux à icelle rente et
pour lesquels aussy les susdits de la Ferrière se sont
fait forts pour a deffaut de payement eux et les leurs
être tenus en leurs propres et privez noms, car autrement tant pour ce chef que pour souffrir et faire
jouir de leur champoy lesdits habitants de Goix et
Maisonthier que dessus ne leur est concédé les droits
sus déclarez. Demeurant toutefois, sauf d'être forcé,
que si ledit bois des Pendants n'était de ceux où
ledit seigneur peut donner la faculté et droit cy-
dessus par luy permis et accordé auxdits habitants
de la Ferrière, en cas que jà il y aurait donné sem-

blable droit à d'autres, qu'ils n'en pourront user et jouir au préjudice de tous autres qui y auraient droit et ne laisseront de payer à perpétuité laditte rente d'avoine et poulle qui demeurera en son entier et sauf aussy audit seigneur de pouvoir accorder audit bois des Commas tous autres que bon luy semblera, car ainsy a été accordé entre lesdittes partyes, dont elles sont contentes, promettants par leurs serments pour ce prêtez véritablement aux saintes évangilles de Dieu, avoir et tenir fermes et agréables ces présentes, sans jamais y contrevenir ny les corrompre, sur peine de tous cousts et intérêt et pour ce submettent et obligent tous un chacuns leurs biens meubles et immeubles présents et à venir quelconques. » [1]

Vraiment, le régime féodal était moins dur aux petites gens que le régime actuel. Accorder pour une mesure d'avoine et une poule par an le droit de champoyer toutes sortes d'animaux dans une pareille étendue de bois et d'y couper tous les bois utiles pour l'usage personnel, n'est-ce pas se montrer bienfaisant pour les laboureurs et encourager ceux qui n'ont pas de bétail à s'en procurer? Ce n'est pas aujourd'hui que l'on obtiendrait des conditions si bénignes.

En 1697, le 25 janvier, inhumation du « cadavre d'un homme dont le nom nous est incognu, que l'on a trouvé mort au village de la Ferrière de cette paroisse et qui a été levé par messieurs les gens du roy du baillage de Saulieu qui l'ont jugé digne de la sépulture ecclésiastique, suivant qu'il nous en a aparu par la missive du Sr Naulot greffier dudit bail-

---

[1] Archives Adnot, notaire à Moux.

lage du jour dit et à nous adressé et qui nous prie de la lire de suite, ce que nous avons fait en présence de Mre Lazare Rebourg p^bre curé de Moux, de Me Jean Baptiste Cordin, notaire royal à Basole et de Me Vincent de Vissuzaine, chirurgien audit Aligny, qui se sont soubsignés. » [1]

RUÈRE

Ce village doit être bien antique, si l'on en juge par différents noms provenant de la langue latine, comme Vie, Magny, Bouchet ou Bouschet. Vie s'emploie pour chemin : *via ;* il y a la vie Creuse, la vie du Maître, la vie Champ-Grillon. Il y a encore les maisons Bouschet, Boscelli, c'est-à-dire du petit bois. Ces maisons se trouvaient un peu au-dessus des Chaintres blanches regardant le soleil levant. Des chemins dont le tracé était encore parfaitement visible, il y a une soixantaine d'années, venaient directement à cet endroit de Pierre-Écrite et de Pensière, du côté du nord-ouest, et de Blanot et de Jonchère par les Longerottes et le bas de la Vernau.

Il y aussi le champ du Magny. Ce champ contenait une maison appelée la maison du Maître. Elle était inhabitée au commencement du xixe siècle, bien qu'elle fut la plus confortable du village. Elle seule avait un puits ; à côté étaient une grange et une étable de peu d'importance pour recevoir les redevances de la dîme et loger le cheval du maître. Dans ce champ, comme dans le champ Derré, on a trouvé quantité de vieux murs, des fournottes pleines de cendres et des traces d'incendie.

---

[1] Archives municipales.

Signalons encore la Rondée, en latin *Rotunda* ; les énormes talus qui l'environnent suffisent pour prouver que ce champ est cultivé depuis plus de mille ans. Il en est de même pour le Magny et le champ Derré.

La terre de Ruère était assez considérable et n'avait pas moins de 200 hectares. On en a détaché des terres et des pâtures du côté de Pensière, un bois entre les Latois et la source de Chaudes-Aigues, les bois de la Perche et de l'Haute-Pierre, quelques terres du côté du Défend et de Reglois. En 1858, il restait encore 87 hectares.

Nous remontons à l'an 1348 pour connaître le plus ancien possesseur de Ruère. C'était Pierre ou Perrin d'Ostun, qui rend foi et hommage au comte de Nevers pour « le château de Ruère et ses appartenances. » A cette époque, Ruère et ses dépendances étaient unis à la baronnie d'Illan.

En 1386, la mouvance du fief fut l'objet d'un litige entre le duc de Bourgogne et le comte de Nevers ; celui-ci gagna le procès devant les tribunaux.

En 1489, Marguerite de Moisy, dame de Mailly et d'Illan, en donne dénombrement.

En 1519, 24 février, Jean d'Estinville vendit Ruère à Sébastien de Vésigneux ; sa famille en demeura propriétaire jusqu'à la Révolution. Alors Ruère changea de maître. Est-ce directement, ou en tant que bien national ? Nous ne savons pas. Mais le 28 juillet 1813, Bénigne Girardot l'aîné, propriétaire à Razou, de Brassy, le céda au prix de 35.000 francs à François Bouhéret par acte reçu Vaudrey, notaire à Saulieu. Celui-ci, à sa mort, arrivée en 1828, laissa la propriété à sa fille Jeanne, mariée à Étienne-Jacques-Claude-Joseph Dareau-Conclais, demeurant à Autun.

Jeanne mourut à Autun le 28 mars 1858 et ses héritiers vendirent la propriété pour 55.000 francs à Vivant Collenot et Cie. L'acte fut passé le 10 novembre 1858 par devant Me Guye. Le domaine fut détaillé : Vivant Collenot [1] en garda un tiers, Jacques Bizot, de la Ferrière, un autre tiers; le reste fut remis à divers voisins.

Ruère est agréablement situé. Le plateau de Pierre-Écrite l'abrite contre les vents froids du nord et des sources nombreuses et abondantes l'arrosent et le fertilisent. Dès le seuil des maisons, on a devant les yeux un tableau très varié et si l'on monte d'une centaine de mètres vers le Coudreau, la vue s'étend sur les plus hautes montagnes du Morvan, sur l'Autunois et jusqu'au riche pays qui a mérité d'être appelé la Côte-d'Or. Spectacle grandiose et charmant qui élève l'âme en lui rappelant la puissance de Dieu et l'encourage au travail en lui montrant les progrès réalisés par l'homme !

Le terrier de 1649 nous fait connaître les chefs de famille résidant à Ruère. Ce sont : Jean Gouhault, Fiacre Gouhault, Denis Laurent, Regnod-Gouhault, Antoinette Dariot, veuve de Jean Gouhault, Marie Naulin, veuve de Noël Gouhault, Pierre Gouhault.

Gouhault est un nom de famille actuellement inconnu dans le pays.

Ruère ne renferme aujourd'hui que les quatre familles : Parthiot, Geai, Gaumont et Regnier.

---

(1) Vivant Collenot a eu pour fils Jean-Marie Collenot, curé de Roussillon (Saône-et-Loire), à l'obligeance duquel nous devons ces détails. M. l'abbé Collenot, né à Lucenay-l'Évêque le 31 décembre 1840, a vécu depuis l'âge de cinq ans à Alligny, où il a fait sa première communion le 29 juin 1853 et où il a été confirmé le 4 mai 1855.

PIERRE-ÉCRITE

Le voyageur qui traverse ce village pour aller dans la direction d'Autun, aperçoit sur sa droite, à l'entrée du pays, au pied d'un tilleul (il y en avait cinq autrefois et le quatrième a été coupé en 1900), une pierre antique de 1^m,30 de hauteur sur 0^m,64 de largeur par le milieu et 0^m,37 d'épaisseur. Courtépée, qui écrivait en 1777, fait de cette pierre la description suivante :

« Il est facile de reconnaître dans les cinq figures de la Pierre-Écrite un père, une mère et trois enfants nus : ainsi cette pierre couvrait le sépulcre d'une famille gauloise. Ce qui frappe, c'est l'aîné des trois enfants devant un tour qui porte un globe contre lequel l'enfant appuyait les mains, selon toute apparence. Ce ne peut être que le cours de la vie qu'on aura voulu exprimer par ce symbole. L'une des plus grandes figures tient de la main droite une forme de lampe ou d'*ascia,* si l'on veut. On a peine à deviner ce que marque une forme désagréable portée sur la tête du plus petit des enfants; peut-être est-ce un pan des vêtements de sa mère. Il n'y aurait rien d'étonnant que l'inscription eût été en caractères grecs : les Druides n'en employaient pas d'autres, selon César. Cette pierre n'est pas plus belle à voir qu'elle est représentée par la gravure. [1] L'antiquité et l'injure des temps l'ont tellement altérée qu'au premier aspect on n'y voit que des restes confus. Mais l'exercice des yeux antiquaires n'a pas de peine

---

[1] La gravure de la pierre a été faite à Paris sous les yeux de M. Pasumot : Courtépée la reproduit dans son ouvrage.

à y reconnaître un tombeau gaulois, tel que je viens de le décrire, et je l'ai fait graver pour en conserver la mémoire. Cette pierre de granit, ordinaire dans le pays, a 4 pieds 4 pouces de longueur, 16 de largeur dans le haut qui était cintré, 2 pieds dans le milieu et 14 pouces dans le bas, sous l'inscription où l'on voit encore un *E* et un *S* grecs. » [1]

C'est cette pierre qui a donné son nom au village de Pierre-Écrite, *petra scripta*.

Ce village a été témoin de quelques faits importants dont le souvenir nous est parvenu.

Avant la domination romaine, les Gaulois y avaient tracé une route allant de Saulieu à Autun. Vercingétorix la suivit, lors de sa dernière campagne contre les Romains. Francis Monnier nous raconte que le chef des Arvernes partit de Bibracte et, marchant du sud au nord, campa à Pierre-Écrite. C'est encore par ce même chemin qu'Eporédorix et Viridomar, ennemis de Vercingétorix, firent passer leur armée de secours en faveur de César, pour débloquer Alésia.

« Tu n'es pas aussi fort que Jean Machin ! » redisent encore aujourd'hui les personnes, les enfants même qui se disputent ou se battent. Que signifie donc cette apostrophe ? Elle rappelle un souvenir local que nous allons raconter.

En 1808, une hyène, échappée d'une ménagerie, s'était réfugiée dans la forêt de Thoisy. De temps à autre elle en sortait et alors malheur aux voyageurs attardés ! N'avait-elle pas dévoré, à la Roche-en-Brenil, deux conscrits enivrés ? N'avait-elle pas dévoré une jeune fille à Saulieu, dans la rue de la Foire ?

---

(1) Courtépée : *Description du duché de Bourgogne.*

Quelques jours après ces terribles événements, Jean Machin, de Pierre-Écrite, percepteur d'Alligny, était allé à la foire de Saulieu. C'était le 31 mars. Il était nuit, quand notre homme voulut rentrer chez lui. Comme l'histoire de la jeune fille récemment dévorée défrayait encore toutes les conversations, les amis de Jean Machin lui démontrèrent l'imprudence qu'il y avait pour lui de se mettre en route à pareille heure. On voulait le garder jusqu'au lendemain. Machin, de son côté, songeait aux angoisses de sa famille, s'il ne rentrait point à la maison. Réflexion faite, il partit et arriva sans aucun accident dans son village, vers dix heures du soir. C'est alors seulement que cessèrent les inquiétudes de sa famille. Avant d'aller prendre son repos, Machin voulut sortir une dernière fois. En ouvrant la porte, soudain un animal lui saute au visage et lui arrache le sein gauche, en même temps que ses deux pattes de devant s'installent sur les épaules de notre homme. C'était l'hyène qui s'était égarée dans ces parages, attirée peut-être par le bruit des pas de notre voyageur qui la devançait. Jean Machin ne perdit point sa présence d'esprit. Vite, il appela à son secours et tandis qu'il écartait fortement la bête de sa poitrine, sa fille, armée d'un grand couteau, le plongea dans le corps de l'animal qui roula par terre. Ceci se passa dans la maison habitée par Mme Irma Girard-Parthiot, arrière-petite-fille de Jean Machin, et l'on montre à Ruère, chez M. Parthiot, son frère, la table où l'hyène fut dépecée. La peau de l'animal est conservée au musée de Nevers. Pour récompenser cet acte de courage, le gouvernement accorda 200 francs à Jean Machin.

A son retour de l'île d'Elbe, en 1815, Napoléon Ier

traversa le village de Pierre-Écrite et une multitude de paysans accoururent du voisinage pour acclamer leur empereur.

En cette même année, Pierre-Écrite fut occupée par les alliés.

En 1870, si l'armée prussienne n'aborda point notre pays, du moins un détachement de garibaldiens passa par ce village, en venant d'Autun, pour rejoindre Châtillon-sur-Seine.

Au musée lapidaire d'Autun, l'on montre une statue de pierre représentant une femme, trouvaille que M. Émile Beaujard avait faite après la guerre dans le champ Cortelot.

Un bail à cens du 28 juillet 1782 nous apprend que le chevalier Claude-Bernard-Jean-Magdelaine-Germain Lopin, comte de Montmort et marquis de la Boullaye, était seigneur de Pierre-Écrite, en même temps que de Blanot et dépendances. [1] C'est le seul seigneur que nous connaissons de Pierre-Écrite.

LA CROISETTE

Signalons, en passant, « la Croisette, paroisse d'Alligny, » où tenait auberge, en 1785, Dominique Girard avec sa femme Françoise Charles. Aujourd'hui la Croisette n'est que le prolongement de Pierre-Écrite.

MONT

Mont était une seigneurie appartenant au chapitre d'Autun. De cette seigneurie nous connaissons un bail à ferme du 13 mars 1739 et un manuel de 1756.

----

(1) Archives Girard, de Jonchères.

Le 9 septembre 1608, Léonard Pelletier l'aîné, Guillaume Gouhault, tant en son nom que de Denise Collot sa femme, auparavant veuve de Jean Pelletier, Edmillan Pelletier et François Moiran, « tous habitants du village de Mont, paroisse de Alligny, » se présentèrent par devant François Salier, notaire royal à Saulieu, juge ordinaire de la terre et seigneurie de Conforgien, pour Messire Guillaume de Clugny, seigneur dudit Conforgien, Beaumont et dépendances, et lui firent observer que « pour la proximité de leur finage contigu et joignant celui dudit Conforgien, ils ne peuvent faire pasturer leurs bestiaux. » C'est alors qu'ils obtinrent le droit de champoyer « leur dit bestial en temps de vaine pature par les détroits de cette dîte seigneurie sous les offres qu'ils font payer annuellement audit seigneur et à ses successeurs seigneurs dudit Conforgien chacun an au jour de fête Saint Martin d'hiver, chacun d'eux, un boisseau avoine comble mesure dudit Conforgien, une poule de coutume, bonne et de recette, ou cinq sols en argent pour ladite poule et à leur choix. » Ce droit de champoy fut déclaré perpétuel en faveur des susdits habitants de Mont, leurs hoirs et ayants cause et défense fut faite « à tous seigneurs ou autres habitants dudit Conforgien leur apporter aucun trouble ou empêchement en la jouissance dudit droit de champoy. »

Le 13 octobre suivant, Guillaume de Clugny ratifia « icelle permission pour agréable, ferme et stable, » et promit de « l'entretenir pour lui et ses successeurs seigneurs dudit Conforgien. » [1]

____

(1) Archives Jourde, de Mont : A la même époque, les habitants de Melin, commune de Blanot (Côte-d'Or), obtinrent de ce seigneur le même privilège.

Et encore aujourd'hui Mont et Pierre-Écrite jouissent de ce droit de pacage dans le bois de Vignol, appartenant au prince de Thoisy, moyennant la redevance annuelle d'un franc cinquante par feu.

LA BALANCE

Quatre maisons en ce hameau et une scierie appartenant à Claude Mourot.

PENSIÈRE

Pensière appartenait, en 1448, à Renaud de Thoisy. En 1535, le chapitre d'Autun, seigneur de Reglois et de Marnay, l'était encore en partie de Pensière. En 1680, Claude Espiard, l'aîné, conseiller du roi en la Cour du Parlement de Dijon, était seigneur de Blanot, Pensière, Marnay, Chassagne, Guise et Chevigny. Ce fief devint en 1751 la propriété de Germain-Anne Lopin, chevalier, conseiller du roi en ses conseils, président à mortier au Parlement de Dijon, marquis de la Boullay, comte de Montmort, par sa femme Claude-Bernarde Espiard, dame de Blanot. Bénigne-Catherine-Magloire, leur fils, seigneur de la Boullay, de Launay et de Pensière, ayant émigré en 1791, ses biens furent vendus au nom de l'État.

Le 10 décembre 1529, Jean de Fontette, seigneur d'Alligny, fit par devant le notaire de la Grange, avec les habitants de Pensière, une transaction par laquelle « ledit seigneur permet auxdits habitants de passer, repasser, aller, venir à pied, à cheval, toutes et quantes fois que bon leur semblera, par le bois et forêt de la Serrée, assis en la justice et seigneurie d'Aligny, tenant par dessus es champs et justice dudit Pensière, par dessous aux revenues du bois des Essards étant assis en la justice d'Aligny et en celle d'Illan, d'un des bouts au bois de ladite justice d'Illan et d'autre bout au champ dudit seigneur d'Aligny; pour lequel droit de passage lesdits habitants seront tenus de payer solidairement audit seigneur à chaque fête St Barthelemy la rente annuelle et perpétuelle de 2 gros valant 8 blancs monnaie courante, et par ce traité ledit seigneur leur permet encore de prendre du bois es bois des Issards en tant que lui touche. » [1]

Ce bois de la Serrée est une montagne qui ferme le vallon d'Alligny du côté du soleil levant et sépare Basole de Pensière. Ce bois de haute futaie et de chênes, lisons-nous dans un ancien manuscrit, contient « environ onze arpents et tient d'une part par le dessous aux usages de Basole, d'un bout au pré de Vaubergère et au chemin qui va dudit Vaubergère à Pensière, d'autre bout tirant dudit Pensière à Aligny, pour lequel chemin ceux de Pensière paient rente audit seigneur. Ce qui reste de bois entre ledit chemin qui descend de Pensière à Basole et celui qui descend de Mont à Aligny s'appelle les Issards de la Serrée. » [2]

Comment se fait-il que Pensière soit séparé de ses Plaines par les Dariots? Nous ne l'expliquons que par l'établissement à cet endroit de quelques familles portant le nom de Dariots. Dariot, en effet, est un nom de famille que nous retrouvons assez souvent dans les terriers, notamment dans celui d'Illan, en

---

(1) Archives château d'Alligny.
(2) Archives château d'Alligny.

1530. Il y avait des Dariots à Basole, à Beaumont, à Ruère, etc.

Un phénomène curieux se remarque d'abord aux Plaines de Pensière et puis entre ces Plaines et Beaumont. On sait que le Morvan renferme un sol profondément granitique. Or, en ces deux endroits [1] et sur une étendue de 1.200 à 1.500 mètres sur la plus grande largeur, il y a un dépôt calcaire. C'est le calcaire dévonien. Il s'est déposé là dans un lac, à l'époque de la formation des plus anciens calcaires et il n'a pas été entraîné, c'est-à-dire il y est resté, parce qu'il était silicifié. Aux Loisons et aux Amands, villages de Cussy-en-Morvan, on trouve également ces curiosités géologiques.

Pendant bien des années, trois fours à chaux ont exploité ce double dépôt calcaire; on les a éteints parce que la chaux, très bonne pour la maçonnerie, produisait dans les champs un effet plutôt défavorable, précisément à cause de la silice, c'est-à-dire à cause des petits cristaux blancs qu'elle contenait.

On y voyait encore une poterie et une tuilerie.

La poterie n'eut guère que deux ans d'existence, et l'on abandonna cette industrie par impossibilité de lutter contre la porosité de la matière.

La tuilerie exploitait la terre glaise ou terre argileuse, facile à façonner et favorable à la fabrication des tuiles, des briques et des carreaux.

C'est en 1889 qu'on éteignit le dernier four à chaux et qu'on arrêta la tuilerie. L'ouvrage était en dernier

---

(1) Le champ Saint-Hilaire, d'une contenance d'environ deux ares, situé vis-à-vis Pensière et à droite de la route d'Alligny à Pierre-Écrite, est entièrement calcaire.

lieu dirigé par les familles Dangeville et Lavalette, originaires de Maux, canton de Moulins-Engilbert.

BEAUMONT

Ce village, bâti au sommet de la montagne, tire son nom de sa situation topographique : Beau Mont. C'était jadis une baronnie unie à celle de Conforgien. La possession de ce fief donnait droit à une partie des dîmes de la paroisse.

L'on montre à Beaumont la chaintre de la Maison et le pré de l'Étang, qui furent, le 10 mars 1670, l'objet d'une transaction entre Louis de Lisle Dugast d'Olon, chevalier, seigneur et baron de Conforgien, Beaumont et dépendances, et Pierre Remouchenet, marchand, demeurant à Mont, et son fils Edmilan, tous deux communs en biens.

Pierre Remouchenet avait acheté ces deux pièces de terre d'Edmilan Léger, cordonnier à Saulieu. Mais parce que l'acquéreur de ces deux terres habitait « es lieux francs » et parce que Beaumont était pays de mainmorte, le procureur d'office de la justice de Conforgien voulut obliger le nouveau propriétaire à payer les levées à son seigneur, et pour y mieux réussir, il l'assigna devant les tribunaux. Ce n'est qu'au bout de quatre ans que les choses s'arrangèrent et voici la transaction passée entre les deux intéressés par devant Coujard, notaire royal, en résidence à Jarnoy :

« Ledit seigneur de Conforgien s'est départi et départ de toutes prétentions à l'encontre desdits Remouchenet pour le chef d'icelles terres la Maison et pré de l'Etang, à la charge de par iceux à l'advenir payer annuellement et perpétuellement la quantité de vingt-quatre boisseaux avoine comble au boisseau de mesure dudit Conforgien, six chapons et quinze sols tournois de rentes et cens portant tous droits seigneuriaux, retenues, lods et esmandes, suivant le terrier dudit seigneur, ce qu'iceux Remouchenet solidairement pour eux et les leurs, hoirs et ayants cause, ont accepté et promis payer chacune année à l'advenir audit seigneur de Conforgien à perpétuité au jour Saint Martin d'hiver..... Lequel pré de l'Etang et terre de la Maison, aisances et appartenances, ledit seigneur de Conforgien pour lui, hoirs et ayants cause à l'advenir, a déchargé et décharge de toutes servitudes de mainmortes, les a affranchis et affranchit par ces présentes, permettant auxdits Remouchenet, les leurs hoirs et ayants cause, nés et à naître, d'en jouir, comme hommes francs peuvent faie de biens francs, à la charge de ladite avoine, chapons et quinze sols susdéclarés; demeurant encore lesdits Remouchenet, moyennant ce que dessus, quittes de toutes autres rentes qu'ils pourraient devoir, à cause desdits pré et terre envers ledit seigneur; et ledit procès contre eux intenté demeure terminé et assoupi. » [1]

Parmi les seigneurs de Conforgien et Beaumont, les manuscrits nous font encore connaître Guy de Clugny qui, par une transaction du 21 mai 1565, accorda le droit de champoy aux habitants d'Illan, et Guillaume de Clugny qui, en 1608, accorda le même droit aux habitants de Mont.

Nous avons déjà parlé de l'étang de Beaumont et

---

[1] Archives Jules Bourgeois, de Mont.

de l'étang de Jean de Saulieu,[1] qui furent conservés à cause de leur utilité par délibération du conseil municipal à la date du 21 janvier 1793.

Signalons aussi le Creusevaux : c'est un ruisseau qui descend de l'étang de Beaumont et qui, après avoir traversé Champcommeau, se jette dans la Terrène.

CHAMPCOMMEAU

Il y a dans ce village, disent les vieux manuscrits, un pré qui « était autrefois en nature d'étang, nommé l'Etang de Champcommeau, et sur le cours de son eau était bâti un moulin, lequel, ensemble ledit étang, appartenait par la moitié au seigneur d'Aligny, Ce qui se vérifie par le terrier ci-après noté..... dans lequel est un dénombrement donné par Alexandre, Jean et Arnould d'Aligny à Girard, évêque d'Autun, en l'an 1260 et faisant mention de l'étang et du moulin de Champcommeau. »[2]

La majeure partie de ce village a toujours dépendu du seigneur d'Illan et l'autre partie du seigneur d'Alligny.

La route de Champcommeau à Beaumont, d'une longueur de 1.885 mètres, a été mise en adjudication le 28 mars 1904 pour la somme de 11.000 francs.

BASOLE

L'origine de ce nom nous semble facile à deviner : Bas sol ; on a construit des maisons sur le sol ou terrain situé au bas de la montagne.

---

(1) Jean de Saulieu, d'après Courtépée, était docteur en théologie, grand prieur ou abbé du Val des Ecoliers, au diocèse de Langres, en 1325.

(2) Archives château d'Alligny : Voir ce dénombrement de 1260 au troisième chapitre de cette monographie.

Il y a le petit et le grand Basole, formant un groupe de maisons, à l'est du bourg dont il est le prolongement. C'est pour ce motif, sans aucun doute, que primitivement on appelait ce village *Aligny oultre Tareine*. On l'appela aussi Lesnault ou Leschenault. « Le 25 juillet 1666, baptême de Claude Coujard, fils d'André, notaire royal, et de Claudine Martin, demeurant à Jarnoy. Parrain, honorable Claude Coujard, du village de Leschenault. » [1] On retrouve encore ce nom porté par quelques champs du voisinage.

Au commencement du xviiᵉ siècle, les maisons se divisaient en deux parts « dont l'une commençait au bas du Teurreau Breneau, s'étendaut le long d'un chemin qui monte au village de Pensière, et l'autre le long d'un chemin qui tend de Marnay à Beaumont, finissant à la maison du curé d'Aligny, pour lors bâtie dans le bois de la Palue..... [2]

A la même époque, on voyait un batteur construit sur le ruisseau nommé Rupt-de-Vaubergère, parce qu'il est alimenté par les eaux qui descendent des vallées de Vaubergère et de Pensière. Ce Rupt, après avoir traversé Basole, se jette dans la Terrène « en passant par un chemin nommé les Rèzes. »

Ce chemin, que le seigneur d'Alligny avait percé dans le champ des Rèzes, conduisait du village à l'église. En vertu d'une transaction reçue Jacques Salier, notaire à Saulieu, le 18 février 1611, et passée entre Jean Andrault de Langeron, seigneur d'Alligny et les habitants de Basole, Beaumont, Pensière, Mont, Ruère, Ferrière, Reglois et Marnay, ceux-ci

---

[1] Archives municipales.
[2] Archives château d'Alligny.

quoique ne dépendant pas de la seigneurie d'Alligny, « ont reconnu et confessé devoir perpétuellement, eux, leurs hoirs et ayants cause, audit seigneur d'Aligny, à cause de sa dite seigneurie, une poule de recette pour chacun feu, payable audit château d'Aligny, depuis la Saint Martin d'hiver jusque à carême prenant, à la volonté dudit seigneur et ce, pour le droit par lui à eux concédé de pouvoir passer et repasser, aller et venir, tant à pieds, à cheval, qu'avec bœufs et charrettes, sans esmande, par le chemin tendant de Basole à l'église dudit Aligny, pris dans l'un des héritages dudit seigneur, appelé le champ des Rèzes, et, au cas qu'aucun d'entre eux viendrait à établir et transférer son ménage et demeurer dans ladite terre d'Aligny deçà la rivière de Tarenne, qu'en ce cas et non autrement il demeurerait déchargé de ladite redevance. » [1]

L'article 14 des droits honorifiques des seigneurs mentionne le moulin des Rèzes. Ce moulin fut remplacé, vers 1649, par « le moulin nouvellement bâti dans les Petits Paquis, finage d'Aligny, sur le cours de la rivière dudit Aligny, appelée Terenne. » [2] C'est le moulin du bourg démoli en 1900.

La justice de Basole fournit plus d'une fois matière à procès entre les seigneurs d'Alligny et d'Illan. D'après les anciens registres, la justice, haute, moyenne et basse, se divisait par moitié entre ces deux seigneurs sur Basole, sur la maison curiale de la Palue et sur Champcommeau oultre Tarraine. En 1644, il plut à la Dame de Busset, dame d'Illan, d'élever sur ce village des prétentions exclusives au détriment du

---

(1) Archives château d'Alligny.
(2) Archives château d'Alligny.

seigneur d'Alligny qui venait de faire une tenue de justice au Teurreau Breneau. C'était ressusciter l'ancienne querelle de Sébastien de Vésigneux, seigneur d'Illan, contre Jean de Fontette, seigneur d'Alligny. Celui-ci, en effet, exerçait comme par le passé ses tenues de justice en Basole. Un certain jour de l'an 1526, Sébastien de Vésigneux porta l'affaire devant le bailli d'Autun, lui exposa « qu'il était en possession de temps immémorial de la seule et totale justice dans le village de Basole et lui amena pour témoigner ses sujets justiciables et taillables. » Pour régler l'affaire, le bailli désigna un sergent et un notaire du baillage d'Autun. Sébastien fit appel à « un sergent d'Auxois et lui donna un nommé Philibert Marotte, se disant notaire royal, homme inconnu et qui ne fut jamais notaire. » La mauvaise foi de Sébastien était déjà évidente. Jean de Fontette répondit que « au vu et au su de l'impétrant et de ses officiers, lui et ses prédécesseurs depuis cent années avaient fait tenir leurs jours dans ledit village de Basole, sans qu'ils y eussent mis empêchement que depuis le cours du présent procès ; que ledit impétrant ne pouvait ignorer que ledit opposant n'eut encore dans ledit lieu de Basole plusieurs autres beaux droits seigneuriaux, comme meix, héritages, bois, tierces, droit de prendre toutes espaudes, tierces de messeries, tailles sur les hommes et sujets avec le seigneur d'Illan, et, pour le regard de la justice, qu'il était en possession de tenir ses jours en quelque endroit que ce soit, tant dans le village de Basole que dehors en tous les carrefours d'outre Tareine. » (1)

---

(1) Archives château d'Alligny.

Du reste, à l'époque où la terre d'Illan était terre d'Eglise, Jean Morin, de Saulieu, receveur d'Illan pour le compte des vénérables chanoines de l'église collégiale de Notre-Dame d'Autun, consigne dans un registre de 1492 ces paroles : « Recettes des dixmes faites par ledit receveur en la ville d'Aligny, auquel lieu mesdits sieurs ont deçà la rivière de Tarenne la moitié de la justice et delà ladite rivière, dessous les Bondas, le quart. » (1)

Malgré de si bonnes raisons et d'autres encore que nous taisons, il semble que dans la suite les seigneurs d'Illan aient fini par gagner ce procès.

Le 23 octobre 1791, le Conseil général de la commune d'Alligny se réunit « à la requête de Michel Jeanhin, manouvrier d^t à Bazolle, paroisse d'icelui Aligny, au sujet qu'un nommé Claude Ligeron et Barthelemy son fils, lab^r audit lieu de Bazolle, que lundy dix sept octobre présent mois, que ces derniers ramasaint de la poture dans la court que l'exposent prétend lui apartenir et que led. Jeanhin voulent leurs dire pourquoy ramasaint-il sa poturres, mais que le perre et le fils Ligeron susdit lui répondirent très soudainement des avanies atrosses que je n'oze les porter par écrit. » (2)

Le conseil déclare que la question de l'enlèvement des potures n'était pas de sa compétence, mais il condamne à trois livres dis sous, par forme d'amende, Michel Jeanhin et lesdits Claude et Barthelemy Ligeron, père et fils, « pour s'être abîmés d'avanies. » Il termine par ces mots dignes de passer à la postérité :

---

(1) Archives château d'Alligny.
(2) Archives municipales.

« Et enjoignons auxd. Ligeron et Jeanhin très expressement, comme à tous autres habitants de notre arrondissement, d'avoir dorénavant plus de chrétienté et d'humanité les uns pour les autres, sous peine d'y être pourvüe plus rigoureusement. » [1]

Ajoutons l'anecdote suivante :

Pendant le passage des alliés, en 1814, quelques-uns d'entre eux voulurent un jour se payer la fantaisie d'une promenade sur l'étang du Grand-Basole. Un cuvier leur sert de bateau et les voilà qui se mettent à ramer. Au bout de quelques instants, le cuvier chavire et nos imprudents tombent à l'eau. Les gens de Basole, témoins de l'aventure, ne purent s'empêcher de rire et par là même ils provoquèrent la colère des alliés présents. En punition de cette malencontreuse manifestation de joie, on les gratifia d'une bastonnade en règle.

Au village de Basole se rattachent la vallée de Vaubergère et la colline de Montmien.

La vallée de Vaubergère, disent les anciens manuscrits, « est formée par la rencontre de la montagne de Montmien et de celle du bois de la Sarrée. Ce vallon était de la justice d'Aligny..... » En 1778, nous y rencontrons « François Desjours, manouvrier, demeurant à Vaubergère, paroisse d'Aligny, fils de Claude Desjours, maréchal à Basole. » [2]

La tradition prétend que cet endroit était un vrai guet-apens où plusieurs furent assassinés ; on obligea même les gens à démolir leur maison et à se transporter ailleurs.

---

(1) Archives municipales.
(2) Archives château d'Alligny et archives municipales.

La vallée de Montmien est bornée du côté du couchant par le chemin qui monte du Teurreau-Breneau à Beaumont, du côté du septentrion par les héritages possédés par Jean Choureau et appelés les Esclots, du côté du levant par les prés et champs de Vaubergère et du côté du midi par les champs appelés les Closiots et les terres turables de Montmien, les Vernoys et les champs de Basole. Le bois qui est au sommet de ladite colline s'appelle le bois de Montmien. » [1]

TEURREAU-BRENEAU

A l'entrée du bourg, du côté de l'est, s'élève un monticule pittoresque, qui attire les regards de tous les passants et qui porte en patois le nom de *Teurai* [2] *Beurnai* et en français celui de Teurreau-Breneau. Dans une reprise de fief du 1er août 1308, Pierre d'Ostun énumère aux officiers de l'évêque d'Autun tout ce qu'il possède dans la ville et finage d'oultre Toronne au parochiage d'Aligney et entre autres le manse [3] de Guillaume Berneaul : « *Item* omne id quod dictus miles tenet et possidet in villa et finagio vocato d'oultre Toroam in parochiatu de Aligneyo, videlicet..... mansum Guillemi Berneaul. » [4]

Dans la suite des temps, Berneaul est devenu Beurnai, Breneau, Bruneau.

---

(1) Archives château d'Alligny.

(2) Un teurai est une élévation de terre, une éminence de terrain. (*Glossaire du Morvan.*)

(3) Le Manse (*mansum, de manere, resider,*) était une sorte de ferme ou habitation rurale à laquelle était attachée à perpétuité une quantité de terres déterminées et en principe invariable.

(4) Archives de l'évêché d'Autun, cartulaire vert, vol. XI, fol. 19.

Au pied de ce monticule, il y avait une maison qui était, au commencement du xviie siècle, habitée par Denys Breneau. Sur son sommet, en l'an 1644, on y voyait une croix. En 1825, M. le curé Pillien la remplaça, puis, se rendant compte du bel effet qu'elle produisait, il se décida d'en ajouter deux autres en forme de calvaire. L'érection solennelle eut lieu le 24 septembre 1839.

Rien ne résiste au temps et ces trois croix de bois finirent par disparaître. M. l'abbé Navarre, pour la mission de 1894, aurait voulu les remplacer par une croix monumentale, mais il ne put réaliser son désir par suite de circonstances indépendantes de sa volonté.

Le projet a été repris et, le 9 mai 1897, à la sortie de la grand'messe paroissiale, et en présence des fidèles, se fit la bénédiction solennelle du monument actuel érigé, avec la permission formelle du propriétaire du Teurreau Breneau, M. Baillon, dans le but de perpétuer le souvenir de M. le curé Navarre.

Ce monument a coûté 364 fr. 70. Une plaque en marbre blanc porte l'inscription ci-jointe :

A. M. D. G.

CETTE CROIX A ÉTÉ ÉLEVÉE A LA MÉMOIRE
DE M. CLAUDE NAVARRE, CURÉ D'ALLIGNY-EN-MORVAN,
1891-1895.

Ses amis et ses paroissiens lui ont offert ce monument de leur pieuse affection et de leur fidèle souvenir.

R. I. P.

CHAPITRE VI

Affranchissement.

L'homme, créé à l'image de Dieu, a joui, dès le principe, de son entière liberté, mais dans la suite des siècles, païens et barbares ont abusé de leur influence brutale pour établir l'esclavage et faire peser un joug cruel sur les vaincus. A l'esclavage antique succéda le servage féodal L'Eglise, dit Léon XIII, dans sa lettre du 20 novembre 1890, « gardienne vigilante de la doctrine de son fondateur qui avait enseigné aux hommes, par lui-même et par la voix des apôtres, le lien fraternel qui les unit tous, comme sortis de la même origine, rachetés du même prix, appelés au même bonheur éternel, prit en main la cause abandonnée des esclaves et se montra le champion vaillant de la liberté, bien que, selon l'exigence des choses et des temps, elle agit graduellement et avec mesure. » Grâce à elle, le paganisme s'affaiblit de plus en plus et l'esclave passa de la servitude au servage, puis du servage à la mainmorte et de la mainmorte à la liberté.

En ce temps-là, la liberté s'acquérait par des chartes d'affranchissement. Les premières remontent au xiie siècle ; elles se multiplièrent assez rapidement dans la suite. Elles concernent tantôt des pays entiers qui s'organisent sous le nom de commune, tantôt des villages, tantôt même de simples familles. L'on conçoit, en effet, qu'à moins d'entente préalable entre les divers seigneurs d'un pays, celui-ci ne pouvait prétendre à la liberté entière dans sa généralité et pour le même jour. Ce fut sans aucun doute le cas pour Alligny dont les villages dépendaient les uns du seigneur d'Alligny, les autres du seigneur d'Illan, ceux-ci du seigneur de Reglois, ceux-là du chapitre d'Autun. Parfois, un même village avait plusieurs seigneurs, par exemple Fétigny, Bazole. Mais s'il est difficile d'assigner une date à l'affranchissement de la plupart de nos villages, nous sommes fixés pour Fétigny, Champcommeau, Ruère et la Ferrière. Une charte du 2 juin 1531 nous renseigne à ce sujet et nous n'hésitons pas à la publier malgré son étendue.

« En nom de Nr̃e Seigneur *Amen* lan de l'incarnation dicelluy courant mil cinq cent trante et ung le deuxiesme jour du mois de jung nous Sébastien de Visenuz chevalier seigneur dud. lieu et dIllain pour nous dune part Saulvestre Gouhault Jean Dariot *alias* Mygnot Emilan Dariot du villaige de Ruerre Jehan Brulet *alias* Coillot Pierre Brulet Moingeot Germain du villaige de la Ferrierre Jehan Beugnon du villaige de Champcommault et Jacobe Jacot du villaige de Festigny pour nous daultre part et André Beugnon dud. Champcommault tous parochiens dAligny pour moy daultre part savoir faysons a tous ceulx qui ces presentes lectres verront et ouront comme proces debat question et diférend soient mehens..... et pendant par devant monsgr le bailly dOstun et montienis ou son lieutenant aud. Ostun en deux instances lune entre nous led. chevalier comme impét. des lectres patentes du roy nostre sire en confection de terrier dune part a lencontre desd. Gouhault Dariot Brulet Jehan Beugnon Germain et Jacot deffendeurs daultre. A rayson de ce par nous led. chevalier en vertu desd. lectres patentes et lattaiche de mond. sgr le bailly concéder et octroyer sur iceulx par un sergent royal aurions faict convenir lesd. deffendeurs et chacun deulx par devant le notaire souscript commis par..... faire les terriers regystres et recognoissances des rentes censes revenus et aultres choses a nous dehues a cause de nostre ditte terre chevance et seignorie dud. Illain membres apartenans et deppendans dicelle terres laquelle sont situés et assis lesd. villaiges de Rueres la Ferierre Champcommault et Festigny estant membres deppendant dicelle nostre d. terre dud. Illain esqueulx sont lesd. deffendeurs manans et résidans lesqueulx deffendeurs comparant par devant led. commis nous avons requis et interpellé de dire et bailler par déclaration aud. commis tous et chacuns les mex tenemens et héritaiges quilz tiengnent pourtent et possèdent en iceluy a quelz tiltres conditions et quelles reddevances et charges ilz avoient acostumé nous paier sur iceulx chacun an Avec ce de eulx déclarés noz hommes de condicion et mainmorte comme manans esd. villaiges lesqueulx nous disions et maintenyons estre assis en lieu de mainmorte et condicion serville iceulx deffendeurs disant au contraire assavoir quilz estoient hommes francz et de franche condicion et non de mainmorte lesqueulx avoient offert aud. commis bailler la déclaracion de leurs mex tenemens et héritaiges a quelz tiltres quelles charges et reddevances ils avoient et ont accostumé paier chacun an comme hommes francz et refuser eulx déclarer de serve condicion et

mainmorte attendu quilz disoient et maitenoient
lesd. villaiges estre assis en lieu franc de condicion
franche et non de mainmorte et que de tous temps
et danciennetté dud. droit de franchise ils avoient
joy et usé tant par eulx que leurs prédécesseurs sans
contredict et empeschement aucuns pour raison
duquel repfus journée leurs fust assignée a nost. requeste par devant mond. sgr le bailly ou son lieutenant aud. Ostun a certain jour passé pour dire et
proposer les causes de leurs repfus procéder en oultre
et aler avant selon raison laultre instan entre nous
led. chevalier comme impétrant et demandeur a lencontre de Guillemette Beugnon femme de Guiot
Gouhault Jehannette Beugnon femme dud. Saulvestre
Gouhault Philippe et Hugue Gouhault deffendeurs
lesqueulx nous avions faict convenir aud. Ostun pardevant mond. seigneur et bailly ou sond. lieutenant
pour appourter et judiciallement exhiber certaines
lectres en forme de garde énoncées en la court desd.
bailliages en vertu desquelles ils sestoient faict mai-
tenir et garder de par le roy nostre souverain seigneur et mond. sgr le bailly es biens demeurés par le
décez et trespas de feu Guillaume Beugnon pour
icelles exhiber nous vehoir recepvoir a oppon pour
autant que disions led. feu Guillaume Beugnon
décédé sans hoirs de son corps estre nostre homme
de condicion et de mainmorte et les biens demeurez
par sond. decez nous compéter et appartenir suivant
la générale et notoire costume de ce pais et duché
de bourgoingne auquel lesd. biens sont assis auquel
jour après que led. Saulvestre Gouhault fust reçu a
entrer en cause et prendre le faict en main pour.. ..
sa femme Guillemette Beugnon femme dud. Guiot

Gouhault Philippe et Hugue Gouhault ses commungs
en biens lexhibition desd. lectres et que fusmes reçus
a opposition aussi que par luy et nous fust dict et
allégué les biens leurs compéter et appartenir comme
prochains parents linagiers dud. feu Guillaume Beugnon et habilles a luy succéder il maitenoit estre
homme franc et de franche condicion et non de
mainmorte et plusieurs aultres causes et raisons par
nous icelles parties alléguées lune à lencontre de
l'aultre fust appoinsté que escripvans dune part et
daultre tant en matière possessoires que aultrement
et que lesd. biens demeureroient soubz la main du
roy nost. d. sgr qui est il ainsi que ce jourduy date
de ceste nous icelles parties pour éviter lesd. proces
et différans les poinz que a raison diceulz se pourroient ensuyr entre nous norrir et entretenir par
amytié et concorde les ungs avec les aultres diceulx
de noz certaines sciences pures franches et libéralles
volontéz et povoir que ainsi nous plaict Avons traicté
paciffié et accordé et par ces présentes traintons
paciffions accordons faictz et faisons entre nous les
traictés renonciations manumissions affranchissement et aultres choses qui sensuyvent. Cest assavoir
que nous lesd. Saulvestre Gouhault Jehan et Mylan
Dariot Pierre Brulet Jehan Beugnon Moingeot Germain et Jacobs Jacot deffendeurs mesmement je led.
Gouhault comme aiant prins en main pour nosd.
consors et commungs en biens moy faisant fors pour
eulx et promectant leur faire consentir et ratiffier le
present traicté si besoing faire toutes fois que requis
en seray Avons consenti et par ceste consentons les
fins et conclusions dud sgr chevalier par luy quises
et demandées esd. proces avec et promis et promec-

tons de bailler par déclaration pardevant led. commis tous et ung chacuns les mex ténemens et héritaiges que tenons pourtons et possédons esd. villaiges soubz led. sgr et luy déclarer les rentes charges et reddevances que avons acostumé luy paier chacun an sur iceulx. En oultre serons tenus et avons promis ung chacun de nous luy paier et rendre oultre les rentes et charges ensiennes que luy debvons chacun an chacun ung denier de cens annuelle et perpétuelle pourtant tous droiz seigneuriaux loux retenues remuaiges et esmendes sur nosd. mex ténemens et héritaiges au terme accostumé de paier led. censes le tout selon les fins et conclusions par luy quises et demandées esd. proces. Moyennant lesqueulx consentemens et les biens de feu Guillaume Beugnon délaissés par son trespas par nous led. chevalier quitez et renoncez aud. Saulvestre Gouhault et nous avons dictz selon les portions par luy prétendues seullement et non aultrement nous ycelles parties avons quictés et renoncés et par ces présentes quictons et renoncons aud. proces débatz et différans lesqueulx des maintenans nous sommes départis et departons dune part et daultre les fraiz et despens par nous faictz et supportez a la poursuite diceulx compansez. Après lesquelles choses nous led. chevalier sgr desd. villaiges de Ruère et la Ferrieres Champcommault et Festigny en tous droiz de mainmorte justices haultez moyennes et basses situés et assis au duché de Bourgoingne et bailliaige dud. Ostun et estant des membres et appartenances deppendans de nostd. terre et seignorie dud. Illain Considéré que par droit de nature les hommes au commencement de la création du monde fussent et

naquissent francz et libérés sans estre abstreins les
ung envers les aultres en aucun lien de servitude et
par la division qui depuis survint et se méhust entre
eulx servitude que auparavant leur estoit yncogneue
soit esté yntroduite et suscéquamment le bénéfice de
manumission liberté et franchise tellement quil a
esté comme est encoire de present permis et loisible
a ung chacun donner liberté et franchise a ses hommes ou femmes de serve condicion et mainmorte les
affranchir mainmettre délivrer et exempter perpétuellement eulx leurs postérioritez et lignéez nés et
a naistre tant filz que filles et les descendans diceulx
dhoirs en hoirs de la servitude dont sesd. hommes
et femmes serfs et serves sont abstreints et liez envers
luy Et il soit ainsi que lesd. Saulvestre Gouhault
Jehan Dariot *alyas* Mynot Emylan Dariot Jehan
Brulet *alias* Coillot Pierre Brulet Jehan Beugnon
Jacobt Jacot Moingeot Germain et André Beugnon
dessus nommés soient nos hommes originellement...
partis et natifz aussi leurs feurent pères mères et
prédécesseurs desd. villaiges membres deppendans
de lad. seignorie dIllain aussi les hommes et femmes
manans et résidans en yceulx villaiges et seignories
selon la costume de ced. pais et duché de Bourgoingne en ycelluy duché tenus et réputés pour luy. Et
par ce soient les dessus nommez noz hommes mainmortables selon lad. costume lesqueulx tant de leurs
noms comme es noms de leurs consors et commungs
en biens avec eulx nous ont dict et exposé quilz
désiroient parvenir a liberté et franchise estre et
demeurer francz quites exemps et déschargés du lien
de mainmorte et servitude dont ilz sont abstreintz
liez et chargez au moyen de leur nativité et de leurd.

feurent pères mères et progéniteurs envers nous a
cause de nosd. terres justice et seignorie dud. Illain
et villaige dessus nommez nous requerons humblement que les voulinssions mainmettre affranchir
quicter et totallement exempter ensemble leurs
consors et commungs en biens leurs postérioritez
nées et a naistre tant filz que filles et les descendans
diceulx dhoirs en hoirs successivement et a jamais
des droiz de mainmorte et charge de servitudes quelconque dont ilz sont abstreintz chargés et liés envers
nous et pourroient estre ci apres envers noz hoirs
successeurs et possesseurs desd. terres justices et
seignorie dIllain et villaiges dessus d. membres
deppendances de nostre seignorie dIllain. A ceste
cause nous led. chevalier inclinant a lhumble
supplication et requeste desd. Gouhault Beugnon
et aultres dessus nommez a nous faicte aussi que
selon lad. costume ilz peuvent et leurs est loisible
nous désadvouher et eulx advouher hommes francz
de franche condicion et liberté du roy nost. d.
sgr a cause de sond. duché de Bourgoingne ce
nostre certaines cience et nostre franche et libéralle
volinté pour ce que ainsy nous plait et voulons
estre faict avons pour nous nos hoirs et successeurs seigneurs desd. terre et seignorie dIlain et
villaiges des susd. a nous compétans et appartenans en tous droiz de seignorie mainmorte justice
haulte moyenne et basse comme dit est mainmis
affranchis délivrés quictés et totallement exemptez
et par la teneur de ceste mainmetons affranchissons
quictons délivrons et exemptons lesd. Saulvestre
Gouhault Jehan et Emilan Dariot Jehan et Pierre
Brulet Jehan Beugnon André Beugnon Jacobt Jacot

et Moingeot Germain ensemble leursd. consors et commungs en biens leurs hoirs postériorités et lignées nées et a naistre tant filz que filles et les descendans dyceulx dhoirs en hoirs procrées en loyal mariaige successivement et a toujours..... nommez avec le notaire et juré souscrips..... stipulanz et acceptans pour eulx leurs consors commungs en biens leurs hoirs et les descendans dyceulx comme dict est de tous droiz de mainmorte et servitude quelconque dont ilz pourroient estre abstreins et chargé et liez envers nous et pourroient estre cy apres dhoirs en hoirs et successivement seigneurs desd terres seignorie dIlain et villaiges dessusd. membres et apartenances diceulx par le moyen de leursd. nativitez et condicion de leursd. feurent pères mères et progéniteurs que aultrement a quelque tiltre raison condiction et moyen que ce soit si nestoit ceste mainmorte manumission exemption et affranchissement. Avec ce avons quicté et renoncé quictons et renonçons par ceste expressement pour nous nos hoirs et successeurs seigneurs avantd. a tous droiz de mainmorte et servitude quelques qui nous pourroient cy apres compéter et apartenir et pourroient quereller et prétendre mesd. hoirs et successeurs sgrs avant dictz hoirs et au temps advenir sur lesd. Beugnon Gouhault et aultres dessus nommez leursd. consors et commungs en biens leurs hoirs biens successeurs et hoiries dyceulx aussi de leursd. postériorités et lignées nées et a naistre et les descendans dyceulx dhoirs en hoirs et procréés en loyal mariaige comme dit est. Voulant et consentant en oultre ceste nostre manumission et affranchissement valoir et avoir force de vigueur de manumission exemption

et affranchissement deheument faict aux dessus
nommez leursd. consors hoirs et les descendans
diceulx et quelle soit de tel effect valleur et vigueur
comme sils nous avoient desadvohez et eulx advohez
hommes femmez du roy nostred. sgr a cause de
sond. duché de Bourgongne selon les solempnitez
en tels cas requises et que doresnavant eulx leursd.
consors et commungs en biens hoirs et les descendans diceulx en directe ligne et nez en loyal mariaige
joissent et usent doresnavant de tous droiz de liberté
et franchise et ce puissent pourter..... en tous juge-
mens au dehors hommes francz de franche condition
et liberté comme fait et party devant ont estez les
anciens estoient de..... dud. Ostun Paris Dijon Chalon et aultres franches villes du royaulme de France
et duché de Bourgoingne. Et telz les voulons et
consentons estre tenuz et reputez..... que eulx et
leurs postérioritéz et lignées nées et a naistre et les
descendans dyceulx puissent doresnavant comme
personnes franches de franche condition et liberté
tester ordonner et disposer a leurs voluntez et plaisir
que bon leur semblera de tous et chacuns leurs biens
meubles et immeubles presents et advenir quelconques quelque part quilz soient situez et assis et en
quelque valeur et estimacion quilz soient ou puissent
estre tenus et reputez. En oultre que eulx leurs hoirs et
les descendans dyceulx puissent doresnavant succéder
par testament ou ab intestat les ungs aux aultres de
leurs prochains parens et aultres linagiers ou aultres
quelconques personnes auxqueulx et quelles ils vou-
dront laisser leurs biens successions et hoiries par
quelques tiltres que bon leur semblera. Et ceste pre-
sente manumission affranchissement exemption et

aultres choses dessus nommées led. chevalier a nous
faict et faisons auxd. Gouhault Beugnon et aultres
dessus nommez moyennant et parmy le prix et somme
de six vingtz dix livres tournois monnoye courant
quilz et chacun dyceulx seront tenus nous paier
pour une fois seullement a deux termes par moictié
et égalle portion assavoir soixante cinq livres tournois a la feste de nativité nost. sgr prochainnement
venant et les aultres soixante cinq livres de lad. feste
de nativité nost. sgr prochainement venant en ung
an que lon dict mil cinq cens trante deux laquelle
somme de six vingtz dix livres tournois nous lesd.
Saulvestre Gouhault Jehan et Emilan Dariot Jehan
Brulet Pierre Brulet Moingeot Germain Jehan Beugnon André Beugnon et Jacobt Jacot ung chacun de
nous seul et pour le tout avons promis et promectons
par ceste paier bailler et déclarer aud. sgr chevalier
auxd. termes dessus déclarés et dus a sa volinté et
requeste desqueulx traictez accordz appointement
exemption manumission affranchissementz et aultres
choses avant dictes nous ycelles parties fumes et
nous tenus pour bien contentes et aggrées. Et promectons que en son endroit et bonne foy par noz
sermenz pour ce jurez expressement aux sainctz
évangilles de Dieu es mains dud. notaire et juré
souscript et soubz lespresse ypothèque et obligation
de tous et chacuns dez biens et ceulx de nosd. hoirs
meubles et immeubles présents et advenir quelconques lesqueulx quant ad ce nous submectons obligeons et ypothéquons aux jurisdictions compulsions
et contrainctes des cours du roy nos. sire a la chancellerie de sond. duché de Bourgongne et de toutes
aultres cours tant desglise que séculières lune dicelles

non cessant pour laultre sentence..... non obstant par lesquelles et chacun dicelles nous voulons et consentons nous et nosd. hoirs estre contrainctz et compellez ainsi comme de choses cognues et deheument adjugées avoir et tenir perpét. tout le contenu en cesd. présentes ainsi quelles sont cy dessus escriptes dictées nommées et divisées fermes et stables et aggréables sans corrompre et sans jamais aller venir dire et consentir venir au contraire en jugement ne de hors taisiblement ne en appel ne par quelconques aultres voix ou manières que ce soit en renoncant quant ad ce a toutes et singulières actions corruptions déceptions barres frauldes et aultres choses quelconques que tant de faict comme de droit canon civil ou costumier porroient estre dictes alleguées proposées ou..... cesd. présentes en la teneur dicelles mesmement au droit disant générale renonciation non valoir et le spécial..... En tesmoing desquelles choses nous avons requis et obtenuz le seel de la court de lad. chancellerie dud. duché de Bourgoingne estre mis et apposé a ceste présente..... dicelles faictes et passées au lieu et villaige de Gouloux au diocèse dud. Ostun par devant Mathieu Pelletier clerc notaire royal juré dycelle court et conducteur du tabellion fermier dud. Ostun pour le roy nost. d. sgr en présences de honnorables homme Pierre Base Jaques Base son filz de Saulieu Anthoyne Duchemin citoien dOstun Jehan Robelin dud. Gouloux Guiot Jacobt et Jehan Perreaul dict Bonain parochiens de Dung les Places tesmoings ad ce appellez et requis les an et jour dessusd.

« M. PELLETIER n. » [1]

---

[1] Archives château de la Chaux.

Nous l'avons dit : les chartes d'affranchissement concernaient parfois de simples familles.

C'est ainsi qu'à la date du 21 août 1667, et par devant Simon Barbotte, notaire à Moux, le chanoine Pierre Quarré, seigneur de Reglois, affranchit Dimanche Labbe et sa femme Philippotte Balloux, Edme Marchand et sa femme Jeanne Labbe, Denis Guyard et sa femme Laurente Sauvageot et son beau-frère Jean Sauvageot, tous de Reglois, moyennant la somme de huit vingts livres, plus une rente annuelle de 8 livres et 3 corvées. — A la même date et par devant le même notaire, il affranchit encore Jean Guilleminot, laboureur à la Ferrière, moyennant 200 livres.

Le 28 juillet 1669 et par devant Coujard, notaire royal à Jarnoy, le même chanoine affranchit Guillaume Guilleminot, laboureur à Reglois, et sa femme Mangeotte Lemercier, moyennant 200 livres et 3 corvées.

Le même seigneur affranchit encore le 14 août de la même année Jacques Genreau, laboureur à Marnay, et sa femme Emiliane Bourgeois, moyennant 80 livres et 3 corvées. [1]

En 1585, le village de Champcreux se déclara et fut reconnu franc devant les commissaires pour la recherche de l'affranchissement en Bourgogne. » [2]

---

[1] Archives château de Reglois.

[2] GARNIER : *Chartes des communes et d'affranchissements en Bourgogne,* tome III, page 541.

CHAPITRE VII

L'instruction.

Nous ne saurions omettre ce chapitre. Aujourd'hui on parle tant d'instruction ! S'il fallait en croire certaines gens, le peuple n'est vraiment grand que depuis la proclamation de l'instruction obligatoire Hélas ! combien de personnes ignorantes encore à cette heure ! Combien même qui eussent mieux prospéré, si elles n'avaient su ni lire ni écrire ! Combien surtout eussent continué de suivre le chemin de l'honneur et de la vertu, si elles avaient persévéré dans une sage ignorance ! Certes, nous ne blâmons pas l'instruction et nous sommes des premiers à constater son influence salutaire en bien des circonstances. Nous regrettons seulement qu'elle ait été séparée de la Religion, hors de laquelle il n'y a rien de solide.

Jadis il y avait les écoles presbytérales où les prêtres réunissaient les enfants qui désiraient s'instruire.

Nous avons lu aussi quelque part que dans l'ancien temps, les recteurs d'école, comme on les appelait alors, allaient aux foires pour se louer et mettaient sur leurs oreilles une, deux ou trois plumes d'oie, selon qu'ils savaient lire, lire et écrire, lire, écrire et calculer.

Sans nous prononcer sur ce mode de devenir instituteur, nous aimerions à connaître les noms de ces hommes dévoués à l'enseignement de la jeunesse du pays. Nous voulons du moins sauver de l'oubli

ceux que nous avons lus dans nos manuscrits. Ce
sont :

En 1718, Charles Monin;
En 1737, André Martin;
En 1739, François Michel;
En 1756, Pierre Renaud;
En 1767, Joseph Garnier;
En 1773, Denis Henry;
En 1784, Philibert Chavy;
En 1789, ... Renault;
En 1790, Jean Clerc; [1]
An IV, Jean Dupin, de Marnay.

Nous connaissons plusieurs conventions passées
entre les autorités locales et les recteurs d'école.
Celle du 1er novembre 1790 nous paraissant la plus
intéressante, nous la reproduisons en entier :

« Moi Jean Clerc promets et m'oblige de servir la
paroisse dudit Aligny en qualité de chantre et recteur d'école pendant le temps de six années entières,
qui commenceront dès aujourd'hui pour finir à pareil
jour après lesdites six années révolues, avec la faci-
lité de résoudre au bout de la 1re ou 3e année ou par
la communauté d'Aligny ou moi Jean Clerc, avertis-
sant trois mois auparavant par écrit. Pendant lequel
temps moi Clerc m'oblige d'assister M. le Curé dudit
Aligny ou tout autre desservant de ladite paroisse
dans toutes les fonctions de son ministère : chanter
au lutrin toutes les fois qu'il sera nécessaire, l'ac-
compagner pour porter le St Sacrement, servir la
messe tous les jours, sans pouvoir s'absenter que de

____

[1] Jean Clerc était originaire de Viange où il exerçait le métier de
« tissier en toile. »

son exprès consentement et généralement faire toutes les fonctions qu'exige l'état de chantre et recteur d'école.

« En considération desquels services, nous, maire et officiers municipaux et notables représentant ladite commune et nous faisant forts pour elle, nous obligeons de payer audit Jean Clerc acceptant la somme de cent vingt livres par an, laquelle somme sera répartie annuellement sur les paroissiens et habitants dudit Aligny au marc la livre de la taille royale et payée audit Jean Clerc par une seule et même main en deux termes et paiements égaux de chacun soixante livres, dont le premier échoira le premier Mai prochain et le second au premier Novembre suivant, tant que subsistera la convention.

« M'oblige de plus, moi Jean Clerc, de tenir classe et école tous les jours, exceptés ceux empêchés par l'office divin, deux heures matin et soir, pour apprendre et enseigner la lecture, l'écriture et l'arithmétique aux enfants de ladite paroisse; pourquoi il me sera payé quatre sols pour les commençants, sept sols pour ceux qui apprendront à lire et à écrire et dix sols pour ceux qui désireront apprendre en outre l'arithmétique.

« De plus, nous, maire et officiers municipaux et notables, promettons audit Clerc que les services particuliers, mariages, enterrements et grandes messes lui seront payés suivant l'usage.

« A l'instant a comparu Maître Edme-Alexandre Crepey, curé dudit Aligny, lequel, après avoir interrogé ledit Jean Clerc sur les devoirs de son état, a déclaré qu'il le reconnaissait capable d'exercer les fonctions de sa place et qu'il consent que la présente convention ait sa pleine et entière exécution.

« Ainsi d'accord entre nous et nous nous sommes soussignés ceux le sachant.

« CREPEY, curé — Jean CLERC — A. DUREUIL, maire — CARREY — Noël BONNARD. » [1]

Nous avons, à l'heure qu'il est, six maisons d'école dont trois dans le bourg et trois dans les hameaux.

Dans le bourg, une école de garçons et deux de filles.

I. — La population scolaire abonde dans l'école de garçons, et afin de la loger, en même temps que l'instituteur et ses adjoints, on a, en 1897, augmenté du tiers l'ancienne maison qui primitivement, on s'en souvient, avait été bâtie pour les Frères.

Voici la liste des instituteurs de l'école du bourg durant le XIXe siècle :

Barthelemy Gadrey. .   1804   . . . .
Louis Bourgançon . .   1815 à 1825
Pierre-Cyr Teste. . . .   1825 à 1836
Jean-Louis Brullard. .   1836 à 1852
Les Frères. . . . .   1852 à 1865
Jean Corlet . . . .   1865 à 1878 d'Alligny.
Louis Pautrat. . . . .   1878 à 1887
Valentin Meaujan. . .   1887 à 1891
François Coquillat . .   1891 à 1899 de Colméry.
Maxim^{lien}-Al^{dre} Pautrat   1899 à . . . . de Billy-s.-Oisy.

II. — La plus ancienne école de filles, dans notre bourg, date de 1847 et les Sœurs de la Providence de

---

[1] Archives municipales.

Portieux en ont gardé la direction jusqu'à l'heure de la proscription. Elles ont eu six supérieures :

1° Sœur Saint-Benoît, pendant deux ans;

2° Sœur Sainte-Colombe, pendant quatre ans;

3° Sœur Sainte-Foi, pendant quarante ans jusqu'au 9 août 1893;

4° Sœur Mathilde, de septembre 1893 au 12 juillet 1897;

5° Sœur Angéline, 10 novembre 1897 à 27 septembre 1901;

6° Sœur Bernardine, 17 octobre 1901 à 14 mai 1903.

Sœur Sainte-Foi se nommait dans le monde Rose Bourgeois. Elle naquit en 1816, dans les Vosges.

Elle fut une des trois premières religieuses que la maison-mère de Portieux envoya en 1847 à Alligny pour fonder l'établissement que Mme de Sérent promettait d'entretenir. La première supérieure, sœur Saint-Benoît, ne put s'acclimater au pays et le quitta au bout de deux ans. La seconde, sœur Sainte-Colombe, n'y resta que quatre ans et fut remplacée par sœur Sainte-Foi. Quand sœur Sainte-Foi mourut, elle comptait 40 ans de supériorat et 46 ans de résidence dans la même maison.

Sœur Sainte-Foi semblait providentiellement préparée à la mission qui l'attendait dans ce milieu. Douée d'une vigoureuse constitution, son tempérament lui permettait d'aller jusqu'à Saulieu à travers des chemins affreux chercher et rapporter sur ses épaules les provisions de la semaine.

Excellente religieuse, toujours la première à la peine, elle encourageait ses compagnes à la pratique des vertus de leur saint état.

Excellente éducatrice aussi, elle a élevé dans l'amour du travail et de la religion plusieurs générations d'enfants. C'est qu'alors les populations n'avaient pas contre l'enseignement chrétien les préjugés et les défiances que tant de voix imprudentes ou mal inspirées se sont plu à répandre depuis. On savait que Dieu s'est appelé « le Dieu des sciences » et que l'instruction sans la religion, si brillante qu'on la suppose, ne donne que des fruits amers ou inutiles ou dangereux. Sœur Sainte-Foi se dévoua entièrement à l'éducation des enfants et elle sut donner à l'établissement qu'elle dirigeait une prospérité qui ne s'est jamais démentie.

Que dire de son dévouement pour les malades? Elle profitait de ses moments libres pour aller les visiter et les servir. Et quand elle rentrait, fatiguée des labeurs de la journée, son délassement consistait à passer la nuit au chevet d'une de ses compagnes, malade pendant vingt ans.

Faut-il ajouter les conseils de labourage qu'elle se permettait de donner aux habitants, à cette époque où la culture était encore à son état rudimentaire en Morvan?

Comment une humble femme pouvait-elle réussir à se faire écouter en cette matière et en d'autres? C'est qu'elle parlait avec une autorité irrésistible, provenant à la fois et de son caractère et de ce qu'elle était comme la mère des enfants et de leurs parents. Le fait est assez rare et mérite d'être signalé. Il arrive si souvent à ceux qui représentent ici-bas l'idée chrétienne dans l'éducation ou dans la société de ne point passer indemnes sous les feux croisés de l'opinion publique! Qui d'ailleurs aurait eu le cœur assez dur pour ne point l'aimer? Rien qu'à la voir, on devinait les trésors de charité que le bon Dieu avait cachés dans son âme, et alors les sympathies naissaient comme d'elles-mêmes et devenaient bien vite de l'affection et du respect. On oubliait alors la causticité et la franchise un peu rude parfois de son langage et l'empreinte d'une bonhomie un peu malicieuse disparaissait pour ne laisser voir qu'une charité inépuisable et un cœur toujours bon.

Dans ses dernières années, la mort s'annonça comme la messagère du bon Dieu, précédée de son cortège habituel d'infirmités et de souffrances. Alors, sans cesser de vivre par ses autres facultés, elle vécut surtout par le cœur et on peut dire d'elle ce que l'on a dit d'autres personnes : elle régna par le sourire.

Elle mourut le 9 août 1893. Ses funérailles furent un vrai triomphe. Toute la paroisse tint à honneur de venir prier pour le repos de l'âme de la défunte et témoigner de la sorte aux religieuses qui continuaient l'œuvre sa reconnaissance et sa confiance en leur dévouement.

L'œuvre des Sœurs a été reprise par Mlle Lucie Charles, le 28 avril 1903.

III. — Une autre école de filles, mais laïque, a été ouverte en 1883. Pendant longtemps, cette école n'avait que les enfants de l'hospice; les conseillers municipaux, même ceux qui semblaient le plus tenir à cette école laïque, continuaient à envoyer leurs filles chez les Sœurs.

Les directrices de cette école sont :

Mmes Personne.

Claudine Brossard .

Mmes Jacquinot . . . . . .   1885 à 1887
      Chapuis . . . .   1887 à 1890
      Devenat . . . .   1890 à 1892
      Jeanne Gaulon. . . .   1892 à 1902
      Henriette Moreau. .   1902 à . . . . de Clamecy.

La plus ancienne institutrice dont nous ayons trouvé le nom sur nos registres est Lazarette Roux, de Château-Chinon. Elle fut installée en 1794.

Nous avons aussi trois écoles de hameaux : à Fétigny, à Pierre-Écrite et aux Rousselots.

I. — En 1811, Claude Bidault était instituteur à Fétigny. Plus tard, en 1844, on essaya une école mixte, avec M. Cortet pour titulaire. Après une notable interruption, on recommença la classe dans un local loué aux Prés. Finalement, en 1897, on construisit à Fétigny un palais scolaire sur la mise à prix de 11.967 fr. 29. C'est l'école la plus fréquentée. Citons ses titulaires :

MM. Claude Bidault. 1811 à . . . .
      Claude Cortet . 1844 à . . . . d'Alligny.
      Girard.
      Millot.
Mlle Guillot.
MM. François Ravier . . . . à 1895 de Moux.
      René Gaumont 1895 à 1899 de Montsauche.
      Jean Louapt. . 1899 à 1904 de La Collancelle.
      Beaume . . . . . 1904 à 1905 de St-Benin-d-Bois.
      Mousselin . . . 1905 à . . . . de St-Benin-d-Bois.

II. — L'école mixte de Pierre-Ecrite date de 1883 et se tient dans une maison de location. Les directeurs se nomment :

M. Edmond Cortet.

MM. Théodule Muzard.
Rollot, d'Onlay.
Mlles Marie Pourradier.   1893 à 1895   de Nevers.
Bonnotte.
MM. Thomas Burtiaux.
Jacquemain.
Blandin . . . . à 1902
Mlle Berthe Balivet . .   1902 à . . . .   de Saulieu.

III. — L'école mixte des Rousselots s'est ouverte à la Toussaint 1891, dans un local d'emprunt, et a eu pour titulaires :

M.   Delairin.
Mlle   Alexandrine Boucrot.
MM. Cendre.
Louis Coignet. . .   . . . . à 1900   de St-Malo.
Narcisse Clerc . .   1900 à 1903
Louis Tartrat. . .   1903 à 1904   de Planchez.
Mlle Marie Pourradier.   1904 à . . .   de Nevers.

CHAPITRE VIII

Les Maires.

L'état civil est aujourd'hui absolument distinct de l'état religieux. Il n'en fut pas toujours ainsi et depuis l'ordonnance du mois d'août 1539 par laquelle François Ier les rendait absolument obligatoires dans toute l'étendue de son royaume, les registres de la catholicité servaient aussi bien pour le temporel que pour le spirituel. Mais « pour satisfaire à la loi du 29 septembre 1792, qui autorisait toutes les municipalités de choisir parmi tous les citoyens un officier public capable de recevoir et faire l'enregistrement des naissances, mariages et décès, à l'avenir. » [1] MM. les Conseillers confièrent à leur curé M. Crepey le soin de rédiger les nouveaux registres de l'état civil. C'est alors que tous ceux de la catholicité cessèrent d'être la propriété des églises pour passer à la garde du maire.

Il y avait un maire, en effet, à Alligny, mais seulement depuis le 25 avril 1790. Auparavant, les communes avaient à leur tête un syndic. Les maires sont donc de création relativement récente et ils n'avaient pas alors toute l'importance qui leur est attribuée à notre époque.

Il nous paraît intéressant de consigner ici les noms

---

[1] Archives municipales.

des 21 maires que la confiance publique a placés à
la tête de leurs concitoyens :

1. Jean-Marie Gaudry, de Mont, 25 avril 1790.
2. Andoche Dureuil, de Pensière, 12 septembre
   1790.
3. Claude Niault, de Champcommeau, 25 avril
   1791.
4. Jean Bourgeois, d'Alligny, 3 décembre 1792.
5. Jean Renault, 2 germinal an III
6. Claude Rondard, 7 germinal an IV.
7. Jean Dupin, 27 floréal an IV.
8. Jean Bourgeois (*secundo*).
9. André-Adrien Barbotte, de Marnay, 6 pluviôse
   an XIII.
10. Laurent Primard, 13 décembre 1810.
11. Pierre Beaujard, de Pierre-Ecrite, 1815.
12. Jean-Hilaire Beaujard, 30 novembre 1827.
13. Claude Cortet, de Basole, 7 octobre 1830.
14. Jean-Hilaire Beaujard (*secundo*), 8 février 1839.
15. Claude Cortet (*secundo*), 30 mai 1844.
16. Jean Cortet, d'Alligny, 16 septembre 1848.
17. Jacques Bizot, de la Ferrière, 20 septembre 1870.
18. Jean-Claude Cortet, d'Alligny, 8 février 1874.
19. Jean Poulin, de Marnay, 1881.
20. Michel Joseph, de Jarnois, juillet 1893.
21. Claude Caillot, d'Alligny, 17 mai 1896.

Parmi les maires de notre commune, Laurent Primard a un droit spécial à notre souvenir, car son nom se rattache à l'histoire du camp des Latois [1]

On sait qu'en 1814, les alliés firent leur première

---

[1] Latois, *latere*, cachettes, nom d'une ferme située entre Goix et la route de Saulieu à Chissey. Les Latois dépendent de Moux.

invasion en France. C'était quelques semaines avant
la chute du premier empire. Mais Napoléon était si
populaire que ses partisans se levèrent par bandes
en Alsace, en Lorraine, en Franche-Comté et jusque
dans notre Morvan, pour refouler l'ennemi. Au mois
de février, le maire d'Alligny résolut de se mettre à
la tête de ses administrés et d'établir un poste d'observation sur la route de Saulieu à Autun. Il avisa
donc de son intention le sous-préfet de Château-
Chinon qui à son tour en informa son chef hiérarchique : « Cette intention est très dangereuse par les
mouvements irréguliers d'une bande indisciplinée
qui peut fixer l'attention de l'ennemi sur nos communes et attirer sur cet arrondissement, trop heureux jusqu'à présent d'être resté intact, toutes les
horreurs de la guerre.

« Le maire, ajoutait-il, est peut-être ce qu'il y a
de mieux, mais c'est un homme allant à la journée
et qui n'a pas cinquante francs de revenu foncier.
Doux et honnête, il est entraîné comme un jeune
homme, doué de bonnes vues, mais sans expérience,
par un tas de ses administrés dont une grande partie
ne jouit pas de la meilleure réputation. »

On voit que le sous-préfet n'osait point blâmer
ouvertement le maire d'Alligny. Mais l'enthousiasme
grandissait chez nos Morvandeaux. C'est alors que
Primard, poussé par son curé, l'abbé Rasse, dont il
avait épousé la nièce, (1) ramassa ses gens et alla se
porter avec eux à la jonction des départements de la
Nièvre, de la Côte-d'Or et de Saône-et-Loire, à l'en-

---

(1) Le mariage de Laurent Primard et de Claudine Rasse fut béni
le 10 janvier 1808, dans l'église d'Alligny, par le curé Rasse lui-même.
Primard mourut à Alligny le 9 décembre 1821.

droit nommé Latois. La localité était vraiment bien choisie, comme la suite du récit va le prouver.

Le 5 mars, un premier détachement de 500 Autrichiens, dont 100 cavaliers, traversa Saulieu et entra le soir à Autun, après avoir passé aux Latois. Il ne fut pas inquiété. Dans la nuit, un caporal étranger, Franz Meuzel, repassa par le même chemin dans une voiture courant la poste. Mais nos Morvandeaux saisissent le cheval et l'estafette. On fouille le prisonnier que l'on trouve porteur de trois lettres écrites en allemand et adressées au prince de Lichtenstein, en résidence à Montbard. Ces lettres, que le percepteur Rasse porta à Saulieu, disaient que deux routes conduisaient de Saulieu à Autun : l'une par Arnay-le-Duc, plus longue, mais plus sûre; l'autre par Lucenay-l'Evêque, plus courte, mais plus dangereuse, à cause des bois et des défilés qu'on y rencontre, surtout entre Pierre-Ecrite et Chissey. « Une poignée d'hommes embusqués là suffirait pour arrêter une armée entière. » Quant au prisonnier, un piquet de gardes nationaux d'Alligny le conduisit le 7 à Château-Chinon où il fut écroué. Le sous-préfet se hâta de signaler au préfet la nouvelle de cette arrestation : « Le caporal autrichien, disait-il, était dans une voiture courant la poste. On a saisi ses papiers, son argent, ses armes, sur un grand chemin, au milieu de la nuit, parce qu'on était soixante contre un. Qui nous dira que bientôt on n'arrêtera pas les voyageurs français, les diligences et qu'on ne pillera pas tout ce qui se trouvera sous la main ? C'est une bande d'hommes, la plupart braconniers, voleurs de bois, voleurs de bestiaux entre eux, contenus peut-être un instant par le maire qui pour cette fois était avec eux, mais qui n'a rien du caractère nécessaire pour retenir de pareils gens. Aujourd'hui ils n'auront fait que ce qu'il fallait; demain ils s'épancheront dans les campagnes, et, n'étant nullement organisés, ils nous reproduiront le tableau des hauts faits des Vandales, des Huns; au moins faudrait-il un chef, fût-il un Attila, qui répondit de leur conduite!

« Au même instant où toute cette horde est en marche, à côté d'elle, devant, derrière, sont des détachements ennemis, infanterie, cavalerie, qui peuvent tout à coup tomber sur elle, brûler, saccager les maisons des habitants, violer leurs femmes. De proche en proche, j'aperçois déjà l'incendie qui nous gagne. Et cependant, dans une réponse au maire, je n'ose pas toucher cette corde délicate. Tout est de bonne prise sur l'ennemi. »

Pas brave, le sous-préfet qui, par crainte de l'ennemi, n'ose point parler ouvertement au maire d'Alligny.

Le lendemain, le sous-préfet interrogea le détenu qui avait refusé de répondre aux gens d'Alligny et à ses conducteurs. Voici sa déposition :

« Entre Chissey et Pierre-Ecrite, j'ai été arrêté à la pointe du jour par un grand nombre de paysans qui étaient plus ou moins bien armés, une partie avec des fusils, que j'estime avoir été cent. Ils m'ont fait descendre de voiture, ils m'ont fouillé, déshabillé de la tête aux pieds, m'ont pris mes dépêches consistant en trois lettres à l'adresse du prince de Lichtenstein, une paire de pistolets d'arçon, mes cartouches, mon sabre, mon casque, deux mouchoirs, un gilet et cent vingt francs en argent, partie en pièces de cinq francs, partie en écus de Russie et d'Autriche. »

Les conducteurs prétendaient ne lui avoir pris que dix francs.

Puis le sous-préfet écrivit au préfet : « Notre prisonnier assure avoir été terrassé, lors de sa capture, et avoir reçu beaucoup d'avanies. Il se plaint particulièrement d'avoir été renversé en chemin par son escorte, fouillé *in extremis* et dit que les troupes actuellement à Autun sont au nombre de 3.000. On connaît dans cette ville l'arrestation de Meuzel et sa translation ici. Les autorités locales, les habitants, tout le monde s'inquiète du résultat : on aurait voulu que le prisonnier fut relâché..... Les habitants de Château-Chinon craignent avec raison que l'ennemi se portant en force à Alligny se replie sur cette ville et qu'il lui en mésarrive. »

Le premier détachement d'Autrichiens était parti le 5 mars de Saulieu pour Autun. Trois jours après, un second détachement de 300 cavaliers franchissait le même chemin, mais la route des Latois étant couverte de gens armés qui barraient le passage, il fut obligé de fuir dans les traverses.

La nouvelle de ce second détachement ne fut pas longue à circuler et bientôt les campagnards, attirés par le bruit du tocsin qui retentissait dans toutes les communes environnantes, s'armèrent de fusils, de faulx et de piques et vinrent aux Latois sous le commandement du percepteur Rasse, de Collenot, capitaine de la garde nationale de Moux, et d'Hubinet, colonel de celle de Chissey.

Cette levée de paysans ne semblait pas enchanter le sous-préfet qui écrivait : « Les campagnes se don-

nent la main, particulièrement dans Saône-et-Loire ;
dans les mêmes vues, plusieurs communes de l'arrondissement de Château-Chinon se trouvent entraî-
nées à les imiter. Elles sonnent le tocsin. Cela peut
produire un effet pour déjouer les projets de l'ennemi, tant qu'il ne sera pas en force, mais à quels
malheurs devrait s'attendre l'habitant des campagnes,
si l'ennemi se trouve en nombre suffisant ! Il doit
être permis à un administrateur, qui comme moi a
toujours servi de père à ses administrés, de conce-
voir des craintes d'une conduite irréfléchie, tenue
par des bandes d'hommmes se jetant au hasard où ils
croient produire de l'effet, mais sans être dirigées
par aucun commandant habile et sage. »

N'importe, et jusque-là rien de sérieux n'avait été
entrepris au camp des Latois. Mais voici que les
événements vont se dérouler. (1)

On apprend, en effet, que 30 cavaliers autrichiens se
trouvaient au château de Lucenay-l'Evêque. C'était
le moment de se signaler. Nos Morvandeaux se divisent en deux bandes, sous la direction de Collenot
et de Rasse, et tandis que la première arrivait jusque
sous les murs du château sans donner l'éveil, la
seconde fut entravée dans sa marche par les habitants de Lucenay, qui redoutaient pour leur bourg
les conséquences de ce coup de main. Ce fut là le
salut des Autrichiens qui s'enfuirent par une porte
mal gardée, ne laissant qu'un homme tué et quelques

---

(1) Lire dans *Le Morvan,* de l'abbé BAUDIAU, l'histoire du camp des
Latois, tome I, p. 226 et suivantes. — Lire aussi, dans les *Mémoires
de la Société éduenne,* tome XXVII, l'article intitulé : « Autun en 1814,
procès-verbal sommaire des événements qui eurent lieu à Autun
pendant l'occupation des Alliés. »

chevaux blessés à la suite de deux décharges consé-
cutives.

Le coup était manqué, mais son audace avait suffi
pour grandir la renommée du camp où les monta-
gnards se rendirent en foule. Brochot, inspecteur des
forêts, y avait même envoyé 30 gardes forestiers tout
armés.

Pendant ce temps-là, Hubinet était renfermé au
château de Chissey avec des hommes décidés et tous
n'attendaient que le moment de se produire. Le
commandant des Alliés, alors en résidence à Autun,
envoya de nuit 300 cavaliers pour le surprendre avec
tous ses partisans. Hubinet, qu'un aubergiste de Lucenay, Desbois, s'était hâté de prévenir, s'avança avec
ses hommes jusqu'au pont de Souvert, où il se cacha.
Quant les cavaliers eurent passé le pont, soudain, à
la faveur des ténèbres, Hubinet commanda une décharge générale qui abattit plusieurs hommes et un
plus grand nombre de chevaux. Les ennemis, pour
ne point repasser le pont, se sauvèrent à gauche et à
droite de la route et furent si bien poursuivis par
nos paysans, qu'il n'en rentra que quelques-uns à
Autun; les autres étaient restés sur le champ.

Cette seconde affaire, plus brillante que la première,
répandit une sorte de stupeur parmi les Alliés, qui
résolurent de former un camp d'observation de
4.000 hommes aux environs d'Autun.

Cette brusque décision devenait grave pour notre
Morvan; aussi, à la date du 15 mars, le sous-préfet
ordonnait au maire d'Alligny de faire une levée en
masse des habitants et mettait à leur tête, pour les
commander, Dutout, brigadier à Montsauche. En

même temps, Napoléon, mis au courant des affaires, envoya son chambellan de Forbin-Janson au camp des Latois pour en prendre la direction avec le titre de colonel. Le presbytère d'Alligny devint alors le quartier général du chambellan. Le 21 mars suivant, le maire reçut l'ordre de se soumettre au nouveau colonel pour la direction des forces locales et pour la défense du pays, et les pays voisins étaient invités à fournir des vivres pour les hommes et des fourrages pour les chevaux. Le lendemain, Hubinet réunit ses forces à celles de Forbin-Janson, qui se trouva ainsi seul chargé du commandement général.

Dès lors, le chambellan se mit en communication avec les maires des communes, prescrivit des levées en masse, afin de se porter sur Autun et d'empêcher la livraison de contributions énormes imposées par les ennemis. Il arrêta des troupeaux de bœufs que l'on conduisait au camp des Chaises et voulut tenter un coup de main sur le camp lui-même pour s'emparer de quelques pièces de canon. Pour cela, il choisit près de 500 des plus braves de ses partisans et s'avance avec eux, en pleine nuit, dans le camp. Mais l'alarme fut donnée et bientôt 4.000 Autrichiens l'enveloppèrent et il fut obligé de chercher son salut dans la fuite. « Mes amis, s'écrie-t-il alors, nous sommes cernés; du sang-froid et du courage! suivez-moi. » Puis il commande un feu de peloton qui force l'ennemi à ouvrir un passage. La petite troupe gagna à travers bois le château de Montjeu. De là, Forbin-Janson partit pour Château-Chinon, où il trouva onze caisses d'armes avec des détachements d'hommes et de chevaux qui lui étaient destinés. Mais il apprit bientôt la capitulation de Paris et l'abdication de

Fontainebleau. Dès lors, il licencia ses hommes. Tout était fini.

Après les Cent-Jours, la France fut encore en proie à une seconde invasion. A Alligny, les Alliés se réunirent en force, à cause de la réputation de bonapartisme que le camp des Latois avait faite au pays et traitèrent assez durement les habitants. On s'attendait même au pillage, à l'incendie, mais tout se borna aux menaces et à la crainte. Le curé seul paya pour toute la paroisse. L'anecdote sera racontée dans la biographie de M. l'abbé Rasse.

CHAPITRE IX

Personnages célèbres.

C'est une gloire pour notre pays d'avoir eu des hommes de valeur, tels que le président Pierre Jeannin et plusieurs membres de la famille Quarré d'Aligny.

Cette famille Quarré a donné des hommes d'épée, de lettres et de robe, ayant eu treize magistrats au Parlement. Les deux plus célèbres furent Gaspard et Pierre Quarré.

De Gaspard, il a été question à la page 53 de cette monographie.

Pierre Quarré, fils aîné du précédent, naquit au château d'Alligny le 14 juillet 1641 et mourut à Juilly le 27 février 1730. Elevé par son oncle, le chevalier de Malte, il entra dans les mousquetaires, où il se distingua dans la guerre de Hollande et la conquête de la Franche-Comté. En récompense de sa belle conduite, le roi lui confia le gouvernement de Pierre-Châtel.[1] Tombé en disgrâce après vingt années

---

(1) C'est en 1676 que Louis XIV confia à Pierre Quarré le gouvernement de Pierre-Châtel. Et voici comment le nouveau gouverneur raconte lui-même la chose :

« Pierre-Châtel était sur l'Etat pour 2.800, outre le pourprix et un bac sur le Rhône. Tout cela devait valoir autant que les appointements et je me trouvais aussi heureux que si j'avais eu un gouvernement de 8 ou 10.000 livres de rentes, où il faut résider et où l'on mange encore le sien. Je croyais donc être fort à mon aise, mais il fallait bien décompter. M. de Louvois destinait ce gouvernement à un autre. Outre ses rebuffades, il obtint de M. de Châteauneuf, mi-

de service, il quitta les mousquetaires, mais la guerre
recommençant bientôt, le roi plaça d'Aligny à la tête
du régiment provincial de Bourgogne, avec lequel il
se signala en maintes occasions, puis le nomma brigadier général de ses armées, chevalier de Saint-

---

nistre comme lui, mais qui n'avait pas tant d'autorité, qu'il ne m'ex-
pédierait pas mes provisions, la province de Bugey où est Pierre-
Châtel étant du département de M. de Châteauneuf. Cependant, le
roi me l'avait donné et voulait que je l'eusse. J'allai donc solliciter ce
ministre pour avoir mes provisions, sans quoi je n'aurais pu être
payé. Tantôt il ne voulait pas m'écouter, tantôt il me remettait,
ayant d'autres affaires. M. de Louvois se persuadait que tout cela me
rebutterait, car il voulait être le maître de tout et avait monté son
autorité si haut que M. le Prince et M. de Turenne dirent un jour au
roi qu'ils ne pouvaient plus servir, si l'on n'ôtait le département de
la guerre à M. de Louvois. M. de Turenne avait pris un milieu pour
n'avoir plus à faire à lui, par l'entremise de M. le cardinal de Bouillon
et M. le Prince par celle de M. de la Roquette, évêque d'Autun. Bien
des gens me conseillaient d'abandonner et de ne pas m'opiniâtrer
contre une telle autorité; M. le chevalier de Fourbin entre autres,
qui devait, semblait-il, me devoir protéger. Enfin, un jour que j'étais
allé prendre l'ordre du roi, je lui dis que la grâce qu'il m'avait
accordée depuis près de trois mois m'était toujours inutile, M. de
Châteauneuf ne voulant pas m'expédier les provisions. Le roi ne me
répondit rien et je pouvais m'apercevoir qu'il m'avait fait un fort
mauvais visage, dont je fus très mortifié; mais étant entré dans son
cabinet où était M. de Châteauneuf, à l'entrée, je lui entendis dire
ces mots d'un ton fort ému : « Pourquoi n'avez-vous pas expédié à
d'Aligny? Qu'on expédie et au plus tôt. » Sitôt que j'eus entendu ces
paroles du roi, j'avais pris l'ordre. Au lieu de demeurer faire ma cour
à la messe et au dîner du roi, pour ne pas paraître devant M. de
Châteauneuf, je montai au plus vite à cheval pour m'en retourner à
l'hôtel des mousquetaires. Le lendemain, ce ministre y passa et me
demanda : je n'y étais pas. Il dit à un de nos Messieurs de me dire de
l'aller trouver le lendemain au matin. Je n'eus garde d'y monter et
il me donna mes provisions, en m'assurant qu'il me rendrait service
avec plaisir en toutes occasions. C'était le meilleur homme du monde,
qui me servit utilement quand je demandai le gouvernement d'Autun
et, plus de douze ans après, pour la charge de grand-bailli de la noblesse du Charollais. Mais M. de Louvois fit si bien par ses journées que,
par un traité, tous mes appointements pour ce gouvernement furent
réduits à 1.200 livres. » (*Mémoires du comte d'Aligny,* archives de la
Chaux).

Louis [1] et enfin grand bailli du Charollois et gouver-

(1) « En 1693, le roi fit son ordre de Saint-Louis. Rien n'était si beau et si désirable que d'en être, à en lire les statuts. Il fallait des services longs et considérables. Sa Majesté, voyant que par les excessives dépenses qu'il était obligé de faire en tant d'armées qu'il avait en tant d'endroits, ne pouvait plus récompenser tant de braves officiers qui avaient mérité ses bienfaits, ayant dépensé à servir les uns tous leurs biens, les autres du moins une partie, ne leur en pouvant plus faire, il voulut les récompenser en honneur. Comme M. de Catinat ne voulait pas me permettre de sortir du poste où je commandais qu'après dix mois de campagne, je ne pus arriver à la Cour que lorsque le nombre était choisi de ceux qui devaient être reçus. Deux jours après, je parlai au roi pour être du nombre. Il me dit qu'il était fâché que je fusse venu trop tard, que l'état était fait, mais qu'à la première promotion, il ne m'oublierait pas. Jamais je n'ai été si fâché, croyant, comme il y avait des commanderies, que j'en aurais une avec le temps. Le roi allait à Saint-Germain voir le roi Jacques, qui venait de perdre trois royaumes sans essuyer un coup de pistolet. Pendant que Sa Majesté allait faire sa visite, j'appris que le marquis de Bourdet, officier des gardes du corps, qui était sur cet état, venait de mourir. J'allai attendre sur le petit degré par où le roi montait toujours, lorsqu'il revenait de la chasse, pour se changer. Là, je lui dis que M. de Bourdet était mort et comme il m'avait fait espérer de me faire chevalier de son ordre, que c'en était une occasion. Il me répondit comme la première fois. J'étais, je l'avoue, très mortifié, mais ce ne fut pas pour longtemps, car le roi venant à son ordinaire, sur les six heures du soir, chez Mme de Maintenon, où tous les officiers sont en haies depuis sa chambre jusqu'à l'appartement de cette dame, M. le duc de Noailles, capitaine des gardes du corps du quartier, en passant, me vit que je n'étais guère content, à mon visage. Il me dit tout bas à l'oreille : « Bonsoir, Monsieur le Chevalier. » Je le suivis et lui dis : « Monsieur, vous avez ouï ce que le roi m'a dit. » « Vous serez reçu demain, » me dit-il. Dieu sait la joie que j'eus. Je crois que tous les anciens officiers des armées étaient venus demander au roi la croix de cet ordre. Sitôt qu'il fut rentré chez Mme de Maintenon et que chacun se fût retiré jusqu'au souper ou au coucher, j'avais coutume d'aller trouver, pour passer une couple d'heures, M. Vassal, huissier de cabinet, qui avait été mousquetaire et fort de mes amis. Sitôt qu'il m'eut ouvert la porte, il me dit comme M. de Noailles : « Bonsoir, Monsieur le Chevalier. » Je lui demandai comment il savait cette nouvelle que M. de Noailles m'avait déjà annoncée. Il m'assura qu'aussitôt que le roi fut entré dans son cabinet, il écrivit un petit billet à M. de Barbezieux. Il était devenu secrétaire d'Etat de la guerre, depuis la mort de M. le marquis de Louvois, son père. Ce billet ne contenait que ces mots : « Mettez d'Aligny sur la liste des chevaliers qui doivent être reçus demain; que ce ne soit ni au

neur d'Autun [1]. D'Aligny a laissé des *Mémoires* pour
servir à l'histoire de Louis XIV, depuis l'année 1661

---

commencement ni à la fin. » Et ce fut moi, dit M. Vassal, qui portai
ce billet. Me voilà bien content et je ne manquai pas de me trouver
au souper et au coucher.

« Le lendemain, la cérémonie se fit. Il n'y eut que 31 officiers de
terre et 30 de mer qui reçurent l'accolade du roi. Voici comment cela
se fit :

« MM. de la Marine qui étaient sous-lieutenants généraux ou chefs
d'escadre, avec des plus anciens capitaines de vaisseaux, prétendirent
être reçus les premiers. Ils s'étaient déjà mis à genoux, en rond, mais
le roi leur envoya dire que c'était aux officiers de terre à être reçus
les premiers. Nous nous mîmes donc dans leurs places, et, sitôt que
nous fûmes à genoux, le roi entra dans le rond avec M. de Barbezieux
qui portait une petite corbeille où les croix étaient attachées à un
ruban rouge, ondoyé ; et, après qu'il eut lu les statuts de l'ordre et
que, levant la main, tous tant que nous étions, nous fîmes le serment
de les garder. Je ne me souviens plus par qui le roi commença à
donner l'accolade. C'est qu'il embrasse le chevalier et, comme il a
l'épée nue à la main, après avoir dit : « Je vous fais, de par saint
Louis, chevalier, » il donne deux petits coups de pommeau de son
épée sur chaque épaule et puis prenant dans la corbeille une croix,
il la présente au nouveau chevalier ; et quand nous eûmes tous eu
l'accolade et la croix, nous fîmes place à MM. de la Marine. Il nous
manqua une croix, je ne sais plus pour qui. Sitôt le roi vint à moi et
me dit : « d'Aligny, prêtez-moi votre croix, vous en aurez bientôt une
autre. » Je reçus cela comme une nouvelle grâce. » (*Mémoires du
comte d'Aligny*, archives de la Chaux).

(1) Avant que de partir pour aller en Catalogne, il est bien juste de
parler d'un don que le roi me fit, étant bien éloigné de lui, Fénestrel
étant à près de 60 lieues de Versailles. C'est le gouvernement d'Autun
et la charge de grand-bailli de la province de Charollais, qui avait
été plus de 200 ans, de père en fils, dans la maison de MM. les comtes
de Coligny. Les officiers des gardes du corps et ceux des compagnies
du régiment des gardes ayant été avertis que ces deux charges
étaient vacantes, ils crurent que c'était quelque chose de bon. Le nom
d'Autun et celui de Coligny, rien de plus ancien et de plus noble,
mais quant aux appointements, ce n'était rien, parce qu'il n'y avait
pour toutes choses que 430 livres. Les officiers, qui croyaient qu'il
y avait bien d'autres appointements, s'empressaient fort à les avoir.
M. le marquis de Châteauneuf, ministre d'Etat et dans le département
duquel est la province de Bourgogne, le roi et lui, sachant la grande
dépense que j'étais obligé de faire dans un pays où tout était rare
(car à la tête d'un camp il faut tenir table), le roi dit donc à M. de
Châteauneuf, qui avait fait savoir à tous ces demandeurs que ce

jusqu'à la paix de Ryswick. Ces *Mémoires,* écrits dans le but d'instruire sa famille, n'ont aucune prétention littéraire; ils n'ont jamais été imprimés. La bibliothèque de l'Arsenal, à Paris, en possède une copie sous le N° 151 des manuscrits français relatifs à l'histoire. On en conserve deux au château de la Chaux.

Pierre Jeannin, président au Parlement de Bourgogne et contrôleur des finances sous les règnes de Henri IV et de Louis XIII, naquit à Autun en l'an 1540. Son père, Pierre Jeannin, citoyen et échevin d'Autun, était originaire d'Alligny et il avait pour oncle et parrain le propriétaire du Meix[1] Jeannin, situé entre le bourg et le presbytère. Disciple du fameux jurisconsulte Cujas, il fut reçu le 21 novembre 1569 avocat au Parlement de Dijon et le 30 janvier suivant il plaida avec succès sa première cause, à l'audience de la Grand'Chambre, en faveur de la ville d'Autun qui disputait aux États de Bourgogne la préséance sur la ville de Chalon. Il n'exerça

---

qu'ils demandaient n'en valait pas la peine, que cela tiendrait lieu à celui qui l'obtiendrait d'une récompense considérable. Il me manda que Sa Majesté me donnait ces deux emplois pour les vendre. De sorte que le ministre me manda qu'il avait envoyé mes provisions à ma femme à Autun, où il savait qu'elle demeurait une grande partie de l'année pour y faire élever nos enfants, dont nous avions déjà un bon nombre. J'appris aussi qu'il avait dit au roi que ce don me ferait plaisir, Mme d'Aligny demeurant à Autun. Il ne faut pas demander si, après la campagne du côté des Pyrénées, j'allai remercier le roi et M. de Châteauneuf de la manière de cette grâce plutôt que de sa valeur. Depuis la mort de ce bon ministre, M. le marquis de la Vrillière, son fils, a continué jusqu'à présent à me faire plaisir en toutes occasions; mais je n'ai jamais pu trouver personne qui ait voulu acheter ces emplois de moi : Il m'a fallu vendre mes terres de Mimande, Gouloux et ma part de Chaudenet, et ce que j'avais à Belvox. » (*Mémoires du comte d'Aligny,* archives de la Chaux).

(1) Le Meix est une maison villageoise avec jardin, verger et dépendances.

cette profession que deux années, mais ce fut avec des succès extraordinaires.

Un riche particulier, ayant entendu Jeannin discourir dans les États de la Bourgogne de la préséance que Beaune prétendait avoir sur Autun, fut si charmé de son éloquence, qu'il désira l'avoir pour gendre. Il alla donc le trouver et lui demanda en quoi consistait son bien : « Voilà, s'écria Jeannin, en portant la main à sa tête et à une tablette de livres, voilà tout mon bien et toute ma fortune. »

Jeannin fut choisi en 1571 pour être le conseil de la Province. Il fut désigné également par la ville de Dijon pour assister aux Etats de Blois. Il fut l'un des deux orateurs que le Tiers Etat du royaume chargea de porter la parole, fonction dont il s'acquitta très heureusement.

Une des actions qui attira le plus de gloire à Pierre Jeannin fut son opposition vigoureuse à l'exécution des massacres de la Saint-Barthélemy en Bourgogne. Il représenta au comte de Charny, lieutenant général en cette province, que le roi Charles IX n'avait pu donner des ordres si sanglants avec une mûre délibération. En effet, quelques jours après, ce prince envoya un courrier pour empêcher les meurtres qu'il avait commandés.

Jeannin n'était pour lors que Conseil de la ville ; il fut nommé quelque temps après gouverneur de la Chancellerie de Bourgogne, ensuite conseiller au Parlement, charge que le roi créa en sa faveur et qui ne lui coûta rien, non plus que celle de Président et toutes les autres dont il fut revêtu dans la suite.

Il embrassa le parti de la Ligue, uniquement par zèle pour la religion catholique. Cette démarche devint plus tard la source de son bonheur et de celui du royaume. La Providence en effet permit qu'un homme de bien et d'esprit s'engageât dans cette injuste faction pour en découvrir la malice et devenir l'instrument principal de sa ruine.

Ayant été envoyé en Espagne par le duc de Mayenne auquel il s'était attaché, pour y traiter avec Philippe II, il reconnut deux choses : les desseins de celui qui l'envoyait et les prétentions du prince auquel il était envoyé. Il vit clairement que la religion n'était qu'un prétexte dont on se servait pour affaiblir l'autorité royale. A son retour, il prouva au duc de Mayenne que le roi d'Espagne ne pensait à rien moins qu'à devenir maître de la France.

Dès que le combat de Fontaine-Française eut porté le dernier coup à la Ligue mourante et remis son chef dans le devoir, le roi Henri IV, qui connaissait le mérite de Jeannin, résolut de le gagner. Il lui prodigua son amitié et sa confiance et il ne faisait rien d'important sans le consulter. Il le chargea de la négociation entre les Espagnols et les Hollandais et Jeannin termina cette affaire à la satisfaction des deux partis. Après la mort de Henri IV, Marie de Médicis se reposa sur le Président des soins les plus graves du royaume et lui confia toute l'administration des finances qu'il mania avec une fidélité dont le peu de fortune qu'il laissa à sa famille est la meilleure preuve.

Enfin, après une vie glorieusement remplie, il mourut le 31 octobre 1622 à l'âge de 82 ans. Son corps fut porté à Autun dans la cathédrale de Saint-Lazare et inhumé dans une chapelle qu'il avait fondée. A ses côtés repose le corps de sa femme Anne Gueniot.

On leur éleva un très beau mausolée de marbre sur lequel on a gravé deux épitaphes latines :

> *Petrus Jeanninus hic jacet.....*
> *Anna Gueniot hic jacet uxor illustris simonis*
> *Petri Jeannin.....*

Pierre Jeannin a laissé de nombreux ouvrages [1].

Elle est très ancienne au pays, la famille Jeannin, et aussi très honorable. Dès 1260, nous faisons la connaissance de Jehannin d'Aligney. En 1562, Edme Jehannin, prêtre, demeurait à la Place. En 1740, Marie-Louise Jeannin de Castille, princesse de Guise et dame de Montjeu, ne méconnaissait pas les paysans de ce nom. Son mari, Louis-Léopold de Lorraine, duc de Guise, homme haut et fier, et qui mourut en Italie en 1752, se plaignait un jour à un seigneur de ce que sa femme avait fermé à ses enfants la porte des Chapitres nobles. « Du moins, répondit-elle avec vivacité, je vous ai fermé celle de l'hôpital. »

---

[1] Archives fabriciennes.

DEUXIÈME PARTIE

LA PAROISSE

CHAPITRE PREMIER

La Paroisse.

Tout le monde reconnait la nécessité de la religion. Cette nécessité ne date point d'hier. La religion n'est-elle pas à un pays ce que l'âme est à un corps ? Un pays sans religion, c'est comme un corps sans âme. Et voilà pourquoi, après avoir parlé d'Alligny au point de vue civil, nous en parlerons maintenant au point de vue religieux.

On donne le nom de paroisse à un certain lieu limité où un curé exerce les fonctions de pasteur spirituel envers ceux qui l'habitent.

Dans les temps reculés, quelle était l'étendue de la paroisse ? Combien de villages ? Quel était le chiffre de la population ? Où était l'église, s'il y en avait une ? Quels en furent les curés ? Autant de questions intéressantes assurément, mais pas commodes à élucider pour l'instant.

Dès le XVe siècle, la paroisse renfermait des villages alternatifs. On appelait de ce nom certains villages ou hameaux qui, une année, dépendaient d'une paroisse et l'année suivante d'une autre. Les Prés, le Moulin de la Chaume, la Serrée, Chambout, Fétigny, l'Huis-Jacob, Boignon, Champcreux, les Hastes, la Rochotte, les Grosses Pierres, la Chaux, le Creuzot, sont consignés dans les registres comme alternatifs de Saint-Léger-de-Fourches et d'Alligny. Qui plus est, par ordonnance du cardinal Rolin, évêque d'Autun, en date du 10 juin 1461, la Chapelle de Saint-Franchy était village alternatif de Montsauche, de Saint-Brisson, de Saint-Léger-de-Fourches et d'Alligny. Un acte notarié de 1754 [1] cite une famille habitant Maisontier, paroisse d'Aligny. On comprend dès lors que la population de notre pays dût notablement diminuer tous les deux ans. Et n'y aurait-il point là l'explication de cette note du 2 janvier, dans le registre de 1706 : « Contrôlé à Saulieu et vu pour cent soixante et quatorze feux. » [2] Il est juste néanmoins d'ajouter qu'à cette époque l'esprit de famille régnait plus qu'aujourd'hui et il n'était point rare de compter plusieurs ménages dans une même habitation. Aussi, à calculer un minimum de dix personnes par maison, on arriverait au respectable chiffre de 1.740 paroissiens.

Boignon et l'Huis-Jacob sont deux noms à retenir. Boignon se trouvait entre Fétigny et Champcreux et des amas de pierres ayant servi à des constructions en indiquent l'emplacement. [3] L'Huis-Jacob existe encore, c'est le bas de Fétigny ; seul, le puits en porte le nom.

Le terrier de 1649 nous parle de Précepault et cite

---

(1) Archives Adnot.
(2) Archives municipales.
(3) Boignon a cessé d'être habité vers 1828.

les chefs de famille. Ce hameau, dont le nom est passé à l'état de souvenir, était situé entre la cure et la Champagne.

Depuis le remaniement territorial de la France, à l'époque de la révolution, tous les villages alternatifs ont été rattachés à Alligny, à l'exception de Chambout, dont une seule maison nous est restée. Le Creuzot et les Brocards nous appartenaient également, mais ils ont été définitivement reliés à Gouloux le 8 septembre 1843, en vertu d'une ordonnance épiscopale qui entra en vigueur le 1er janvier 1844.

Jadis, bon nombre de paroisses étaient placées sous le patronage de quelque personne influente ou de quelque communauté religieuse. Le patronage était un droit, honorifique ou onéreux, en vertu duquel une personne ou une communauté choisissait et présentait à l'évêque le prêtre qui devait desservir telle église. Cette personne ou cette communauté était nommée patron de cette église.

Alligny eut son patron. La preuve nous en est fournie par une note intercalée dans un acte de baptême du dimanche 6 juillet 1664. Cette note, signée B. Le Bault, doyen et chanoine de la collégiale de Saint-Andoche de Saulieu, nous apprend que la paroisse relevait de son patronage [1]. La collégiale de Saulieu avait des propriétés à Jarnoy et à Marnay. Aurait-elle contribué dans une large mesure à la construction ou à la réparation de l'église? Son droit de patronage provenait-il de ses largesses dans le pays? Nous l'ignorons, nous n'enregistrons que le fait. En tout cas, ce droit cessa à la révolution.

---

[1] La note indique B. Le Bault « étant en tour de patronage pour la cure de céans. »

La paroisse, pour le spirituel, dépendait alors de l'évêché d'Autun et de l'archiprêtre d'Anost. [1] C'est donc à Monseigneur d'Autun que devait être présenté l'ecclésiastique pour en recevoir approbation et juridiction. Mais, par suite de la réunion d'Alligny à la Nièvre, la paroisse fut remise à l'autorité de l'évêque de Nevers, lors du rétablissement du siège en 1823.

Avant 1827, la paroisse n'était qu'une simple succursale. Charles X, sous le pastorat de M. le curé Pillien, l'érigea en cure de seconde classe, en même temps qu'Arleuf, Ouroux, Cervon, Entrains, Châteauneuf et Saint-Etienne de Nevers. La date mérite d'être retenue : l'ordonnance royale a été signée au château des Tuileries, le 24 janvier 1827. [2]

---

(1) L'abbé BAUDIAU se trompe en écrivant qu'Alligny dépendait de l'archiprêtré de Saulieu. (Tome II, p. 20).

(2) Archives fabriciennes.

CHAPITRE II

L'Église.

———

Toute paroisse exige une église et un curé. L'église
est nécessaire pour le culte et le curé pour le ministère et si, parfois, l'un fait défaut, ce n'est jamais
pour le bien des âmes.

Alligny eut son église et ses curés.

Commençons par l'histoire de l'église.

Tout le monde sait qu'avant l'église actuelle, il y en
avait une autre, construite sur la rive gauche de la
Terrène, à la Combe de la Palue [1]. Combe signifie
petite vallée resserrée et Palue veut dire marais. Nous
l'appellerions aujourd'hui la vallée du marais.

Quel grand dommage qu'à l'endroit précis du
maître-autel, la croix ne soit plus érigée! Non seulement elle nous fixerait sur l'emplacement, mais nous
aimerions à nous agenouiller au lieu même où tant
de générations nous ont précédés dans l'accomplisse-
ment de leur devoirs religieux.

Cette église était de style roman, ainsi que l'indiquent
les matériaux du clocher actuel et ceux du portail de
l'ouest, démoli en 1852. C'est du moins l'opinion
émise par l'abbé Baudiau dans *Le Morvand*.

En quelle année avait été bâtie cette église de la
Palue? Par qui? Sous le pastorat de quel curé? Nous
l'ignorons. A-t-elle été la première dans le pays? Et

———

[1] Cette église est mentionnée clairement dans l'approbation d'une
fondation de 1380, par Pierre d'Ostun. (Voir chap. X).

serait-il téméraire de croire à l'existence d'une autre avant celle-là? Nous ne possédons aucun document à ce sujet et nous ne pouvons affirmer que le fait incontestable de deux églises successives dans la paroisse.

Celle que nous voyons en ce moment se trouve sur la rive droite de la Terrène; elle est orientée suivant la règle liturgique.

Qu'elle est donc pauvre, cette église! Combien indigne de N. S. Jésus-Christ, pour lequel nos pères l'ont édifiée! Combien attristante, lorsqu'on songe que, dans une paroisse aussi considérable que la nôtre, on pourrait si facilement, avec un peu de bonne volonté, réunir les ressources nécessaires pour offrir au Dieu de toute majesté un sanctuaire plus décent! Sans compter qu'elle est à peu près nulle en architecture et qu'il n'y a pas d'unité dans l'ensemble, comme il est aisé de s'en convaincre. Pas n'est besoin de la regarder de près pour constater qu'elle a été bâtie à six reprises différentes. La partie la plus ancienne est la chapelle du nord; puis vient le chœur, jusqu'aux gros piliers; ensuite le clocher et la nef du milieu, puis la chapelle du midi avec la sacristie et encore les deux nefs latérales; enfin, on a allongé d'environ quatre mètres la nef du milieu et les deux latéraux.

I. — La chapelle du nord remonte au xiie siècle. Cette chapelle était seigneuriale et la litre, ou petit ruban extérieur en ciment qui l'environne, en est la meilleure preuve. Sous cette chapelle, il y avait un caveau. Une pierre tombale, rectangulaire, mais brisée en deux morceaux complètement séparés, sert de dallage. Dans les deux angles supérieurs, sont gravées les armoiries des familles de Potot et de Fontette; elles sont reproduites ensemble à la clé de voûte. Au milieu, dans le sens de la longueur, l'image d'une défunte sous les traits d'une femme à visage monacal. A ses pieds, une levrette. Au-dessus de la femme et entre les deux armoiries, nous apercevons une fleur de lis. Tout autour de la pierre, on peut lire cette épitaphe en caractères gothiques, qui date de 1360 :

† Ci. gist. noble. dame. Kterine.
de. potot. jadis. femme. de. hugue. de. Fontetes. en. son.
vivent. Seigneur. daligni. et. décéda. lan
M. IIIC. LX. et. vs. priez. dieu. pr. son. ame.

C'est dans ce caveau que « *le XXV du mois et an que dessus (octobre 1683) a esté ynhumé le cœur de dame dame philippe de montessu, espouse de messire pierre quarré, comte d'aligny, gouverneur de pierre chastel, etc., en présence de messire pierre quarré, chanoine de la sainte chapelle de dijon, seigneur de Regloix et de M^{ire} Alexandre Robillon, pbre curé de Blanot.* » [1]

C'est également dans ce caveau que « *le sixièsme d'aost an que dessus (1693) a été ynhumé claude fils de messire pierre quarré, comte d'aligny, brigadier des armées du roy et de dame dame Colombe d'Anstrude, en présence de M^e henry Bel pbre précepteur dud. claude et de Me Pierre Barbotte.* » [2]

La dernière sépulture qui eut lieu en cette chapelle est du 18 mai 1778. En voici l'acte :

« *Frère Charle angélique de Choiseul, chevalier profêt de l'ordre de St-Jean de Jérusalem, âgé de qua-*

---

[1] Archives municipales.
[2] Archives municipales.

*rante ans, est mort au chateau d'Aligny le onze mai
mil sept cent soixante et dix-huit et le treize a été inhumé par messieurs les curé et vicaire soussigné dans
la chapelle dud. chateau jouente à l'église paroissiale
dud. aligny. En présence du sieur antoine Houdaille
notaire royal a moncsauche, du sieur bernard morel
commissaire à terrier, du sieur antoine Bauson aussi
commissaire à terrier et du sieur louis Rasse négotiant
à Moux soussignés.* » [1]

Ce caveau est actuellement comblé.

Tels sont les documents que nous avons pu recueillir
sur cette première partie de notre église. Plus ancienne que les autres, elle a aussi, plus que les autres,
subi les atteintes du temps.

II. — Après la chapelle du nord, le chœur, qui est
sans contredit la partie la plus intéressante de l'église
et la seule digne d'être conservée. Il est de forme
carrée et voûté en ogives prismatiques. Suivant
Courtépée, il a été construit sous le pontificat de
Pie II et sous le règne de Louis XI, c'est-à-dire entre
1461 et 1464.

III. — Le clocher doit être fort ancien, antérieur au
chœur et peut-être même, en partie, contemporain de
la chapelle du nord. Il est de style roman; sa voûte
est en pierres. Quatre affreux piliers massifs le
supportent, qui obstruent très désagréablement l'entrée du chœur. Sa tour est de forme carrée, mesurant
près de six mètres sur chaque face et toute en pierres
de taille. Sa flèche, remaniée à une époque indéter-
minée, est en bois; elle a douze mètres de hauteur
et se termine elle-même par une belle croix en fer,

---

[1] Archives municipales.

à fleurs de lis, dominée par le coq traditionnel. L'escalier actuel du clocher est de 1837; il succède à une petite tourelle extérieure, sise jadis au midi. La largeur de cet escalier diminue d'autant la chapelle du nord à laquelle on a emprunté l'emplacement.

IV.- La chapelle du midi, avec la sacristie, est encore du xvᵉ siècle. Si l'on voulait en croire l'abbé Pillien, ces deux parties auraient été édifiées sous le pastorat de M. J.-B. Blandin, curé d'Alligny de 1769 à 1782. Sans doute, M. l'abbé Pillien a vécu avec les contemporains de son prédécesseur; mais ceux-ci n'ont dû lui parler que d'une réparation, car dans le *livre de comptes de la fabrique d'Alligny, continué par les fabriciens en 1770,* le second chapitre intitulé : *dépenses de la fabrique d'Alligny,* ne fait aucune mention de reconstruction. [1]

V. — Le premier des deux agrandissements opérés sous le pastorat de M. Pillien, et les anciens s'en souviennent, remonte à 1837. Le meilleur guide à consulter en la matière est évidemment M. l'abbé Pillien lui-même. Ecoutons-le donc. « Aussitôt, dit-il, que je fus arrivé à Alligny, en 1824, et que j'eus connu l'exiguité de l'église pour la nombreuse population du pays, je conçus l'idée et plus tard j'arrêtai le projet de l'agrandir. Mais, comme de la mort, je ne savais et ne pouvais savoir ni prévoir le jour, l'heure et le moment de l'exécution de mon dessein. Malgré les difficultés que je voyais et que je rencontrais réellement, à cause de la pauvreté et de l'état de gêne où se trouvait la commune, surtout à la veille, pendant et après la révolution de juillet 1830, toute

---

[1] Archives fabriciennes.

d'impiété,... je ne perdis pas courage. Je fomentais et nourrissais toujours mon idée et la fis éclore en prenant tous les moyens qui étaient en mon pouvoir et en réfutant toutes les objections financières et autres que l'on m'opposait dans ces moments critiques. J'amenai enfin, pas sans peine toutefois, les conseils de la fabrique et de la commune, à prendre les délibérations nécessaires pour m'autoriser à mettre la main à l'œuvre. » [1]

Quiconque a jamais bâti comprend facilement un tel langage. L'échange d'une volumineuse correspondance administrative nous révèle des difficultés incalculables. « Quelle besogne, écrivait M. le Curé le 5 octobre 1834, et que d'embarras pour cet agrandissement ! » [2].

Une souscription fut ouverte du 1er juin 1835 au 1er octobre 1837. La liste des souscripteurs est sous nos yeux. Citons les principaux : Sa Majesté la reine des Français, monseigneur Paul Naudo, évêque de Nevers, madame la comtesse de Sérent, M. le curé Pillien, le gouvernement, la commune, la fabrique... Il s'agissait de réunir 3.633 fr. 50, chiffre du devis des travaux, dressé le 14 mai 1835 par Jean Bourgeois, maître ouvrier. D'autres devis supplémentaires exigés par l'imprévu vinrent doubler le devis primitif ; il fallut tout le zèle du pasteur pour trouver la somme de 7.000 francs.

Bref, les travaux s'exécutèrent par voie d'économie et sous la surveillance officielle de M. le Curé et le Maire, et après bien des tracasseries, les collatéraux

---

(1) Archives fabriciennes.
(2) Archives fabriciennes.

furent ajoutés à la nef intérieure. Ils mesurent trois mètres de largeur, murs compris.

Le dimanche 13 novembre 1842, M. le curé Pillien eut la joie de bénir la partie neuve de son église, et, après le procès-verbal de la cérémonie, il put écrire ces mots : « Je suis heureux, j'ai réussi. » [1]

VI. — L'église avait été agrandie par l'adjonction des collatéraux, c'est vrai ; toutefois, sa superficie totale n'était pas en rapport avec la population. L'abbé Pillien s'en rendait parfaitement compte et ne cessait de demander à la Providence le secret d'y porter remède. La réponse de la Providence ne se fit guère attendre.

Le 2 août 1851, un samedi, à neuf heures du soir, on vola 900 francs à notre bon curé. C'étaient toutes ses économies. Sa première pensée fut de les donner à l'église, si jamais il les retrouvait, à la condition formelle cependant qu'on les employât exclusivement au second agrandissement projeté. Un beau jour, l'argent reprit le chemin du presbytère et M. Pillien s'empressa de le déposer entre les mains de M. Jacques Chassagne, trésorier de la fabrique. C'était le 18 avril 1852.

Dans l'été qui suivit, après les formalités voulues, les ouvriers se mirent à l'œuvre. Ils construisirent une nouvelle travée, avec une rosace au-dessus de la grande porte et une fenêtre dans le prolongement de chaque nef latérale. Cette travée mesurait 3^{m}33 de longueur, murs compris, dans la direction de l'ouest. Les travaux furent payés à l'aide des 900 francs précités, d'une nouvelle souscription et d'un em-

---

[1] Archives fabriciennes.

prunt de 1.000 francs à M. Etienne Crépey, de Saulieu, au nom de la fabrique. La dépense était de 5.000 francs.

Au commencement de ce siècle, c'est-à-dire avant les agrandissements dont nous avons parlé, notre église avait donc la forme d'une croix latine se composant du chœur, de la nef du milieu et des deux chapelles latérales. Somme toute, et vu le chiffre de la population, l'édifice sacré était réellement exigu, et l'on ne saurait trop remercier M. l'abbé Pillien de sa généreuse initiative, couronnée d'un pareil résultat.

Il est bien rare de bâtir sans dépasser le chiffre prévu des dépenses. Les ouvriers exigent leur salaire, c'est justice, mais quel embarras pour celui qui doit et dont la bourse est vide ! S'il était là, M. le Curé Pillien, il nous dirait ses angoisses et nous raconterait comment il eut la hardiesse d'écrire à Napoléon III pour l'intéresser aux réparations de l'église. Afin de donner plus de poids à sa supplique, il eut le talent de gagner à sa cause, chose rare aujourd'hui, tous les membres des deux conseils de fabrique et de la commune. En conséquence, on rédigea une lettre collective ; c'est un page d'histoire locale ; nous la reproduisons dans son entier. Elle est de janvier 1853 :

« Les maire, curé, adjoints, conseillers municipaux et fabriciens de la commune d'Alligny-en-Morvan, canton de Montsauche, arrondissement de Château-Chinon, département de la Nièvre, à sa Majesté Napoléon III, empereur des Français.

« Sire,

« La commune d'Alligny-en-Morvan, dont nous sommes en ce moment les interprètes pour les intérêts de son église, connaissant le dévouement quotidien qui vous anime pour la classe souffrante et pour la religion, nous charge de vous exposer ses besoins par rapport au culte .paroissial.

« La population de cette pauvre commune est d'environ 2.800 âmes; son église est trop petite pour contenir les personnes obligées d'assister aux offices divins.

« M. notre Curé, attendu la pauvreté et les charges du pays, ne voulant pas faire appel de deniers à la Commune, a lui-même donné 1.200 francs pour faire agrandir cet édifice; ce qui est déjà exécuté, il y a six mois, c'est-à-dire les murs et la toiture seulement. Il y a impossibilité pour la commune et la fabrique de continuer la bonne œuvre commencée, ou de si tôt achever cette construction qui est d'urgente nécessité. Le devis général monte à 3.000 francs.

« Depuis le jour faste et mille fois heureux où Votre Majesté, Sauveur de la France et de l'Europe entière, est devenue définitivement notre chef et notre guide, vos bienfaits n'ont cessé d'être semés à pleine main sur tous les points de ce vaste et bel empire. Aussi, notre Commune, confiante dans vos sentiments nobles, paternels et généreux, se contente seulement d'exposer ses besoins à Votre Majesté, pensant et convaincue que vous les indiquer, Sire, c'est les guérir.

« Bien qu'il ne soit pas nécessaire à Votre Majesté d'avoir aucun motif impulsif pour venir en aide au besoin, nous pensons qu'il ne sera pas hors de propos de vous faire connaître dans cette circonstance, permettez-nous le, Sire, que la commune d'Alligny-en-Morvan a toujours été une des plus dévouées communes de France à Sa Majesté Napoléon Ier, d'immortelle mémoire, à sa dynastie et à son gouvernement.

« En preuves historiques :

« 1° Au plébiscite de 1804, elle souscrivit à l'unanimité pour l'empire.

« 2° En 1814, elle devint de ce côté-ci comme une forteresse, un rempart et le quartier général du grand homme. Elle appela par son exemple et son dévouement à la cause impériale trahie, pour la défendre, au camp des Latois, de sa circonscription, plus de 10.000 hommes qui vinrent se réunir et se grouper autour d'elle, sous le commandement de feu M. Forbin-Janson, grand chambellan de Sa Majesté. Le chambellan était logé avec son état-major au presbytère d'Alligny-en-Morvan et tint même, le 27 mars 1814, un enfant sur les fonts baptismaux.

« Aussi le grand homme, à son retour de l'île d'Elbe, passant ici, prit une bonne note de ces faits et dévouements, décora de la croix de la Légion d'honneur le Maire et le Curé, qui sont décédés aujourd'hui, et promit des secours pour la commune et surtout pour l'église. Mais, hélas! il n'eut pas le temps de réaliser ses promesses, et à la seconde invasion, le pays fut livré au pillage.

« 3° En 1848, 1850 et 1852, notre commune a voté OUI à l'unanimité comme un seul homme pour votre présidence et votre empire; ce qui fait dire que la

commune d'Alligny-en-Morvan est aussi napoléo-
nienne que Napoléon lui-même.

« Quant à nous, Sire, qui aussi sommes dévoués de
cœur et d'âme à votre majesté impériale, à votre
dynastie et à votre gouvernement, nous vous prions
d'accueillir favorablement ce placet, expression de
la vérité en tout son contenu.

« Nous avons l'honneur d'être avec le plus profond
respect et par avance avec la plus vive reconnaissance

« de Votre Majesté,

« Sire,

« les très humbles et très obéissants
serviteurs et sujets. »

Cette lettre fut légalisée en ces termes : « Vu pour
légalisation des 27 signatures ci-dessus par nous,
maire de la commune d'Alligny-en-Morvan. En foi
de quoi nous avons signé le présent et l'avons scellé
du sceau communal. »

Elle fut encore apostillée par M. de Ruffey, de la
manière suivante :

« Vue et apostillée par nous, Charles Leclerc de
Ruffey, officier de la Légion d'honneur, juge de paix
du canton de Montsauche, soussigné, la présente
requête, expression de la vérité, et recommandons
la commune d'Alligny-en-Morvan à la bienveillance
de sa Majesté impériale Napoléon III. » [1]

M. le Curé Pillien avait donné à sa vieille église
les agrandissements que nécessitait la population
d'Alligny. Est-ce à dire qu'il jugeait parfait l'état

---

[1] Archives fabriciennes.

général de l'édifice religieux? Assurément non, et nous pouvons nous en convaincre par son rapport du 7 juillet 1872, relatif à la construction d'une nouvelle église. D'après lui, on ne pouvait reculer au-delà de 15 à 20 ans et les raisons qu'il alléguait étaient :

1° L'exiguité de l'église actuelle pour une population de 2.598 habitants;

2° La ruine imminente de l'église par suite de sa vétusté ;

3° Le manque de solidité des murs, surtout depuis l'enlèvement de l'ancien cimetière qui lui servait de fondation ;

4° L'inutilité et la perte d'argent pour toutes les réparations.

Et ces arguments-là pesaient d'un tel poids sur les esprits que le conseil de fabrique émit à l'unanimité « le vœu le plus sincère pour la construction d'une nouvelle église, au plus tôt possible, c'est-à-dire dans 5, 10 ou 15 ans. »

Ces motifs n'ont point perdu de leur valeur depuis 1872, au contraire; mais l'abbé Pillien vieillissait et malgré sa bonne volonté, il n'eût guère été capable d'une si lourde entreprise.

Le bon curé est mort; ses successeurs ont recueilli son pieux héritage et s'efforcent de marcher sur les traces de leur vénéré confrère.

CHAPITRE III

L'Église pendant la Révolution.

Nous ne terminerons point les quelques pages
écrites sur notre église sans rappeler deux tristes
souvenirs qui se rattachent aux plus mauvais jours
de la Révolution. A cette époque, en effet, l'église
fut profanée par des assemblées tumultueuses, et
tandis que l'on défendait aux prêtres d'y exercer les
cérémonies du culte catholique, on y installait en
même temps un atelier de salpêtre.

I. — D'abord il fut interdit aux prêtres d'y célébrer
les offices, et pour rendre exécutoire dans le plus
bref délai cet ordre barbare, une demande de l'agent
national près le district de Château-Chinon, datée du
4 germinal an II et renouvelée le 16 floréal suivant,
exigeait « les ornements, linges, vases d'or, d'argent
et tout autre objet servant ci-devant au culte » dans
la paroisse d'Alligny. La personne désignée par la
municipalité pour transmettre à qui de droit ces différents objets, avait mission d'en rapporter un récé-
pissé dans les 24 heures.

Or, voici l'inventaire de ces objets, tel que nous
le trouvons dans le procès-verbal du 21 floréal an II :

« 1° 15 nappes tant en toile qu'en mousseline, —
2° 12 aubes tant en mousseline qu'en toile, dont
2 petites en grosse toile, — 3° tant rochets que sur-
plis, en toile et en mousseline, le nombre de 4, —

plus s'est retrouvé 8 aubes, tant en mousseline qu'en toile, — 12 nappes toutes garnies, — 4° 14 chasubles ornées de différentes couleurs, — 5° 2 chapes également de différentes couleurs, — 6° 18 étoles également de différentes couleurs, — 7° 12 petites étoles pour mettre au bras, aussi à différentes couleurs, — 8° tant pour tapisserie d'autel que marchepied, en outre différentes pièces dont nous ne connaissons pas le nom, le nombre est de 27, — 9° 7 petits linges tant toile que mousseline, plus 17 autres petits linges, le tout les uns garnis en dentelle et les autres unis, — 10° 5 portatifs en carton, garnis en étoffe de différentes couleurs, — 11° deux mauvais bonnets carrés, — 12° 2 petits flacons en argent tenant l'un après l'autre, servant au culte, — 13° un encensoir en cuivre — 14° 26 autres petits linges, en partie avec des petits cordons, plus une mauvaise chasuble noire. — D'autre part, plusieurs autres ornements servant au dais pour les processions ; plus deux petits rideaux en toile d'orange, — du tout nous avons dressé procès-verbal. [1] »

Il nous plaît de constater qu'à part les vases aux Saintes Huiles, aucun vase sacré n'est mentionné dans ce procès-verbal. M. le curé Crépey avait eu sans doute la très bonne idée de les soustraire à la rapacité de gens sans foi, au moment où il fut obligé de quitter sa paroisse ; à son retour, il en pourra disposer pour offrir le saint sacrifice de la messe interrompu pendant quelques années.

II. — L'église fut ensuite transformée en un atelier de salpêtre. Le conseil du district de Château-Chinon

---

[1] Archives municipales. — Un second inventaire d'office a été dressé, en vertu de la loi sectaire du 9 décembre 1905.

avait en effet décidé, le 1ᵉʳ prairial de l'an II de la république, que chaque municipalité lui présenterait un citoyen pour apprendre à déguster les terres et à retirer le salpêtre qu'elles pourraient contenir. « Le salut de la république, disait-il, dépendait de l'exécution des lois qui ont pour objet l'exploitation du salpêtre et les bons citoyens doivent s'empresser d'y concourir de tout leur pouvoir. » [1]

En conséquence, notre conseil, dans sa séance du 9 messidor, choisit à l'unanimité Louis Rasse, demeurant à Moux, pour diriger les opérations de cet atelier sous la surveillance des officiers municipaux et demanda au conseil du district la somme de 1.200 livres, afin de subvenir aux premières dépenses de cet établissement.

Vialay, agent salpêtrier en chef du district, avait mission de commander à ses subalternes qui, à leur tour, devaient lui livrer la marchandise en temps voulu.

Les ouvriers touchèrent par jour, d'abord 45 sols, nourriture non comprise, puis 3 livres et enfin 4 livres. Le directeur de son côté reçut 4 livres et plus tard 5 livres.

Après quelques mois de travail, Louis Rasse, nommé juge de paix du canton de Montsauche, rendit ses comptes de gestion. Depuis l'établissement de cet atelier, à la date du premier jour de messidor, le conseil du district lui avait confié 1.900 livres, dont 1.200 suivant l'arrêté du 19 messidor et 700 suivant un autre arrêté du 20 vendémiaire. 1.861 livres avaient servi à solder les ouvriers et les dépenses

---

(1) Archives municipales.

nécessitées pour l'atelier; il ne restait que 39 livres que l'on remit entre les mains du maire Renaud.

René Morin prit la succession, mais la rigueur de la saison l'obligea à cesser tout travail qui ne recommença que le 20 pluviôse suivant. L'administration du district lui fit encore parvenir 1.200 livres, par arrêté du 14 ventôse, et à la reddition des comptes, on ne trouva que 4 livres et 8 sols de reste.

On avait donc dépensé 3.100 livres pour la confection du salpêtre en notre pays. Nous serions heureux de connaître la quantité de salpêtre expédié au district : aucune note ne nous a renseignés à ce sujet. [1]

____

(1) Archives municipales.

CHAPITRE IV

Les Chapelles.

Après l'église, les chapelles. Il y en avait sur le territoire de la paroisse et leur existence est attestée par des documents authentiques : ce sont les chapelles de la Maladière, de Saint-Franchy, de Saint-Abdon et de Saint-Louis.

1° Le *champ de la Chapelle* est ainsi appelé, parce que, à cet endroit, se trouvait la chapelle de la Maladière (nord-ouest de la place), destinée au service religieux de la léproserie qu'Hugues d'Aligny avait fait bâtir à son retour de Palestine, vers 1150. Cette chapelle date sans aucun doute de la même époque que l'hôpital. Les anciens du village se rappellent avoir vu des traces de construction en ce lieu. Aujourd'hui tout a disparu, mais le souvenir de ces pieuses fondations est conservé par le nom de ce champ et par le nom de l'étang actuellement desséché de la Maladière.

2° Si l'époque et le motif de l'érection de la chapelle Saint-Franchy nous sont inconnus, nous sommes du moins fixés sur la date de sa démolition. En effet, un monitoire de Monseigneur l'évêque d'Autun, signé le 29 février 1704, nous apprend « que dans le détroit de la seigneurie dudit Aligny, il y a une chapelle bâtie au milieu de la campagne, appelée la chapelle de Saint-Francœur, où autrefois l'on venait en dévotion de toutes parts, en procession et autrement, laquelle chapelle ayant souffert quelques ruines par les injures du temps, certains particuliers malfaiteurs [1], n'ayant la crainte de Dieu devant les yeux, se sont avisés, tant de nuit que de jour, de démolir entièrement cette chapelle, en sorte qu'il n'y reste que ce qu'ils ont cru ne pouvoir servir, ayant ôté les bois, portes, pierres de taille et aultres, notamment celle de l'autel dont ils ont fait faire des constructions profanes, lesquels particuliers ont porté l'impiété si loin qu'ils en ont fait bâtir des escuries. » [2]

3° Le château d'Alligny avait aussi sa chapelle, dédiée à saint Louis et livrée au culte en 1753 par

---

(1) Le hameau de la Chapelle, qui ne compte plus que deux maisons, est tristement célèbre.

1° Le 29 février 1704, démolition sacrilège de cette chapelle, dédiée à saint Franchy.

2° Un siècle plus tard, assassinat de la *mère Lechat*.

3° Vers 1840, pour une question d'héritage, Jean Boire déchargea son fusil sur son frère, qui fut atteint à la cuisse. Le meurtrier, après 15 ans de bagne à Toulon, revint en sa maison où il mourut le 18 février 1873, à l'âge de 71 ans.

4° Le mercredi 6 décembre 1905, assassinat de Marie-Reine Boire, fille de Jean Boire, cité plus haut, et veuve Lapoussière. Puis incendie qui, à part la maison d'habitation où tout le linge gisait pêle-mêle sur le carreau, consuma tout : foin, blé, trois bêtes à cornes et la victime elle-même dont le pied gauche fut, deux jours après, découvert sous les entrailles non entièrement brûlées d'une vache. La veuve Lapoussière était née à Fétigny le 10 mai 1834. Le meurtrier est encore inconnu.

Puisque nous parlons de crimes, signalons celui du 6 janvier 1879. Ce jour-là, en effet, à Jarnoy, Pierre Balloux tua d'un coup de fusil Michel Richard, domestique au château d'Alligny et originaire de Lavault-de-Frétoy. Le motif du crime était d'ordre passionnel. Le meurtrier fut condamné aux travaux forcés.

(2) Archives château d'Alligny.

Monseigneur l'évêque d'Autun, comme en témoigne
le procès-verbal ci-joint :

« Antoine de Malvin de Montazet, par la miséri-
corde divine et l'autorité du Saint-Siège apostolique,
évêque d'Autun, premier suffragant de l'archevêché de
Lyon, administrateur du spirituel et du temporel dudit
archevêché, le siège vacant, comte de Saulieu, prési-
dent-né et perpétuel des Etats de Bourgogne, savoir
faisons que ce jourd'hui cinq octobre, mil sept cent cin-
quante-trois, étant au château d'Aligny, dans le cours
de nos visites épiscopales, accompagné de Messieurs de
Prunier de Lemps et Delagoutte, nos vicaires généraux, Develle, official de notre évêché et du sieur Mirolin, notre secrétaire ordinaire, Madame de Choiseul,
dame et baronne dudit Aligny, nous aurait représenté
qu'elle a fait construire avec notre permission une
chapelle domestique dans son château d'Aligny et nous
aurait prié d'en faire la bénédiction et de lui accorder
la permission d'y faire célébrer la Sainte-Messe. Sur
quoi, revêtu de notre rochet, camail et étole, après
avoir reconnu que ladite chapelle estoit dans une
situation et état convenable, décemment ornée,
pourvue d'un calice fort beau et de sa patène, le tout
dûment doré, fournie suffisamment de linges et d'ornements propres et convenables, nous aurions fait
la bénédiction de ladite chapelle sous le vocable de
saint Louis avec les cérémonies en tel cas accoutumées et les prières prescrites par le Pontifical et rituel
romain; à l'issue de quoi, la messe auroit été célébrée
devant nous par ledit sieur Mirolin et aurions permis
à la dite dame comtesse de Choiseul de l'y faire célébrer dans la suite, même les jours de dimanche et
fêtes, à l'exception seulement de celles prohibées par

les ordonnances générales de ce diocèse, dont et de
quoi nous avons dressé le présent procès-verbal que
nous avons signé, avec nos dits vicaires généraux et
official, les jour et an susdits et avons fait contresigner par notre secrétaire ordinaire.

† Ant., *év. d'Autun;*   L'abbé de Lemps, *vic. gén.;*
    Delagoutte, *vic. gén. et grand archid.;*
    Develle, *chan. official;*
    Par Monseigneur : Mirolin. » [1]

.4° Il y avait également au château de Reglois une
chapelle autorisée en 1458 par le cardinal Rolin,
évêque d'Autun, en faveur de Simon Lombard. Et
voici les termes de l'autorisation :

« Johannes Rolin, miseracione divina Cardinalis
« et epùs edùen. Dilcto nro Nobili Symoni Lombardo
« domino de Reglois, salutem et devocionis incre-
« metum. Ex sincero mentis affectu quem ad nos et
« eccliâm nostram hactenus gessisti, incitamur te
« favoribz prosequi opportunis. Tibi igitur ut in
« tua uxoris que et familie tue presentia in domibz
« tuis in dicta diecesi nostra edùen edificatis, in loco
« honesto et congruenti, cum altari portatili, reve-
« renter et debite, prout decet ornato, per pbûm
« regularem vel secularem sufficientem et y doneum,
« populo mîme affluente, excômâtis que et interdictis
« inde exclusis, submissa voce voce missam seu missas
« celebrari facere liceat, dum devocio tua te ad hoc
« induxerit, absqz eccliê tue prochialis prejudicio,
« tibi, quem in bona devocione fovere optam 9,

« sorte presentiun licenciam concedim 9, presentibz
« postduodecim annos a data presenti computandos,
« nullum robur habituris. Datum edue, in palacio
« nostro epâli, sub sigillo nostro rotondo, die duo-
« decima mêsis Maii, anno dominice incarnacionis
« millesimo quadringentesimo quinquagesimo oc-
« tavo.

« *Per dûm Cardinalem*

« Courtoys. » [1]

Le château actuel de Reglois possédait aussi sa
chapelle, dédiée à saint Abdon, de laquelle il ne
reste qu'un vieil autel en bois et la statue du saint
patron.

Toutes ces chapelles ont disparu, mais une cin-
quième a été reconstruite au château de la Chaux
par la famille de Chambure. Mgr Forcade, évêque de
Nevers, vint la bénir le 5 mai 1862 et lui donna saint
Joseph pour patron. La piété de la famille de Chambure a obtenu du souverain Pontife pour cette chapelle la double faveur de la sainte Réserve et de
l'autel privilégié à perpétuité. Cette dernière faveur
a été accordée par Pie IX lui-même, à la date du
1er décembre 1861, pour les vivants et les défunts
de la famille. L'intention évidente du pape était de
de la récompenser des services que rendait alors à
la sainte Église un de ces membres, M. Hugues Henri
de Chambure, zouave pontifical.

---

(1) Archives, château de Reglois.

CHAPITRE V

Les Cloches.

Nos cloches ont leur histoire.

Nos gens se plaisent à affirmer, et c'est là un sentiment de fierté qui leur fait honneur, qu'avant la Révolution, il n'y avait pas dans les environs une sonnerie
capable de rivaliser avec celle d'Alligny. Alors,
comme aujourd'hui, il y avait trois cloches suspen-
dues au beffroi, et quand les trois sœurs chantaient
ensemble, elles faisaient retentir au loin le plus beau
et le plus gracieux des carillons.

La grosse cloche est la seule qui soit restée au
logis. Elle pèse 750 kilos, dit-on, et fut placée dans
sa chambre aérienne du vivant de messire Jean II de
Fontette, seigneur d'Alligny, en 1518. Elle mesure
0^m83 de hauteur, 1^m06 de diamètre à la base et
0^m12 d'épaisseur. Voici son inscription en caractères
gothiques :

✝ *Ihs Maria Janne de Fontette suis nomée envers
Dieu fais supplicacion les ames de ceulx soiêt saulve
qui sont cause de nos refections.*

*I. Muller p. cure daligny h. gouault h. bonai p. Ave
Maria là mil V^c XVIII.*

Ecusson aux armes des Fontette.

Plusieurs fois *Te Deû laudams*.

Croix fleuronnée sur la base de laquelle on lit
Te deû laû. Deux figures de Notre Seigneur et deux
figures de saint Michel.

Expliquons maintenant. D'abord une croix ; ensuite *Ihs* est le monogramme de N. S. Jésus-Christ. La première lettre veut dire Jésus ; la dernière signifie sauveur ; celle du milieu indique les hommes ; Jésus sauveur des hommes. Puis il n'y a plus qu'à lire : Maria-Jeanne suis nommée, envers Dieu fais supplication. Les âmes de ceux soient sauvées qui sont cause de nos réfections. J. Muller, prêtre-curé d'Alligny ; H. Gouault, H. Bonai, prêtres. Ave Maria, l'an mil cinq cent dix-huit. Te Deum laudamus.

On peut se demander pourquoi saint Michel est représenté sur la cloche. Etait-il un saint préféré des Fontette ? Nous ne savons pas.

Quant aux deux autres cloches, elles prirent en 1793 le chemin de Château-Chinon pour n'en jamais revenir.

Il ne nous sera point difficile d'exposer comment les deux petites cloches ont abandonné leur compagne pour s'en aller à Château-Chinon. Nous n'aurons qu'à consulter le procès-verbal du conseil général d'Alligny pour nous instruire. Voici donc mot pour mot ce procès-verbal qui mérite de passer à la postérité.

« Cejourd'hui 17 septembre 1793, l'an second de la République une et indivisible, le conseil général assemblé d'après la lettre à lui adressée par les citoyens Frébault et Rasse, commissaires nommés par le représentant du peuple français, se sont présentés lesdits commissaires qui ont fait connaître leurs pouvoirs, et de suite se sont transportés avec le conseil général à l'église paroissiale où était assemblé le peuple. Ils ont fait lecture de leurs pouvoirs, ont engagé les citoyens à se conformer en tout à la loi, se sont efforcés par leurs discours à rallumer le patriotisme de leurs concitoyens, ont témoigné leur surprise de ce que la loi relative aux cloches n'était pas encore mise à exécution. Ces citoyens ont dit qu'ils allaient faire descendre une des cloches et qu'ils demandaient aux commissaires de suspendre la descente de la petite cloche, qui est très peu considérable et nécessaire, jusqu'à ce qu'ils eussent présenté au district une pétition tendant à conserver la susdite cloche. Les commissaires ont accédé à la demande des citoyens qui ont promis de descendre cette cloche, si l'administration ne peut pas la leur accorder. Il ont demandé aux citoyens si tous les officiers municipaux avaient leur confiance, ont tous répondu qu'oui. Sur la demande des citoyens et du conseil général, les commissaires ont promis qu'ils presseraient l'administration du district de faire faire les réparations de l'église. Les commissaires ont autorisé le conseil général à faire couper les cinq chênes qui se trouvent dans un canton communal appartenant au bourg d'Alligny et ce pour la construction d'un plancher d'une nécessité absolue pour le pont, et ont engagé le conseil général à donner les branches aux plus malheureux de la commune. Et à l'instant s'est présenté le citoyen Jean Pernot, lequel a entrepris la descente de la cloche moyenne, moyennant vingt-quatre livres, et a promis de le faire dès demain en présence de la municipalité, et la séance à été levée au cri de : Vive la Convention ! Vive la République !

« Et à l'instant l'adjudication pour la conduite de ladite cloche à Château-Chinon a été faite aux citoyens Claude et Nicolas Chaumien pour somme de trente livres. » [1]

En définitive, l'enlèvement de la moyenne cloche n'eut pas lieu tout à fait sans résistance et il ne fallut rien moins que l'hypocrite promesse des deux commissaires de faire faire en retour des réparations à l'église. Au lieu de réparations, l'église ne subit que des profanations et on continua d'y tenir des assemblées tumultueuses.

Et la petite cloche, que devint-elle? Continuons de puiser nos renseignements dans les documents officiels de l'époque.

« Cejourd'hui, 29 septembre 1793, l'an deux de la république une et indivisible, nous, maire, officiers municipaux et notables, formant le conseil général de la commune d'Alligny, certifions avoir fait publier la lettre du conseil du district de Château-Chinon, en date du 24 de ce mois, laquelle nous demande la petite cloche de notre église; laquelle lettre a été publiée au prône de la messe paroissiale par notre curé. A la sortie de la dite messe, nous avons rappelé tous les citoyens de notre commune en assemblée; nous leur avons demandé leur vœu, s'ils voulaient faire descendre la cloche ou non, pour la faire conduire au district. Ils ont tous répondu d'une même voix qu'ils n'acceptaient point volontairement la descente de la petite cloche. Au moyen de ce refus, nous nous sommes retirés en la chambre commune et en avons dressé le présent procès-verbal. »[2]

La résistance s'accentue à l'honneur des gens

---

(1) Archives municipales.
(2) Archives municipales.

d'Alligny, mais devant la brutalités des révolutionnaires, ils finirent par céder. En voici la preuve; elle est du 12 thermidor 1794.

« Vu la lettre de l'administration, en date du premier de ce mois, arrivée à la municipalité, par laquelle l'administration annonce que, par arrêté du comité du salut public, en date du 24 messidor, les municipalités sont tenues de rendre compte sous trois jours du nombre des cloches descendues et des cordes qui sont restées au pouvoir des municipalités ;

« L'agent national entendu, le conseil arrête :

« 1º Qu'il sera écrit à l'administration qu'il a été descendu deux cloches et qu'elles ont été envoyés à l'administration.

« 2º Sur la seconde demande qui est faite des cordes des cloches, on va faire des recherches pour savoir ceux qui les ont et, après qu'elles seront restituées, les faire passer à l'administration. » [1]

Pourquoi la grosse cloche est-elle restée au beffroi ? A-t-on reculé devant la difficulté de la descendre ? Non, le motif est tout autre.

La Convention nationale avait envoyé dans la Nièvre les citoyens Joseph Laplanche et Collot d'Herbois en qualité de commissaires extraordinaires. Ils arrivèrent à Château-Chinon le 26 avril 1793 et le même jour, à cinq heures et demie du soir, ils tinrent une assemblée générale dans l'église des Capucins. C'est là que les fougueux commissaires prononcèrent cette parole restée célèbre: « Les canons sont plus utiles que les cloches. » En conséquence, ils ordonnèrent qu'on ne laissât, dans chacune des églises, que

---

[1] Archives municipales.

la plus grosse cloche. Les autres devaient être descendues sans délai. — On sait le reste.

M. le curé Pillien, avec son activité connue, n'était
pas homme à laisser orpheline la grosse cloche du
beffroi. Il avait couru d'abord au plus pressé, en
agrandissant l'église à deux reprises différentes. Puis
il songea sérieusement aux cloches. Toujours le
premier à donner l'exemple et à payer de sa bourse,
il offrit dans ce but à la fabrique un billet de mille
francs. C'était le 7 octobre 1855. Devant un pareil acte
de générosité, le conseil municipal vota des remerciements et une somme égale à prélever sur son
budget de 1857. Le conseil de fabrique à son tour, et
malgré ses dettes, s'inscrivit pour cent francs, afin de
faire face aux dépenses accessoires occasionnées par
la pose de la cloche. Il ne s'agissait en effet pour le
moment que d'une seule cloche. Là-dessus, M. le
maire d'Alligny entra en relation avec un fondeur, M.
Petitfour jeune, demeurant à Brevannes (Haute-
Marne) et par sous-seing privé, en date du 17 novembre 1855, ces messieurs conclurent le marché : le
prix de la cloche ne devait pas dépasser 1.900 francs.

M. Hippolyte Petitfour vint donc au pays et se mit
à l'œuvre. Le vendredi 7 mars, à 7 heures du soir, une
seconde cloche fut fondue et son baptême eut lieu le
2 avril suivant. La cérémonie fut présidée par M.
l'abbé Pillien lui-même, spécialement délégué par
Mgr l'Evêque. Dix prêtres des environs et une foule
considérable prirent part à la fête.

Voici l'inscription de la cloche :

« L'an de grâce, mil huit cent cinquante-six, j'ai
été bénite par M. Jean-Marie Pillien, curé d'Alligny-
en-Morvan, et nommée Marie-Césarine par nobles

personnes M. Albéric-César Guy, comte de Choiseul, chevalier de l'ordre impérial de la Légion d'honneur, ancien pair de France et propriétaire de la terre dudit Alligny, mon parrain, représenté par M. Jean Cortet, propriétaire et maire d'Alligny; et Mme Appoline-Marie-Nicolette de Choiseul, duchesse de Talleyrand de Périgord, ma marraine, représentée par Mme Bottin, épouse de M. Henri-Mayeul Bottin, régisseur de la terre d'Alligny pour la maison de Choiseul. MM. Jean Cortet étant maire, Antoine Bailly et Claude Cortet, adjoints, Jacques Chassagne trésorier de la fabrique. Je pèse 486 kilog. J'ai coûté 2.000 francs dont 1.000 francs donnés par mondit sieur Pillien, curé, et 1.000 francs par la commune. Armes de la noble famille de Sérent. Armes de mon parrain, M. le comte de Choiseul. Hippolyte Petitfour, fondeur à Brevannes, Haute-Marne. »

Après la cérémonie, la nouvelle cloche Marie-Césarine valut aux assistants une abondante pluie de dragées et à l'église un beau ciboire en vermeil, pesant 420 grammes.

Le jour même du baptême de *Marie-Césarine,* le bon M. Pillien avait pris l'engagement d'installer au plus tôt une troisième cloche au beffroi, à la place vacante depuis plus d'un demi-siècle, mais ce n'est que le 4 janvier 1863 qu'il fit officiellement part de sa résolution à son conseil de fabrique, lui offrant à cet effet, comme étrenne de nouvel an, de payer la moitié du prix de cette future cloche. Et il ajouta :

« Si, Messieurs, vous votez pour cette troisième cloche, en acceptant la forte subvention que je vous offre pour elle aujourd'hui, vous ferez un acte agréable au pays et à la religion et vos arrière-petits-neveux diront et rediront avec plaisir, avec ces deux cloches tintant, bourdonnant et carillonnant dans l'espace, qu'en 1856 et en 1864, l'administration fabricienne d'Alligny-en-Morvan a réparé les brèches et les torts faits à notre clocher par le vandalisme de 1793. » [1]

Pareille éloquence est toujours irrésistible. Aussi MM. les Fabriciens s'empressèrent d'accepter la proposition de leur pasteur et voici en quels termes :

« Voulant enfin meubler au complet notre clocher fait pour trois cloches, comme il l'était avant 1793, temps de vandalisme, de terreur et d'effroi, et réparer le tort causé au dit clocher par ce régime d'odieuse et impitoyable mémoire, lequel enleva au pays deux de nos cloches.

« Sommes d'avis à l'unanimité :

« 1° D'accepter et acceptons avec reconnaissance le don spontané que fait aujourd'hui à notre fabrique notre cher pasteur pour payer la moitié du prix d'une troisième cloche, plus petite que les deux autres ;

« 2°....... 3° Que la dite cloche soit livrée toute fondue ici, au clocher, sans aucun embarras pour le pays ;

« 4° Et que le trésorier de la fabrique s'occupe activement des démarches à faire auprès des fondeurs capables, pour que la dite cloche soit pendante et sonnante à notre clocher avant le 1er janvier 1865. » [2]

On se mit en effet en pourparlers avec M. Goussel,

---

(1) Archives fabriciennes.
(2) Archives fabriciennes.

fondeur, qui coula sa cloche à Metz le jeudi 8 septembre 1864. Puis, comme en 1856, on baptisa *Marie-Louise* et les fêtes qui furent données à cette occasion ne furent pas moins brillantes que les premières. Huit prêtres du voisinage se firent un honneur d'y assister.

Nous avons donné l'inscription de *Marie-Césarine,* nous ne pouvons passer sous silence celle de *Marie-Louise.*

« L'an de grâce 1864 et le 19 septembre, j'ai été bénite par Jean-Marie Pillien, curé d'Alligny-en-Morvan, et nommée Marie-Louise par nobles personnes Augustin-Marie-Elie-Charles de Talleyrand, duc de Périgord, ancien pair de France, maréchal de camp, mon parrain, représenté par Henri-Mayeul Bottin, intendant à Chassy, pour la maison de Choiseul, de la terre d'Alligny ; et Eléonore-Louise d'Herbonville, comtesse de Choiseul, ma marraine, représentée par Louise-Pauline de Ruffey, épouse de Félix-Marie Petitier-Brassiot, juge de paix de notre canton. Je pèse 408 kilogr. ; jai coûté 1.625 francs, dont 825 francs donnés par le dit Pillien curé, et 800 francs par la fabrique. Saint-Hilaire, évêque de Poitiers, patron de la paroisse. Fabriciens : Jean Rousseau, Jean-Hilaire Beaujard, Jean Jeannin, Jean Dureuil, Pierre Collenot, Louis Bizot, Jacques Chassagne, trésorier, Jean Cortet, maire, et Jean-Marie Pillien, curé.

« Te Deum laudamus ; Ave Maria.

« Armes de mon parrain ; armes de ma marraine ; armes de la maison de Choiseul et de Sérent.

« Un Christ, une sainte Vierge, un saint Hilaire, un saint Michel archange et le monogramme de

Jésus-Christ. — Goussel frères, fondeurs, à Metz (Moselle), Auxerre (Yonne) et Champigneulles (Haute-Marne.) N° 1507. »

Dans cette inscription, l'abbé Pillien relève une double inexactitude. Le baptême de *Marie-Louise* eut lieu le 11 octobre et non pas le 19 septembre. Cette erreur provient-elle du fondeur ? ou bien, le jour primitivement fixé a-t-il été changé par suite de circonstances imprévues ? On ne sait.

En outre, le prix de *Marie-Louise* a été de 1.700 francs et non pas de 1.625. M. le Curé a payé 825 francs et la fabrique 875.

Comme cadeau de baptême, les deux nobles parrain et marraine ont remis à M. le Curé 200 francs pour lui permettre d'acheter un ostensoir en vermeil et quatre mètres de belle batiste, avec la robe de la cloche, en belle mousseline brodée, mesurant 3 m. 12 sur 1 m. 16. L'étoffe était destinée à la confection d'une aube pour l'église.

Nous avons noté la remarquable sonnerie d'avant 1793. Nous avons le regret de n'en pouvoir dire autant de celle d'aujourd'hui. Cela tient, paraît-il, à la fonte manquée de la seconde cloche. Tout le monde se rappelle que *Marie-Césarine* fut fondue à Alligny et que par suite d'un accident, il fallut la refondre. Elle ne s'harmonise point avec *Marie-Jeanne,* son aînée, et c'est grand dommage.

CHAPITRE VI

Le Cimetière.

Le cimetière est le prolongement de l'église.

La foi de nos pères aimait à placer le champ de la mort auprès des églises ; de la sorte, nos chers défunts dormaient en paix sous le regard de N. S. J.-C. jusqu'au jour de la résurrection future, et les fidèles pouvaient plus facilement, au sortir de l'office divin, venir murmurer une prière sur la tombe de leurs chers disparus.

A coup sûr, un cimetière a dû, selon la coutume, environner l'ancienne église construite à la Combe de la Palue. Par conséquent il est permis d'admettre qu'église et cimetière dataient de la même époque.

Mais alors on est amené à se demander à quel endroit les gens d'Alligny enterraient leurs défunts avant l'église de la Palue. Nous croyons pouvoir affirmer l'existence de trois cimetières antérieurs et nous donnons comme preuve de notre affirmation la découverte soit de sarcophages, soit d'ossements humains.

Le premier de ces cimetières se trouvait au nord-est de Basole, dans le champ Creuzet, actuellement réuni au pré de la Verne. M. l'abbé Pillien nous apprend qu'en 1834 on y a mis à découvert en sa présence trois sarcophages renfermant chacun les ossements de deux cadavres et une épée. A côté de ces sarcophages, il y avait une fosse commune pavée de pierres plates, d'environ sept mètres de diamètre. Deux de ces sarcophages sont encore à Basole : l'un sert de canal aux eaux qui s'écoulent du pré de la Verne et l'autre est brisé en deux morceaux. Le troisième est conservé sous le portail du château d'Alligny. L'épée très rouillée fut déposée, paraît-il, dans le cercueil de l'instituteur Louis Bourgançon.

L'autre cimetière était situé à la Chapelle-Saint-Franchy. On en a extrait en 1849 deux sarcophages qu'on peut voir encore aujourd'hui le long de la haie gauche en allant à ce hameau et les cultivateurs de l'endroit prétendent qu'il ne serait pas nécessaire de fouiller bien profondément pour en découvrir d'autres.

L'emplacement du troisième cimetière était à Marnay. C'est dans ce village, en effet, et dans son champ des Plessoires, qu'en 1866, M. Philippe Gillot a trouvé en plusieurs fois des ossements humains et des pièces de monnaie. Là encore nous croyons être en présence d'un cimetière gallo-romain.

A l'église et au cimetière de la Palue ont succédé l'église actuelle et le cimetière qui l'environnait encore, il y a quelques années. Ce cimetière avait été agrandi d'un quart environ en 1832, aux frais de la commune qui vota 1.200 francs à cet effet. Mais comme à deux reprises différentes on fut obligé d'élargir et d'allonger l'église, on dut prendre sur l'emplacement du cimetière et par suite celui-ci devint trop étroit. Il fallut donc songer à le transporter ailleurs. Nous ne le quitterons pas cependant avant d'avoir signalé deux faits dont l'un se rapporte à notre histoire nationale et l'autre à notre histoire locale.

Tout le monde sait qu'Henri IV était protestant et que, comme tel, il ne pouvait être roi de France, la constitution n'admettant qu'un prince catholique. Henri se convertit. C'est alors que son ministre Sully fit planter dans tous les cimetières du royaume des arbres destinés à perpétuer le souvenir de cette conversion. Et voilà l'origine de l'orme que nous voyons encore aujourd'hui, en face de la porte principale de notre église. L'arbre a dû être beau jadis, à en juger par ses puissants débris. Nous regrettons que le temps ait eu raison de ce géant plus que trois fois séculaire (1594). Là où nos pères admiraient de superbes ombrages, nous ne voyons plus que quelques feuilles de verdure, indices légers d'une vie qui s'en va.....

Le cimetière jadis s'étendait jusqu'à cet orme; on trouva en effet sous les racines, quand on fit la route actuelle d'Alligny à Saulieu, le cadavre d'une femme dont la chevelure était parfaitement conservée.

Le second fait va nous montrer tout le respect de nos ancêtres pour la religion. Donnons la parole au conseil municipal, réuni le 29 juin 1791 :

« Nous, Maire et Officiers municipaux de la commune d'Alligny, sur les réquisitions de notre procureur de la municipalité dudit lieu, qu'un nommé Jean, fils de Gabriel Regnier, laboureur à Reglois, âgé d'environ 24 ans, le mardi, second jour des Rogations de la présente année, faisant le tour de la procession au lieu de la Chaux, paroisse d'Alligny, que ce dit Jean se serait avisé de dévêtir la croix dudit lieu des rubans et bouquets dont cette croix était ornée et que citation en a été notifiée audit Jean par Collenot, notre secrétaire, en date du 26 de

ce mois, de se rendre et de se trouver audit jour.
29, au lieu ordinaire de nos séances, lequel Jean a
paru. La matière mise en délibération et tout considéré, ouï M. le Procureur de notre commune et
d'après ses dites conclusions, nous susdits Officiers,
avons ordonné et ordonnons que ledit Jean, dimanche
prochain, 3 juillet, à l'issue de la messe paroissiale,
se prosternera à deux genoux, au pied de la croix
du cimetière, à deux mains joignantes, chapeau sous
le bras gauche, le temps exprès d'une heure, pour
réparation de l'injure qu'il a faite à la dite croix au
hameau de la Chaux, et de payer, par forme d'amende,
la somme de six livres, sauf à prélever le salaire
de notre secrétaire. Le tout payable entre ses mains
pour en disposer par nous à notre volonté. Et en
outre le condamnons à se transporter au corps de
garde à Saulieu pour 24 heures, par forme de correction seulement. » [1]

A la bonne heure! voilà des corrections dont le
gaillard dût garder bon souvenir.

Le projet d'éloigner le cimetière de l'église finit
par s'exécuter. Deux familles du pays, les familles
Boisseau et Marchand, vendirent à la commune le
champ de Lavert, destiné désormais à servir aux
sépultures. Ce fut le 23 mars 1859, un mercredi, que
par délégation épiscopale, M. le curé Pillien bénit
la nouvelle nécropole. Presque tous les paroissiens
étaient présents à la cérémonie, ayant à leur tête les
autorités fabricienne et municipale. MM. Challet,
curé de Gouloux, et Carillon, curé de Saint-Léger-
de-Fourches, assistaient M. le Curé.

Restait la translation des ossements humains. On

---

(1) Archives municipales.

n'y pouvait point toucher avant cinq ans. La démolition totale fut donnée à l'entreprise à Nicolas Choureau dit « *l'Ami*, » des Dariots.

Malheureusement on n'avait point réfléchi qu'on se trouvait en face de terre bénite, de cendres et d'ossements pour ainsi dire sacrés, ce qui explique la décision prise de transporter le tout à la voirie. L'abbé Pillien s'en émut et fit part de ses sentiments à MM. les Fabriciens.

C'est alors que le Conseil formula les vœux suivants :

1º La fabrique propose, d'après le désir du pays, qu'on ne touche nullement à l'ancien cimetière qui ne gêne personne et qu'on laisse intact le champ du repos des morts, sauf à faire aux murs les réparations voulues.

2º Elle tient fortement qu'en cas de démolition on ne descende pas jusqu'aux fondations de l'église, car si l'on déblaie totalement le terrain jusqu'aux fondations, il faudra, comme l'insinue M. l'Agent-voyer de Château-Chinon dans sa lettre à la mairie d'Alligny : 1º des frais et dépenses considérables de construction nouvelle, en reprenant en sous-œuvre les dites fondations, et 2º deux grands et rapides escaliers d'au moins 16 marches, très fatigants à monter comme à descendre.

3º En tout cas, elle réclame, par respect pour les vivants et pour les morts, qu'on charrie les débris humains et la terre elle-même dans le nouveau cimetière et non pas à la voirie.

On se mit donc à l'œuvre à la fin de 1865 et au commencement de 1866. L'avis si sage de MM. les Fabriciens fut pris en considération et toute la terre fut dirigée sur le nouvel emplacement. 40 à 50 familles prirent à leur charge de relever les corps de leurs défunts qu'on transporta en cérémonie dans leur nouvelle sépulture.

Quant aux ossements humains çà et là épars, on en ramassa 38 tombereaux qui furent religieusement transférés dans une fosse commune, entourée aujourd'hui d'un grillage en fonte. Une croix le protège, solennellement bénite par l'abbé Pillien le quatrième dimanche après Pâques, 15 mai 1870. Une allocution de circonstance prépara les fidèles à la cérémonie qui fut clôturée par la lecture d'une petite pièce de vers, œuvre du doyen d'âge de la paroisse M. Jean-Hilaire Beaujard, de Pierre-Ecrite.

Requiem æternam dona eis, Domine, et lux perpetua luceat eis !

Donnez-leur, Seigneur, le repos éternel et faites luire en leur faveur la lumière éternelle. [1]

---

(1) Archives fabriciennes.

CHAPITRE VII

Le Presbytère.

La maison du prêtre chargé d'une paroisse porte le nom de cure ou presbytère.

Autrefois, quand l'église était à la Combe de la Palue, les curés y demeuraient aussi, et, si l'on en croit la tradition orale, la maison curiale aurait été distante de l'église d'environ 120 mètres dans la direction de l'est.

Le changement d'église amena-t-il en même temps celui de la cure? Ce qu'il y a de certain, c'est que le terrier d'Alligny, de 1649, mentionne « les maisures de l'antienne maison curiale dudict Alligny appellé la Pallue. » Donc, à cette époque, le curé n'habitait plus cette maison.

Mais où habitait-il?

Plusieurs prétendent qu'il logeait dans la pièce qui est au-dessus de la voûte du chœur de l'église actuelle. De fait, on y remarque des traces de fumée permettant de conclure à l'existence d'une ancienne cheminée. Mais à notre avis, ces traces de fumée indiquent tout simplement la présence des salpétriers de 1794. Ces bons citoyens, pour ne pas délier leur bourse et coucher à la belle étoile, trouvaient plus simple de s'installer au-dessus de la voûte et d'y préparer leurs repas.

D'après le terrier de 1649, le presbytère touchait « au grand chemain tendant d'Aligny à la Chaux, ledit chemain appellé la rue Boisseault. » C'est le chemin allant d'Alligny à la Chaux en suivant l'avenue de la Gare et continuant par la Cremaine et la Vernotte. Donc, en cette année 1649, la cure était bâtie là où elle est actuellement. Probablement de la même époque que le chœur de l'église, elle comprenait alors « ung tenant concistant en quatre chapz de bâtiments, scavoir ung chaufeur, chambre, grange et estable. »[1] Ce fut la cure primitive.

En 1728, dans leur rapport du 11 juillet, les experts Claude Fleurot et Jean Beuchillot constatent que la cure n'a qu'une seule chambre au rez-de-chaussée, où le jour ne pénètre que par la porte et une petite ouverture à côté, une petite grange joignant la chambre et une écurie. Ils concluent à la nécessité de réparer ces trois pièces et de construire d'abord une autre chambre avec une *cheminée à la française* (chambre habitée aujourd'hui par M. le Curé. La cheminée en marbre porte gravées une coquille à chaque extrémité et une fleur de lis au milieu). Ensuite un cabinet, c'est la salle à manger actuelle, mesurant, murs compris, 15 pieds de long sur 23 de large, enfin un fournier de 10 pieds de large sur 16 de long, non compris le four.

Le devis, réparations et constructions, montait à 1.500 livres et les travaux devaient être terminés au 1er septembre 1729.[2]

C'est en 1850 que l'abbé Pillien fit bâtir au bout de la grange les deux chambres qu'il destinait au vicaire.

En 1882 enfin, M. le curé Thépénier, d'après les

---

(1) Terrier de 1649.
(2) Archives Adnot, notaire à Moux.

plans et devis de M. Parthiot, architecte à Château-Chinon, restaura cette pauvre maison pour la somme de 3.100 francs.

On a décoré le presbytère du nom d'ermitage. Véritable ermitage, en effet, où le curé peut s'isoler à volonté, mais qui a pour inconvénient d'être à près de 300 mètres de l'église.

La cure avait des biens que nous connaissons par deux terriers de la terre d'Alligny, celui de 1649 et celui de 1779. Ce dernier complétant le premier, nous allons le reproduire en entier.

« L'an 1779, le 4 juin, avant midi, au château d'Aligny, par devant le notaire et tabellion royal réservé par Sa Majesté pour la résidence de Moux, commis à la confection du terrier de la terre et baronnie dudit Aligny, soussigné, a comparu en sa personne maître Jean-Baptiste Blandin, prêtre curé dudit Aligny, lequel a reconnu et confessé tenir, porter et posséder, comme les ci-devant curés d'Aligny, icelui étant néanmoins exempt de toute condition mainmortable, en la seule et totale justice haute, moyenne et basse de haut et puissant seigneur Louis-Marie-Gabriel-César, baron de Choiseul, brigadier des armées du roi et son ambassadeur à la cour de Turin, seigneur baron dudit Aligny absent, le soussigné notaire pour lui stipulant et acceptant, les bâtiments, meix, terres et autres héritages ci-après rapportés et confinés, chargés de leurs charges et redevances ci-après rapportées.

« 1º Des biens reconnus au terrier signé Martin en 1649 par maître Lazare Auribault, curé dudit Aligny.

« Au village d'Aligny, un grand corps de bâtiment consistant en plusieurs chambres à feu, un jardin devant, la cour derrière dans laquelle est une volière, un autre jardin à côté et une petite terre à chenevière du côté du soleil couchant, le tout joint ensemble et contenant un journal et demi moins sept perches, joignant la terre du seigneur appelée les Champs-Fallet, de soleil levant midi, soleil levant midi et soleil couchant, et le chemin dudit Aligny à la Cremaine de septentrion, dans l'enclos desquels confins sont aussi renfermés une grange, une écurie et gélinière. — Chargé annuellement envers le seigneur d'Aligny de 4 deniers de cens portant tous droits censaux.

« 2° Es Ouches-au-Prêtre une terre en nature d'ouche située audit finage, contenant 2 journaux moins 35 perches, joignant le pré du seigneur appelé le pré des Joncs de soleil levant, la terre à chenevière de Jean-Morin aussi appelée l'Ouche-au-Prêtre encore de soleil levant, le chemin allant de l'église et à Bazolle de midi et soleil couchant, le jardin et la terre à chenevière du seigneur et la terre de Denys Bonain de soleil couchant, le chemin d'Aligny à la Place encore de soleil couchant et la terre à chenevière de Lazare Remoissonnet de septentrion. — Chargé annuellement d'un sol de taille.

« 3° En l'Ouche-Poullot, une pièce de terre située au finage de la Cremaine, contenant un demi-journal moins 12 perches, joignant la terre des frères Renaud divisée du présent article de soleil levant et midi, le chemin appelé la Ruée-aux-Gouhault de soleil couchant, une petite terre de communauté de soleil couchant déclinant septentrion, et la terre de Nicolas Charlot aussi appelée l'Ouche-Poullot de septentrion. — Chargé annuellement d'un sol de taille.

« 4º Es Méloises, un petit pré situé au finage de la Place, contenant 28 perches, joignant le pré de Nicolas Chaumien aussi appelé les Méloises de soleil levant, la terre de Philibert Beugnon appelée l'Étanchet de soleil levant et midi, le pré des héritiers Sébastien Bureau aussi appelé les Méloises de soleil couchant, et la terre de Claude Chaumien, appelée les Ouches-Bertaut de septentrion.

« Es Grands-Prés, un autre petit pré situé audit finage, contenant 44 perches, joignant la terre des héritiers Claude Remoissonnet, appelée les Champs de la Montée d'un bout de soleil levant, le pré des héritiers d'Antoine Millot aussi appelé les Grands-Prés d'un long de midi, le pré de la Cure ci-proche confiné, la rivière de Tarenne entre deux, d'autre bout de soleil couchant et celui indivis entre les frères Carré de Champcommeau d'autre long de septentrion.

« 6º Es Pré-des-Chênes, un autre pré situé au même finage, contenant 2 soytures un quart et 42 perches, joignant les prés des frères Carré de Champcommeau, celui ci-devant confiné, et des héritiers Antoine Millot, la rivière de Tarenne, [1] par plusieurs contours et sinuosités entre deux de soleil levant, le susdit pré des héritiers Antoine Millot de midi, le pré du Seigneur appelé le Pré-des-Chênes, un chemin de desserte entre deux encore de midi, le présent article se terminant en pointe du côté de soleil couchant, la terre de Pierre Millot appelée le Champ-de-la-Roche, de septentrion et

---

[1] Dans le pays, notre rivière est appelée indifféremment Tarenne ou Terrène.

soleil couchant, et le pré de Dominique Carré, appelé le Pré-de-la-Roche, encore de septentrion.

« 7° Les Palues, une terre et pâture situées au finage dudit Aligny, dans laquelle est un canton de bois, contenant en tout 24 journaux et demi, moins 19 perches, deux prés au-dessous de la dite pâture dans l'un desquels est un petit étang et un canton de bois du côté du soleil couchant, appelé le Vieux-Bois, contenant 5 journaux et demi et 13 perches, le tout contigu et joignant le grand chemin de Saulieu à Aligny, de soleil levant, les terres de Tierces appelées le Suchot, de midi, les terres de M. Moreau, procureur du roi et de François Humbert, appelées la Passée, mouvant d'Illand, encore de midi soleil levant et midi, les terres dudit seigneur, appelées le Montabouloin, encore de midi, les terres de tierces et buisson du même nom de soleil couchant, et la pâture des héritiers Claude Remoissonnet, appelée la Vente, de septentrion, haie vive entre deux.

« 8° Es Grandes-Hâtes, un pré situé au finage de Champcreux, contenant un quart de soyture et 12 perches, joignant le pré d'Emiland Thévenot et sa belle-sœur, appelé le Pré-Moyon, la rivière de Tarenne entre deux, d'un bout de soleil levant, un autre pré dudit Emiland Thévenot et sa belle-sœur, aussi appelé les Grandes-Hâtes, d'un long de midi, et celui de la veuve Pierre Boisseau aussi du même nom, d'autre bout de soleil couchant et d'autre long de septentrion.

« Ces 5 derniers articles chargés annuellement de 6 sols de taille et 2 deniers de cens portant tous droits seigneuriaux.

« Doit encore sur son bénéfice 4 gros de taille valant 6 sols 8 deniers et 2 deniers de cens.

« L'article 5 de la reconnaissance de Mᵉ Auribault, fᵒ 31 du terrier Martin, étant un pré appelé Pré-de-l'Epine, se trouve compris dans le grand pré de Jarnoy appartenant au seigneur, comme ayant été échangé contre une terre située près de la cure, faisant partie de l'article premier de la présente reconnaissance.

« Toutes lesquelles reconnaissances revenantes à 14 sols 8 deniers de taille et 8 deniers de cens, les dites redevances portant tous droits censaux au profit dudit seigneur et tous les siens, ledit maître Jean-Baptiste Blandin, pour lui, ses successeurs, curés dudit Aligny, a promis porter et payer annuellement et perpétuellement au château dudit Aligny, à mondit seigneur le baron de Choiseul, ses successeurs seigneurs dudit Aligny, aux temps à venir leurs fermiers receveurs ou commis, à peine d'amende, obligeant, affectant et hypotéquant à cet effet les biens de la cure dudit Aligny, fruits et revenus d'iceux, par la cour de la chancellerie.

« Fait, lu et passé en présence de Mᵉ Etienne Dupré, vicaire dudit Aligny, et de Mᵉ Antoine Bauzon, commissaire aux droits seigneuriaux, demeurant à Saulieu, trouvé audit Aligny, témoins requis et soussignés avec ledit sieur Blandin et moi ledit notaire.

« Signé sur la minute de cette : Blandin, confessant, Dupré, Bauzon, et Collenot, notaire royal. Contrôlé à Saulieu le 21 juillet 1779. Reçu 7 sols. *Signé :* Henriot Collenot notaire royal. » [1]

---

[1] Archives château d'Alligny.

Nota. — Les trois termes : perche, journal et soiture, fréquemment exprimés en cette *reconnaissance,* demandent une explication. Ce sont d'anciennes mesures agraires dont nous trouvons le sens dans le terrier lui-même et qui avaient cours au pays à cette époque.

La perche mesurait en surface 9 pieds 1/2 de roi et le pied de roi valait 12 pouces, environ 33 centimètres. La perche n'était employée que pour les terres, pâtures, bois et buissons. Le journal se comptait à raison de 240 perches. La soiture de pré avait la même surface que le journal.

Or, tous ces biens et ceux acquis jusqu'à l'époque de la Révolution ayant été déclarés nationaux, furent mis en vente et délivrés le 10 juin 1791 par le directoire du district de Château-Chinon à Claude Donet, marchand, demeurant à Reglois. Celui-ci en fit la remise, par acte reçu Jacquand et son confrère, notaires à Château-Chinon, à « Claude Nettement, marchand, demeurant à Montsauche, tant pour lui que pour s^r Bénigne-Louis Ranet, huissier royal, demeurant à Château-Chinon, pour lequel il se fait fort, Jean Bernard, Jean Bernard-Rouhette, marchand, demeurant à Saulieu, Jacques Bernard, marchand, demeurant à Saint-Brisson, Jean Laureau, greffier du tribunal de commerce de la ville de Saulieu, y demeurant, pour et au nom du sieur François Fénéon, arpenteur, demeurant dans la dite ville, pour lequel il se fait fort, Léger Pelletier, marchand, demeurant à la Velle-sous-Moux, Claude Gressot, notaire royal, demeurant à Cussy-en-Morvan, Michel Perreau, marchand, demeurant à Grosse, paroisse de Planchez, et Louis Rasse, juge de paix du canton de Montsauche. » [1] Puis ces Messieurs mirent en licitation entre eux « les biens fonds nationaux dépendant ci-devant de la cure d'Aligny, » et le 7 août de la même année, par suite d'enchères, « les dits biens, sans exception, fors les articles délivrés au dit sieur Donet, à Clément Rignault et Jean Grignard, ont été portés par le dit sieur Rouhette à la somme de 7.400 livres, au-delà de laquelle aucun des comparants n'a voulu faire mise. En conséquence, ils ont fait cession, remise et transport au dit sieur Rouhette, pour son compte propre et particulier acceptant, de tous les dits fonds « moyennant la dite somme de 7.400 livres, de laquelle il a payé 6.176 livres à l'acquit et décharge des susnommés et de manière qu'ils n'en soient inquiétés ni recherchés au directoire du district de Château-Chinon, ainsi et de même que ledit sieur Donet y est obligé. Et quant aux 1.224 livres restantes dues, elles ont été payées présentement comptant par ledit sieur Rouhette aux dits sieurs Nettement et autres ci-dessus nommés, chacun pour leur *cotte* part, qui le déclarent ainsi, dont quittance. » [2]

Nous regrettons de n'avoir point rencontré le détail des biens acquis par Rouhette au prix de 7.400 livres, ni le détail et le prix de ceux acquis par Rignault et Grignard.

Quant à Claude Donet, par acte du 5 germinal, an XIII, reçu Vaudrey, notaire à Saulieu, il vendit le pré des Chênes « qui lui appartient pour l'avoir acheté de la nation » à Jean et Hugues Carré, frères et communs en biens, propriétaires, demeurant à

---

(1) Archives Adnot.
(2) Archives Adnot.

Champcommeau, moyennant la somme de 1.690 livres tournois. Mais en hommes défiants, les acquéreurs stipulèrent expressément que « dans le cas où
il arriverait des événements qu'on ne peut prévoir,
lesdits Carré n'auraient l'effet de la présente vente
et ledit Donet sera tenu, comme il s'y oblige, de
rendre et restituer auxdits Carré le prix de la présente
vente et tous loyaux comptes. » (1)

Le presbytère avec ses dépendances actuelles,
grâce à un incident des plus heureux, fut amodié à
un habitant du bourg qui fit sagement observer qu'au
lieu de le vendre, on ferait mieux de l'utiliser comme
maison commune et maison d'école. Son avis pré-
valut et, à part les exceptions précitées, rien ne fut
vendu.

Lorsque la tourmente révolutionnaire eut cessé,
le presbytère et ses dépendances actuelles, en vertu
de l'arrêté du 7 thermidor, an xi, rentrèrent et demeurèrent en possession de la fabrique qui, depuis,
en a toujours joui paisiblement, en qualité d'unique
propriétaire.

Du reste, à une circulaire préfectorale du 12 janvier 1846, M. le Maire d'Alligny, convaincu de cette
vérité, répondit le 31 janvier suivant par un procès-
verbal où il affirma à qui de droit la propriété entière
de la fabrique sur le presbytère et ses dépendances.

Quant à l'ouche des champs *Falet,* elle était
devenue propriété de Mme de Sérent. Mais la généreuse dame en avait abandonné gratuitement la
jouissance à la cure depuis 1817 et MM. les Curés en
bénéficièrent jusqu'au 20 octobre 1847. (2)

------

(1) Archives Bourgeois, des Prés.
(2) Archives fabriciennes.

Pour être complet, il faudrait énumérer toutes les dîmes perçues dans la paroisse. Nous ne connaissons que les suivantes :

A la date du 29 juin 1781, le curé Blandin amodie les dîmes du finage de Pensière au maréchal Philippe Dureuil, moyennant la redevance de 60 boisseaux de seigle et 6 de blé noir ou sarrasin. Il amodie celles du finage de Basole à Jérôme Simon, moyennant la redevance de 46 boisseaux de seigle et 4 de blé noir. Celles du finage de la Chaux, des Grosses-Pierres, de la Chapelle-Saint-Franchy et dépendances sont amodiées à Hugues Dureuil, laboureur à la Chaux et à Emiland Bonnard, laboureur à la Chapelle-Saint-Franchy, moyennant 33 boisseaux de seigle, 33 d'avoine et 4 de blé noir. Enfin les dîmes et gerbes de passion à percevoir sur les finages de Fétigny, Serrée, Près, Champcreux et dépendances, sont acceptées à titre d'amodiation par Vincent Boisseau, Dominique Rigneau, Jean Boisseau et François Rigneau, tous quatre laboureurs à Fétigny, moyennant 170 boisseaux à moitié seigle et avoine et 8 boisseaux de blé noir.

Les susdits amodiateurs s'obligent à « livrer audit sieur Blandin, au onze novembre prochain, sur ses greniers et à sa mesure ordinaire, l'avoine et le blé noir au comble, le tout en bon grain loyal et marchand, bien vanné, étapé et sans fraude, livrable en nature et estimé en valeur 15 sols la mesure et livrable néanmoins en nature. »[1]

---

[1] Archives Adnot, notaire à Moux.

CHAPITRE VIII

Saint Andoche et Alligny.

Toute religion a ses apôtres. En étudiant l'histoire
du christianisme dans notre pays, nous sommes
amené à nous demander par qui, comment et quand
il y fut implanté. Sur ce point, nous ne savons rien
de précis. La supposition la plus vraisemblable que
l'on puisse faire, c'est que la foi fut prêchée parmi
nous par saint Andoche, martyrisé à Saulieu vers
l'an 178. Saulieu est tellement proche d'Alligny qu'on
se persuade volontiers que le saint ait dû parcourir
quelques-uns de nos villages pour y annoncer la
bonne nouvelle de l'Évangile, ou du moins que nos
ancêtres d'alors aient été attirés à la ville par le
bruit des conversions et des miracles opérés par
saint Andoche.

Andoche, Bénigne, Andéol et Thyrse étaient quatre
disciples de saint Polycarpe, évêque de Smyrne, en
Asie, tous quatre pleins de zèle et d'amour de Dieu.
Ils vinrent dans les Gaules et prêchèrent l'Évangile
sur les bords du Rhône où l'un d'eux, Andéol, fixa
le siège de son apostolat. Les trois autres pénétrèrent
plus avant et, après avoir parcouru les pays riverains
de la Saône, ils arrivèrent à Autun. Reçus dans la
maison de Fauste, sénateur de la ville et déjà chrétien, nos apôtres eurent la consolation de baptiser
son fils Symphorien, âgé d'environ douze ans. Tout

le monde connaît le martyre de ce jeune homme qui, le premier à Autun, eut le bonheur de verser son sang pour la foi. Qui n'a ouï dire le courage héroïque de sa mère Augusta qui du geste et de la parole soutenait son fils? Du haut des remparts de la ville, elle le stimulait en lui disant : « Mon enfant, regarde le ciel et prends courage; aujourd'hui on t'arrache la vie, mais c'est pour la changer en une meilleure. »

D'Autun où ils avaient fait briller le flambeau de la foi catholique, nos trois missionnaires marchent à de nouvelles conquêtes. Bénigne se rend à Dijon, Andoche et Thyrse, son diacre fidèle, se dirigent vers Saulieu à la prière de Fauste, seigneur de cette ville et qui avait de grands biens dans la région. A peine arrivés, nos deux héros se mettent à prêcher l'Évangile; à leurs voix, une multitude d'idolâtres renoncent à l'erreur et demandent le baptême. Les prêtres païens, menacés de voir leurs idoles abandonnées, en conçoivent un violent dépit. Ils ameutent donc la populace et excitent contre Andoche et Thyrse une sédition formidable dans laquelle ils enveloppent également Félix, honnête marchand qui les avait reçus dans sa maison. Saisis par une troupe de forcenés, ces hommes vertueux, dont tout le crime était d'avoir annoncé la vérité, sont abreuvés d'outrages, traînés par les rues et déchirés à coups de verges et de cordes nouées. Puis, les membres en lambeaux et les bras attachées par derrière, ils sont suspendus en l'air pendant toute une journée, afin d'épouvanter par la vue de ces tourments ceux qui seraient tentés de délaisser le culte des dieux. Quand on les descendit, ils vivaient encore. Alors on appliqua sur leurs membres meurtris des charbons ardents et c'est à coups de leviers que les bourreaux les achevèrent. C'était le 24 septembre 178. Les fidèles qu'ils avaient si douloureusement enfantés à Jésus-Christ recueillirent leurs restes mortels et les inhumèrent dans l'endroit de leur supplice sous la direction de Fauste, leur seigneur, accouru d'Autun tout exprès. Une chapelle fut construite sur le lieu où reposaient leurs corps et il s'y fit dans la suite un concours considérable de pélerins. [1]

----

(1) Extrait du bréviaire romain, propre Nivernais.

CHAPITRE IX

Les Curés.

———

Nous avons vu de quel moyen la divine Providence s'est servie pour implanter la foi dans notre pays. Les curés sont chargés de la conserver et de la développer. Ils doivent pour cela offrir le Saint Sacrifice de la messe, prêcher, catéchiser, en un mot faire toutes les fonctions ecclésiatiques. Ils continuent de cette façon l'œuvre de N. S. J.-C. auprès des âmes.

Nous serions heureux de connaître tous les prêtres qui se sont succédé dans la paroisse d'Alligny et il serait intéressant de savoir le bien qu'ils y ont fait, les luttes, les joies et les consolations qui ont marqué leur passage.

Hélas ! nous n'avons que 33 pasteurs dont les noms soient arrivés jusqu'à nous. Du moins faut-il à tout prix sauver ceux-là de l'oubli, en rappelant les quelques données que l'histoire nous a conservées sur chacun d'eux, et en faisant ressortir les événements qui ont encadré leur ministère.

Inscrivons-les d'abord par ordre chronologique :

    1° Pierre . . . . 1278 à . . . .

    2° Humbert du Pont . . . . 1380 à . . . .

    3° Hugues Gouhault . . . . à . . . .

    4° Jean Muley . . . . 1485 à . . . .

    5° Hugues Nobilis . . . . 1504 à . . . .

6º Jean Muler . . . .   1518 à . . . .
7º Guillaume Bonain . . . . .   1520 à . . . .
8º Hilaire Bonain . . . .   1522 à . . . .
9º François Regnault . . . . .   1522 à . . . .
10º Blaise Bonain. . . . .   1528 à . . . .
11º Philibert Muler . . . .   1531 à . . . .
12º Lazare Cottin . . . .   1588 à . . . .
13º Jehan Robelin. . . . .   1608 à . . . .
14º Jacques Salier. . . . .   1615 à . . . .
15º André Auribault . . . . . .   1624 à 1648
16º Lazare Auribault . . . . . .   1649 à 1664
17º J. Corbizot . . . .   1664 à 1665
18º Edme Guillier. . . . .   1665 à 1707
19º Joseph Guillier . . . .   1707 à 1711
20º Jean Blaizot. . . . .   1711 à 1729
21º Jean Morot . . . .   1730 à 1734
22º Claude Buchillot . . . . . .   1734 à 1738
23º Jacques Burevelle. . . . . .   1738 à 1769
24º Jean-Baptiste Blandin. . . .   1769 à 1782
25º Edme-Alexandre Crepey. .   1782 à 1798
26º Jean Largy . . . .   1801 à 1805
27º Pierre-Claude-André Rasse.   1805 à 1815
28º Philibert-Amédée Michelin.   1815 à 1819
29º Jean-Baptiste Croiset. . . .   1820 à 1824
30º Jean-Marie Pillien. . . . . .   1824 à 1879
31º Jean Thépénier . . . .   1880 à 1891
32º Claude Navare. . . . .   1891 à 1895
33º Jean Bruneau . . . .   1895 à . . . .

CHAPITRE X

Les Curés, du XIIIᵉ au XVIᵉ siècle.

1ᵒ PIERRE (1278).

Pierre, curé d'Aligny, signe une information des droits de l'évêque d'Autun sur la léproserie de Vitteaux le samedi 29 janvier 1278 [1].

2ᵒ HUMBERT DU PONT (1380).

Son passage dans la paroisse nous est révélé par une fondation dont ci-joint le texte français :

« Fondation faite à l'église d'Aligny de quatre messes de *Requiem* les quatre jeudis des Quatre-Temps de l'année par Robert Rosée et Guillemette sa femme, dudit Aligny, pour raison de laquelle fondation lesdits Rosée et sa femme donnent au sieur Humbert du Pont, curé d'Aligny, une pièce de pré située en la Combe de la Palue dudit Aligny, avec un champ tenant audit pré, le tout situé sous la maison presbytérale dudit Aligny, aux conditions que ledit curé et ses successeurs au temps à venir feront chacun an exactement et perpétuellement ladite fondation. Ladite fondation en latin et en date du samedi après la fête Saint-André 1380,

---

[1] *Cartulaire vert de l'évêché d'Autun*, tome I, fol. 128.

passée pardevant Thomas Dupion, notaire, curé de Saint-Martin. »[1]

L'année suivante, Pierre d'Ostun approuva cette fondation et supplia l'évêque d'y donner son consentement; c'est ce que nous lisons dans un manuscrit que nous devons à l'obligeance du docteur Monot, de Montsauche, et que nous reproduisons intégralement avec l'orthographe de l'époque.

« A tous ceulz qui ces présentes lectres verront et ouront Pierres d'Ostun seigneur de Chevigney chevaliers fais savoir que comme Roubert Rosee de la parroiche d'Aligny et Guillemete sa femme mes homme et femme mainmortables cest assavoir ladicte Guillemète de l'auctorité son dit mari aient donné baillié et délivré en héritage perpétuel à messire Humbert du Pont prestre curey apresent dudit Aligny pour nom et au profit de sa dicte église et pour lui et ses successeurs curés dicelle église une pièce de prey et de terre arable autretens le prey contenant deux sees et la terre contenant deux journalz ou environ lesquelz furent Moreal et Bernart Binces fréres et a Jaquete leur mer et sont assis pres de la maison du presbitaire de ladicte église tenans au prey et a la terre encienes de ladicte église et es terres tierceables de Montabolein et au chemin commun pour lequel lon va dicelle église à la Palud. Par mi ce que ledit curey et ses successeurs sont et seront tenuz chascun an perpetuelment es quatretemps célébrer en icelle église par le remeide des ames des diz Roubert et Guillemete à chascun quatretemps une messe si come ce avec autres con-

---

venances faictes et eues antreulz sur cest fait est
plux aplain contenu en lectres scellees du seel de la
court de..... l'an mil trois cens quatre vins le semadi
apres la feste saint Andree apostre je par contempla-
cion de la dicte église .... monseigneur l'avesque
d'Ostun de cui fied mouve ces choses que je tien
en ladicte parroiche et auxit au roy nostre sire seigneur d..... supplie humblement que en ce veullent
donner leur consantement ladicte donation aliena-
cion bail et délivrance des diz..... Les diz mes
homme et femme au profit de ladicte église perpetuelment et tout le contenu des dictes lectres loue
ratiffie approuve..... consen et veul et octroie par
moy et mes successeurs que iceulz héritaiges soient
et demeurent perpetuelment a ladicte église et aux
curez dicelle a titre que dessuz saul a moy retenu
tant seulement en yceulz ma justice et soignorie
comme par avant promectant pour mon serement et
sur l'obligation de mes hoirs et biens presens et
advenir lez choses dessus dictes tant la dicte dona-
cion comme autres tenir garder senz faire ne venir
en contre par moy ne par autre taisiblement ou en
appert toutes excepcions de fait et de droit cessans
et arrieres mises veullans a l'observacion de ces
choses estre contraint comme de chose adjugée par
la court du roy nostre sire et de monseigneur d'Ostun
et par chascune dicell aux juridicions desquelles
cours quant ad ce je submet moy mes hoirs et biens
en témoing de laquelle chose je ay mis mon seel a
ces lectres faictes et donnees lan de grace mil trois
cens quatre vins et ung le macredi avant la feste
saint Thomas appostre présens Rolet David Hugues
Diart de saint Verein Hugues Triffoneal escuiers et

Guiot le costurier de Villiers tesmoings ad ce requis et appelez. »

3o HUGUES GOUHAULT (....)

Impossible de lui assigner une date. Dans le manuel R, page 27, nous lisons que « messire Hugues Gouhault, prêtre, doit sur sa maison curiale et sur les champs de la Champaigne six blancs et un niquel de cens. » [1] Son nom est inscrit sur la grosse cloche, peut-être en qualité de vicaire ou de prêtre habitué, car nous le rencontrons au château d'Alligny comme secrétaire de « noble hôme george de fontette, escuyer b[on] daligny, » dont il tient les comptes et les livres. Le terrier d'Illan, 1530, signale plusieurs familles de ce nom : Sylvestre Gouhault, parochien d'Aligny, Jehan, Guillaume, Pierre, Philippe Gouhault, toutes habitant Ruère. Notre curé était-il originaire de ce hameau ?

4o JEAN MULEY (1485)

Le registre P, page 108, mentionne son nom dans les deux lignes suivantes : « jour tenu en la chappe de la maison de messire Jean Muley, curé d'Aligny, par moi Jean Muller, juge de mon dit seigneur George de Fontette, le 20 avril 1485. » [2]

5o HUGUES NOBILIS (1504)

Nous le rencontrons dans un contrat de vente fait en 1504, d'une portion d'Alligny par Jean de Busset

---

(1) Archives château d'Alligny.
(2) Archives château d'Alligny.

à Alexandre Damas : « Messire Hugues Nobilis qui doit chacun an de taille au terme Saint-Barthélemy 9 gros, à cause de sa cure. » [1]

6° JEAN MULER (1518)

C'est ce curé dont le nom est gravé sur la grosse cloche et qui dirigeait la paroisse en 1518.

7° GUILLAUME BONAIN (1520)

8° HILAIRE BONAIN (1522)

9° FRANÇOIS REGNAULT (1522)

10° BLAISE BONAIN (1528)

La comtesse de Busset avait des prétentions sur la cure d'Alligny. Le seigneur d'Alligny les réduisit à néant. Dans un manuscrit de 1644, il affirme à ladite Dame, seigneur d'Illan, que la cure était « anciennement bâtie dans un bois appelé le bois de la Palue, finage de Basole, laquelle a été démolie et transférée dans le village d'Aligny, où elle se voit aujourd'hui bâtie sur le chemin qui tend à la Chaux, appelé la *rue Boisseau,* laquelle rue, ensemble la maison curiale et les champs qui l'environnent, sont dans le finage et de la totale justice du seigneur d'Aligny. » Et il prouve que la cure est de sa totale justice, d'abord par les livres de compte attestant que les curés François Regnault, Hilaire, Blaise et Guillaume Bonain ont payé « au seigneur d'Aligny chacun an 3 blancs à cause de la cure ; » ensuite par les registres où sont consignés les jours de justice tenus en la

---

[1] Archives château d'Alligny.

maison curiale assise soit à la Palue, soit « deça Tarène sur la rue Boisseau. » C'était en 1520 pour Guillaume Bonain, en 1522, 1524 et 1527 pour Hilaire Bonain, en 1522 pour François Regnault, en 1528 pour Blaise Bonain. [1]

Hilaire Bonain a son nom marqué sur la grosse cloche, peut-être en qualité de vicaire.

11° PHILIBERT MULER (1531)

Le 23 avril 1531, une vente reçue Pelletier, notaire, fut « faite par Guillaume et Jean Mathé, *aliàs* Peaut, frères, du village de la Cremaine, à M. Philibert Meuler, curé d'Aligny, d'environ trois journaux de terre située au finage de la Cremaine, lieu dit l'Ouche des Ruaz, tenant du long dessus à la terre de Nicolas Niétin, du long dessous au chemin de Jarnoy à Saulieu, d'un bout aux jardin et maison dudit vendeur et d'autre part au chemin de Ruaz. *Item* environ deux autres journaux de terre assis audit finage, lieu dit au pré de Culey, tenant du long à la terre de Guillaume Bailly, du long dessous au pré dessous au pré dudit acheteur, d'un bout à la terre de Guillaume Bailly et d'autre bout es communautés. Ladite vente faite pour la somme de 17 livres. » [2]

12° LAZARE COTTIN (1588).

Lazare Cottin (Nazaire Cottin dans un autre manuscrit) semble commencer la série non interrompue des curés d'Alligny. Il est probablement du pays, car son

---

(1) Archives château d'Alligny.
(2) Archives château d'Alligny.

nom est répandu dans la paroisse. Il avait à Basole un frère, Jean Cottin, à qui un procès fut intenté en 1588, parce qu'il avait coupé dans la Palue un chêne destiné à « boucher des héritages qui ne sont pas de la justice d'Aligny. Lazare Cottin, curé d'Aligny, appelé et entendu, a dit avoir fait prendre à son frère l'arbre en question, ayant droit de le faire comme curé d'Aligny. » [1]

Par un bail à cens, reçu Pelletier, notaire, le 5 novembre 1596, le même curé Cottin loue à Jean Pasquelin, maréchal à Alligny, un « petit canton de terre étant au bout d'une pièce de terre assise sous l'église d'Aligny, communément appelée Ouche-au-Prêtre, à prendre depuis un petit buisson au-dessus et proche un petit orme étant entre ladite terre et l'aisance commune, tirant à fil droit à une borne faisant séparation d'entre ladite terre et les pasquiers proche la rivière, sous la rente annuelle et perpétuelle de 5 sols tournois, payable audit curé chaque fête Saint-Martin d'hiver. » [2]

----

(1) Archives château d'Alligny.
(2) Archives château d'Alligny.

CHAPITRE XI

Les Curés au XVIIe siècle.

13º JEHAN ROBELIN (1608)

Jehan Robelin était peut-être originaire du Meix Robelin, de Gouloux. En 1608, le 7 septembre, il délaissa tant en son nom qu'en celui de ses successeurs, « à titre de bail à rente perpétuelle, à Jehan Lomme, de Champcreux, à ses hoirs et ayants-cause, un lopinot de pré... moyennant la somme de 40 sols tournois, de belle-main payés..., et 2 sols de rente annuelle et perpétuelle, payable chacun an à la Saint-Martin d'hyver. » [1]

14º JACQUES SALIER (1615)

Une transaction du 29 juin 1615 nous fait connaître le curé Salier.

Elle fut passée entre « messire Jacques Salier, prêtre, curé d'Aligny et les paroissiens de l'église dudit lieu, par laquelle ledit Salier, curé, se serait obligé de desservir ladite cure bien et dûment, comme il était requis, et le jour de dimanche, outre le service ordinaire de la grande messe et vêpres, il serait tenu de faire l'eau bénite du matin et les prières accoutumées et ordinaires, et pendant icelles faire osten-

---

(1) Archives fabriciennes.

sion du corps de Dieu, et cela fait, donner la
bénédiction aux assistants, et le jour de lundi une
messe de *Requiem* pour les trépassés, sans faillir et
à toujours. Serait en outre tenu es jours solennels
de faire ou faire faire les services qui étaient ordonnés
par les saints statuts ; et moyennant les choses
susdites, seraient tenus les habitants paroissiens
tenant feu et lieu de payer chacun an audit curé ou
vicaire desservant ladite cure, savoir, pour les
épousailles 15 sols pour tous droits ; pour les rendues
qu'il conviendrait donner par ledit curé ou vicaire
même somme de 15 sols ; pour les droits de mortuaires paieraient pour chacun chef d'hôtel et enfants
jusqu'à l'âge de 12 ans, 15 sols et une poule, et pour
les enfants au-dessous de 12 ans, chacun 7 sols et
6 deniers, sans pouvoir par ledit curé ou vicaire
prétendre pour lesdits mortuaires autres droits que
ceux-ci ci-dessus déclarés. Ayant encore été déclaré
que, moyennant les services qui seraient faits par
ledit curé ou vicaire, lesdits habitants paroissiens
seraient aussi tenus de payer chacun an au jour de
fête nativité de Notre-Seigneur, chacun tenant feu et
lieu, 3 sols 4 deniers pour le droit de bichot que
prétendait ledit curé. » [1]

Dans la suite, paroissiens et curés négligèrent de
se conformer aux clauses de ladite transaction.
L'affaire fut portée au Parlement de Bourgogne qui,
par un arrêt du 13 juillet 1672, obligea et les habitants d'Alligny et leur curé, Edme Guillier, à s'en
tenir à ce qui avait été accepté ou convenu.

Nous rencontrons encore le curé Jacques Salier

---

[1] **Archives château d'Alligny..**

dans une autre transaction du 23 janvier 1622, transaction qui a été reproduite en son lieu. (*Voir page 50*).

14° ANDRÉ AURIBAULT (1624 à 1648).

Avec l'abbé André Auribault commencent les registres de la catholicité pour les baptêmes, mariages et sépultures de la paroisse. L'abbé André Auribault naquit à Planchez, si l'on s'en rapporte à cet acte de décès du 9 février 1626. A cette date « fut enterrée Suzanne Bidau, en son vivant femme de Léonard Auribault, de Boudenot, paroisse de Planchez, et mère de Pierre et de Suzanne Auribault et de Me André Auribault, son dernier enfant, p^{bre} curé d'Aligny. Dieu ait pitié de son âme et la veuille mettre en son saint paradis. Amen. » [1]

André Auribault présenta en 1633 au roi Louis XIII, pour obtenir la réintégration de diverses redevances seigneuriales importantes dont jouissaient ses prédécesseurs, une requête à laquelle le roi répondit en ces termes :

« Louis par la grâce de Dieu roy de France et de Navarre, a nostre bailly d'Autun ou son lieutenant siege principal nostre ame maistre André Auribault prestre curé de la paroisse d'Aligny nous a exposé qu'en ladicte qualité de curé du domainne et temporel de ladicte cure luy competent et appartiennent plusieurs beaux droictz et debvoirs tant en rantes censes corvees poules preys terres vignes pasquiers bois buissons lodz remuage dismes usages et autres droictz et debvoirs desquels droictz ses autheurs ont

---

[1] Archives municipales.

jouy paisiblement de passé et luy exposant despuis
sa prise de possession dune partye diceux néanl-
moings a présent plusieurs personnes luy en refusent
le payemant et en sont deheues de diverses années
sans quilz luy ayent voulu communiquer aulcungs
tiltres ou pièces servans d'exception ny vouloir faire
recognaissance ny eux inscripre sur les papiers tiltres
et terriers de lad. cure au contraire ilz font journel-
lement plusieurs indeheues entreprises en ses héritages sans qu'il puisse bonnement s'opposer parce
que la négligence de ses prédécesseurs et les guerres
et mortalités des années précédantes ont faict perdre
la cognoissance de ses dictz droictz et dissipé une
partye des tiltres et enseigmans diceux cest pourquoy comme il désire de recouvrer iceux et les
conserver à ceux qui desserviront cy apres ladicte
cure il nous a suplié luy impartir de remede convenable a ces causes desirans pourvoir a nos subjectz
selon lexigence des cas vous mandons et parce que
ladicte cure d'Alligny est assize soubz vostre ressort
et jurisdiction enjoignons que vous commettrez ung
ou plusieurs de nos notaires jurés suffisans et non
suspectz ny favorables soit de vostre ressort ou autre
de nostre royaulme leur attribuant a cet effect toute
jurisdiction et cognoissance necessaire lesquelz feront
convenir par devant eux tous ceux et celles qui leur
apperront estre tenus et obligés a aulcunes charges
redebvances et autres choses despendant de lad.
cure les contraindre par serment solennel de les dire
déclarer et confiner legallemant et justemant en
quel lieu ilz sont assciz combien ilz en doibvent et
sont tenus en payer chacung an ensemble leurs
noms et surnoms en contraignant a ce faire et souf-

frir tous ceux et celles qui pour ce feront a contraindre tant par saisye des héritages et biens mis
en nostre main et qui leur apparoistra estre affectés
a l'exposant que par toutes autres voyes deheues et
raisonnables aussy..... et exiber les lettres tiltres et
enseignemans des choses par eux tenues et de tout
ce que chacung deux confessera pardevant lesdictz
commis et notaires sera faict ung livre en forme de
terrier auquel ilz mettront et inscripront toutes les
maisons hommes femmes dismes graine. revenus
preys terres et autres droictz appartenans à ladicte
cure et sil y a aulcunes difficultés touchant les limites
et confins par ceux qui tiennent héritages y joignans
iceux seront contrainctz par lesdictz notaires à
prandre et choisir des prudhommes pour y planter
bornes avec le serment et formalité entre eux accous-
tumé et lequel livre papier ou terrier signé de la
main desdictz notaires et scellé si besoing faict sera
delivré a l'exposant moyenant sallaire pour luy
servir et a ses successeurs en temps et lieu ce qu'il
appartiendra et s'il y a aulcunes oppositions seront
les partyes assignées pardevant les juges qu'il appartiendra pour en..... les causes auxquelz juges mandons faire aux partyes bonne et briefve justice sy
mandons au premier nostre huissier ou sergent requis
faire tous exploictz nécessaires car telle est nostre
plaisir. Donné à Dijon le vingt deuxiesme jour du
mois doctobre lan de grace mil six centz trante trois
et de nostre reigne le vingt quatrième.

« Par le Conseil,

« Quarré. » [1]

---

[1] Archives fabriciennes.

Sur la réquisition du curé André Auribault, et en présence d'Antoine Thiroux, avocat du roi, qui n'y fait pas opposition, André des Crotz, lieutenant général au baillage d'Autun, commit Emiland Guyard, notaire royal à Montot, à la confection du terrier de la cure d'Alligny. Nous n'avons point trace de ce terrier.

16° LAZARE AURIBAULT (1649 à 1664)

Dans son ministère pastoral, André eut pour collaborateur Lazare Auribault, son neveu probablement, et nous les suivons jusqu'en 1648. A cette date, le vicaire signe Lazare Auribault, curé, titre qu'il garda jusqu'en 1664. En plus d'une circonstance, André et Lazare sont parrains et le fait est relaté dans les actes de baptême.

Tout porte à croire que Lazare était du même pays que son oncle André. Du reste, les Auribault sont originaires de Planchez et, le 19 septembre 1660, Lazare signe le contrat de mariage entre Léonard Perreault, natif de Montsauche, et Pierrette Auribault, sa cousine, fille de feu Emiland Auribault et de Marguerite Ligeron, « du village de Boutenot, paroisse de Planchez. »[1]

En 1652, le 10 juin, par devant Martin, notaire à Moux, Mme de Xaintonge et Lazare Auribault font un échange de terrain. Le curé donne à la dame et à ses héritiers un quartier de pré appelé Chaume-la-Rousse, situé au finage d'Alligny, de la levée d'un demi-char de foin, et la dame cède au curé et à ses

---

[1] Archives Adnot, notaire à Moux.

successeurs une autre quartier de pré appelé Pré-des-Fourneaux, sis au finage de Jarnoy. [1]

Il y avait une fondation Auribault, consistant en quatre messes et quatre *Libera* annuels, à raison de cinq livres par an, payables en mars. Cette fondation provenait-elle de l'abbé André Auribault ou de son successeur Lazare? Nous n'avons point de documents pour trancher la question. Quoi qu'il en soit, cette fondation n'existe plus depuis la Révolution.

17° J. CORBIZOT (1664 à 1665)

L'abbé Corbizot remplace Lazare Auribault en août 1664 et ne demeure que sept mois curé de la paroisse, jusqu'en février 1665. Rien de connu sur son séjour.

18° EDME GUILLIER (1665 à 1707)

Edme Guillier fit à Alligny une résidence de 42 ans. Nous le croyons de Saulieu, car, dans les actes de baptême, nous trouvons marraine, en 1671, Constance Guillier de Saulieu; parrain, en 1675, Claude Guillier, praticien à Saulieu; marraine, en 1677, Marguerite Guillier, femme Laligant, notaire royal à Saulieu; marraine, en 1678, Marie Guillier, de Saulieu, etc. Cette famille Guillier devait habiter Saulieu.

La santé de notre curé fut souvent ébranlée. Une première fois en 1666; en cette année-là, il fut deux fois malade et nous lisons alors trois signatures aux

---

(1) Archives château d'Alligny.

actes religieux : Champeau, Robillon et Morizo. Une seconde fois en 1669, et les actes du ministère sont accomplis par l'abbé Poiret « en place du sieur curé malade. » Une troisième fois en 1670, et alors nous rencontrons au bas des actes les noms de MM. Lazare Rebourg, curé de Moux; Pelletier, prêtre, et même d'un sous-diacre, suivant l'indication de la note ci-jointe : « Le second jour du mois d'octobre 1670 a été inhumé Claude..... par moi Benoît Martin, sous-diacre, attendu que l'on n'a pu trouver aucun prêtre et que le sieur curé d'Aligny était malade. » Une quatrième fois, enfin, et alors, M. Champeau, curé de Saint-Martin, et aussi frère Estienne, gardien des Capucins de Saulieu, ont souci de la paroisse « à cause de la maladie de M. le Curé. » [1]

En 1666, 22 novembre, pardevant Coujard, notaire royal résidant à Jarnoy, il y eut échange de terre entre notre curé et Edme Barot-Blettier. Le curé abandonne à Barot le pré de l'Épine, autrement dit pré des Fourneaux, situé au territoire de Jarnoy et contenant un char de foin, et Barot abandonne au curé et à ses successeurs une terre appelée le Champ-de-Derrière, attenant à la maison presbytérale et de la semence de deux boisseaux, tenant d'un long et d'un bout à Jean Jeannin, d'autre bout à Philibert Jeannin, et de toutes autres parts aux jardin, aisances de ladite maison curiale et au grand chemin tendant dudit Alligny à la Cremaine. [2]

En 1683, l'abbé Edme Guillier eut le triste honneur de rendre les derniers devoirs à la comtesse d'Aligny, Philippe de Montessu.

---

[1] Archives municipales.
[2] Archives Monot, de Montsauche.

En 1694, Edme Guillier paya dix livres d'amortissement pour un échange, trente-quatre livres quatorze sols quatre deniers de décime et quarante-un sols un denier pour son droit de synode.

Le 6 mars 1696, il baptisa « Claude, fils de Me Hugues de Vissuzaine et de Philiberte Bruneau. A été parrain Me Claude Collenot, praticien de Mont et marraine dame Jeanne de Vissuzaine, qui se sont soubsignés. » [1]

Au mois de mars 1704, il se fit une si cruelle gelée que tous les blés furent perdus, ce qui occasionna une grande famine dans le pays.

Le dernier acte pastoral de l'abbé Guillier est du 1er mai 1707. Il mourut deux mois et demi après. Voici l'acte de sa sépulture :

« Le mercredi 13 juillet 1707, messire Edme Guillier, p^{bre}, curé d'Aligny, décéda âgé de 70 ans et fut inhumé par le soub^{né} curé de Moux, après avoir reçu les sacrements de l'Église en tel cas requis et accoutumés, en pr^{ense} de Mre Sébastien Champeau, curé de Saint-Martin, de Mre Jean Morizot, curé de D'un les Places, de Mre Henri Bel, curé de Ménessaire, de Mre Joseph Guillier, curé de Saint-Léger, et de Mre François Ballivet, p^{bre}, tous soubsignés. » [2]

L'abbé Guillier n'avait pas songé à mettre ordre à ses affaires temporelles et il s'en alla dans l'éternité sans avoir écrit son testament. Ses héritiers se mirent donc en possession de toute la succession. De son côté, Mgr de Séneaux, évêque d'Autun, dont relevait Alligny, fit saisir les meubles comme lui appartenant,

---

(1) Archives municipales.
(2) Archives municipales.

en vertu de ses titres et de la possession de ses prédécesseurs, de succéder aux meubles d'ecclésiastiques de son diocèse qui mouraient sans tester. Sur l'avis de trois fameux avocats, il assigna les héritiers aux requêtes du palais où il fut rendu une sentence qui ordonnait aux parties de se soumettre. Les héritiers en appelèrent à la cour. Mᵍʳ de Séneaux se défendit d'abord, puis, mieux conseillé, il abandonna ses prétentions, sans attendre la décision d'un arrêté qui aurait pu ne pas lui être favorable. [1]

Il y avait, avant la Révolution, une fondation qui portait le nom du curé Edme Guillier. Elle provenait donc de la famille du défunt et consistait dans une « rente de trois livres due à la fabrique d'Aligny par les héritiers Guillier, en conformité de certaine transaction portant fondation au profit de ladite paroisse, reçue Larmier, notaire à Saulieu, le 9 décembre 1708 [2]. » La rente devait être payée par les cohéritiers de l'ancien curé. En 1752, elle fut prise à la charge de Mᵐᵉ de Choiseul, mais elle s'éteignit à la Révolution.

---

(1) *Histoire de l'église d'Autun,* tome II.
(2) Archives fabriciennes.

CHAPITRE XII

Les Curés au XVIIIe siècle.

——————

19° JOSEPH GUILLIER (1707 à 1711)

Son nom figure dans l'acte de sépulture d'Edme Guillier. Probablement neveu de son prédécesseur, il quitta Saint-Léger-de-Fourches pour prendre la succession de son oncle. Son pastorat ne dura que quatre ans et sa dernière signature est du dimanche 12 avril 1711.

Le grand événement qui marque son pastorat fut le terrible hiver de 1709. Nous le consignons ici tel que nous l'avons lu. Un opuscule intitulé : *Parthiot, une famille d'origine française à travers les XVIe, XVIIe, XVIIIe et XIXe siècle,* nous en parle en termes qui font frémir encore.

« L'hiver de 1708 à 1709 fut, comme l'on sait, désastreux... L'état de dénuement dans lequel se trouvèrent les paroissiens d'Alligny-en-Morvan, après cet hiver calamiteux, a été consigné, avec une simplicité saisissante, par un contemporain auquel nous cédons la parole :

Le treizième jour du mois de juin mil sept cent neuf, à la requête de Dimanche Carré et Jean Regniau, receveurs des tailles royalles de la paroisse d'Aligny l'année présante, qui font eslection de domicile en leurs maisons aux villages de Reglois et Pantière, paroisse d'Aligny, par moi, Philibert Donat, sergent à Aligny, soussigné, certifie m'estre transporté parmy toute lad. paroisse avec lesd. Carré et Regniau, en-suitte du commandement à eux fait de la part par Fichot, huissier, en datte du 12 juin, de la part du sieur receveur du baillage d'Autun.

« Premièrement : *Aligny*. — Transporté au domicile de Noël Grillot, je lui ay fait commendement de payer les sommes à quoy ils sont imposés au roolle de la taille, m'a fait réponse n'avoir argent ; nous n'avons dans le domicile dud. Grillot trouvés aucuns meubles ; dans le domicile de Thomas Pairuchot, nous n'avons trouvé aucuns meubles. Transporté au domicile de Jean Debize, parlant à sa femme et a dit n'avoir argent ny aucuns meubles ny pain depuis deux mois. Transporté au domicile d'Esmiland Pichot et de la veuve Guillaume Pautard, nous n'avons trouvés aucuns meubles, mais elle couche sur un peu de foing contre terre. Transporté au domicile de Pierre Martin et Pierre Jeannin, avont dit n'avoir argent ny meubles, ny moyens, ny de quoi vivre. Transporté au domicile de Claude Chou-reau, Jean Cottin, Claude Bonnard, à eux fait com-mandement de payer les sommes portées par le roolle et nous ont dit n'avoir argent et n'avons trouvé aucuns meubles ny grain qu'environ deux livres de pain de fougère. Transporté au domicile de Philibert Julien et de Jean Gallard, parlant à leurs personnes, commendement à eux de payer les sommes cy dessus, avont fait réponse qu'ils n'avaient ny meubles ny pain pour leur famille et s'ils avaient de l'argent qu'il estait au pain.

« *Jarnoy*. — Mêmes lamentations ; pas de grain dans tout le village.

« *La Cremaine.* — Sans pain depuis Pâques; quatre personnes mortes de faim.

« *Chancoumois.* — La veuve Jean Collenot avait abandonné la localité. Les autres voulaient abandonner leurs biens « plutôt que de payer la tôte. » Ils mouraient de faim; pas une once de pain dans le village. Depuis un mois ils ne vivaient que de « raveniaux sauvages. »

« *Bazolle et Pantière.* — Depuis trois mois n'avaient tenu pain, ne mangeaient que des herbes.

« *Mont.* — « Village de six méchantes maisons. » Cinq femmes veuves, onze petits orphelins qui n'avaient pour subsistance que des herbes sauvages qu'ils amassaient dans les champs.

« *Ruère, la Ferrière, Reglois.* — Ne vivaient que de pain de fougère et couchaient « sur les carreaux avec un peu de paille sans aucun linge. »

« *Marnay.* — Deux mois qu'il n'avaient veu pain; qu'environ cinq boisseaux d'avoine qu'ils avaient pour semer les ont mangé même. Lazare Chouriau, garde moullin du moullin de Marnay et lieux voisins a certifié qu'il y avait bien un mois que le moullin n'avait moulu graine. »

Quant à la visite à la Chaux, la voici *in extenso :*

« *La Chaux.* — Transporté à la Chaux au domicile de Jean Thénard. Transporté au domicile de Dimanche Beugnon. Transporté au domicile de Guillaume Noelle. Transporté au domicile de Jean Thibault. Transporté au domicile de la Veuve Cottin. Transporté au domicile de Jean Garnier, tous manouvriers aud. lieu, commendement de payer les sommes portées par le roole, parlant à leurs personnes, nous avons fait réponse n'avoir argent, sommes entrés dans leurs domiciles, nous n'avons trouvé anciens meubles, avons dit qu'ils ne vivaient que d'orties et de chardons sauvages depuis Pâques; en ça nous sommes entrés dans le domicile de Claude Pichenot pour dresser le présent, et nous a dit que la chose était véritable. » [1]

Que conclure du mutisme du sergent en ce qui concernait les autres contribuables? Que ceux-ci avaient déjà payé. En effet, le silence de Donat ne pouvait être la conséquence d'un oubli, attendu que c'est au domicile de Claude Pichenot qu'a été dressé le procès-verbal que nous venons de citer. De plus, la cote de Me Nicolas Girardot, lequel était avocat en Parlement, ne pouvait être classée dans la catégorie des irrécouvrables. Pourtant Donat nous semble s'être trompé en qualifiant de manouvriers Jean Thénard et Dimanche Beugnon. Le premier était imposé à 53 livres, ce qui ne représente pas moins de 160 francs de nos jours, et le second à 40 livres. D'un autre côté, tous deux sont portés cultivateurs aux rôles des années précédentes et suivantes.

L'absence générale des meubles n'a pas été non plus sans nous frapper particulièrement. Admettre l'engagement au mont de piété serait folie pure. Que pouvaient-ils donc être devenus, ces meubles, assurément très rudimentaires?.... » [2]

Signalons en terminant cet acte de sépulture : « Le 15 février 1710 a été inhumée une femme que l'on a dit être de la paroisse de Brassy et qui fut amenée sur une charrette par un homme inconnu et

---

(1) Archives Parthiot, de Ruère.
(2) Archives Parthiot, de Ruère.

qui est morte sur le grand chemin proche de la maison des Julien, qui sont de la paroisse de Gouloux. »[1]

En nos temps de formalisme, une pareille défunte transportée par un pareil conducteur mettrait en mouvement tout un personnel...

Que devient le curé Joseph Guillier? Nous n'avons pu le découvrir.

20° JEAN BLAIZOT (1711 à 1729).

Le curé Blaizot avait pour grand-oncle « maistre Edme Guillier. »

Nous ignorons son pays natal. Il fit en 1716 une absence de près de six mois et les prêtres qui s'occupèrent de la paroisse ajoutaient volontiers à leurs actes : « en l'absence du sieur curé d'Aligny. » Signalons parmi les signataires F. Alexis de Château-Chinon.

L'acte de baptême ci-joint nous renseigne sur les excellentes relations de l'abbé Blaizot avec la famille de l'enfant. « Le jeudi 29 juin est né et a été baptisé Jean, fils de Charles Monin, maître d'école audit lieu d'Aligny et de Marie Charlot, sa femme. Le parrain a été maistre Jean Blaizot, p[bre], curé d'Aligny, et la marraine Marie Bonin, d'Aligny. »[1]

Après 18 ans de pastorat, M. le curé Blaizot rendit son âme à Dieu : « Le trentième octobre audit an 1729, est décédé, muni des Saints Sacrements de l'Eglise, environ les deux heures du matin, et a été inhumé dans cette église, le soir à Vêpres, par les soub-

---

(1) Archives municipales.
(1) Archives municipales.

signés curés, maître Jean Blaizot, curé d'Aligny, hâgé d'environ 43 ans, et encore en présence des sieurs parents soubsignés. »[1]

Parmi les signataires : Morot, curé de Blanot; Hubinet, prieur-curé de Moux; J. Ravier, curé de de Villiers.

21° JEAN MOROT (1730 à 1734)

Le successeur de l'abbé Blaizot avait 24 ans en arrivant dans la paroisse. Son père se nommait Simon Morot et sa mère Catherine Roy. Il était originaire d'Anost où demeuraient son frère Louis, praticien, et sa sœur Jeanne.

Après le décès de son prédécesseur, comme aussi pendant sa présence personnelle, la paroisse fut desservie tantôt par M. Dubled, prêtre, tantôt par M. R. Morot, prêtre, chanoine, de l'église collégiale de Saulieu, tantôt par M. Beoffron, curé de Saint-Martin, mais surtout par frère Claude de Dijon, capucin, qui en janvier 1730 écrit : « Moi soussigné, prêtre capucin, desservant la paroisse par commission de M. Jean Morot, curé dudit Aligny. » Il faisait donc ici l'office de vicaire, ainsi que le chanoine R. Morot, « M. le Curé étant malade » (acte du 16 juin 1733), — « par l'indisposition de M. le Curé d'Aligny » (acte du 27 janvier 1734). Aussi ne soyons pas surpris de lire cet acte de sépulture :

« Le 27 mars 1734 a été inhumé dans l'église d'Aligny maître Jean Morot, prêtre curé d'Aligny, âgé

---

d'environ 28 ans et, muni des Saints Sacrements de l'Église, mourut hier vingt six dudit mois. [1]

« Signé : B. Morot, curé de Blanot, — R. Morot, chanoine à Saulieu, — Hubinet, prieur-curé de Moux, — Bizoüard, curé de Saint-Léger, — de Beaulieu, curé de Ménessaire, — d'Aligny, gouverneur d'Autun, qui était son ami. »

Dans son testament, écrit quelques jours avant sa mort, 2 mars, nous lisons :

« Ledit sieur Jean Morot, prestre, en cette qualité, veut mourir en la foy catholique, apostolique et romaine, comme un bon prestre doit faire. Il recommande son âme à Dieu tout puissant, créateur universel de toutes choses, priant notre Seigneur et Rédempteur Jésus-Christ de le placer au royaume céleste, intercédant la bienheureuse Vierge Marie d'estre sa protectrice et de prier pour luy et aussi Saint Jean son patron et tous les Saints et Saintes du paradis. — Veut et entend estre hinumé dans le chœur de l'église dudit Aligny, et quand à ses frais funéraires, il s'en remet à la discrétion de ses héritiers cy-après, scachant qu'ils s'en acquitteront fidèlement. — Ordonne et entend ledit sieur Morot testateur qu'il soit dit et célébré pendant l'année de son décès cent messes de *Requiem* pour le repos de son âme, dans quelque endroit que ses héritiers le jugeront à propos. — Ordonne et entend aussi ledit testateur qu'il soit distribué aux pauvres de la paroisse d'Aligny 60 mesures de seigle six mois après son décès, lesquels pauvres seront nommés par ses dits héritiers

---

(1) Archives municipales.

et tenus d'assister à la messe qui sera célébrée ce jour-là pour le repos de son âme... » [1]

22° CLAUDE BUCHILLOT (1734 à 1738)

L'abbé Buchillot nous est connu par une signature du 15 mai 1734. Nous le croyons volontiers de Saulieu, en consultant l'acte de baptême du 19 janvier 1737, où nous lisons : « Marraine Marie Buchillot, de Saulieu. » Avant son arrivée, la paroisse était desservie par le P. Gabriel d'Auxonne, capucin, qui mentionne à la date du 2 mai 1734 le fait « d'un grand *libera* annuel » demandé par les parents du défunt Jean Bonnard et commencé ce même 2 mai. Nous avons déjà constaté l'existence de ces *libera* annuels dans la fondation Auribault. Elle est donc bien ancienne au pays cette coutume de prier pour les morts par le chant du *libera* à chaque dimanche de l'année.

M Buchillot ne resta que quatre ans au milieu de ses paroissiens et son dernier acte pastoral est du 26 juillet 1738. Le 27 août suivant, il fut inhumé à Saulieu dans le cimetière de Saint-Andoche par MM. du Chapitre; il n'avait que 28 ans, comme son prédécesseur.

23° JACQUES BUREVELLE (1738 à 1769)

Par disposition testamentaire, du 14 décembre 1768, l'abbé Burevelle avait demandé à être inhumé à Saulieu. C'est donner à penser que Saulieu était son

---

[1] Minute Nicolas Pescœur, Archives Adnot, notaire à Moux.

pays d'origine et qu'il voulait rejoindre ses parents dans la tombe. Il fut malade en 1743 et les capucins de Saulieu vinrent à son secours. Et parce que la maladie se prolongeait, nous rencontrons en 1744 le nom de deux vicaires : « Félix, prêtre vicaire d'Aligny, » et « Nicolas Pingeon, curé de Lamenay-sur-Loire, faisant ici les fonctions de vicaire. » Et le curé nous apprend encore qu'en 1747, pendant une autre maladie, il fut traité à Saulieu.

En 1751, nous assistons à l'ouverture du jubilé, le dimanche 28 novembre.

Mais voici que pour la première fois nous avons le plaisir de rencontrer Monseigneur l'évêque d'Autun, Antoine de Malvin de Montazet. C'est le 4 octobre 1753. Le lendemain, Sa Grandeur bénissait la chapelle du château. Bien que la note que nous allons reproduire n'en parle point, on ne saurait douter que Monseigneur ait administré le sacrement de Confirmation. Mais en même temps il dressa un procès-verbal relatif aux intérêts temporels de la fabrique. Alors, comme aujourd'hui, les évêques n'étaient pas indifférents à la bonne gestion et à la régularité des comptes des établissements religieux et plusieurs fois nous avons lu des procès-verbaux de ce genre, signés tantôt par messire Larlevault, curé-archiprêtre d'Anost, tantôt par messire Jean-Charles de Cassandre de Beaufort de Miramon, archidiacre d'Avallon et vicaire général de Monseigneur l'évêque d'Autun.

Voici cette pièce :

« Par le calcul du présent compte fait double, la recette s'est trouvée monter à la somme de cent soixante et dix livres trois sols huit deniers, et la dépense à celle de cent quarante-quatre livres, dix-neuf sols six deniers. Partant, la recette excède la dépense de celle de vingt-cinq livres quatre sols deux deniers, dont le fabricien comptable fera état aux recettes à son prochain compte, ainsi que de celle de dix-sept livres dix sols six deniers qui ont été trouvées aujourd'hui dans le tronc de l'église et de vingt-trois livres de fil trouvées aussi dans le coffre de ladite fabrique et que ledit comptable représentera ou comptera du prix d'icelui lors de son prochain compte. Ordonnons au surplus que ledit fabricien fera toute diligence nécessaire pour le recouvrement de vingt-neuf ans de la rente de trois livres due à ladite fabrique par les héritiers Guillier, en conformité de certaine transaction portant fondation au profit de ladite paroisse, reçue Larmier, notaire à Saulieu, le neuf décembre mil sept cent huit, sauf néanmoins au comptable à demander en reprise ledit article dont il se chargera au prochain compte à vue de quittance dont lesdits héritiers pourraient justifier, ou de diligence suffisante par lui faite contre eux. Ainsi clos et arrêté par nous évêque d'Autun, faisant notre visite épiscopale dans la paroisse d'Aligny, le quatre octobre mil sept cent cinquante trois, et avons signé avec nos vicaires généraux et official de notre évêché, le sieur Curé dudit Alligny, ledit comptable et autres présents le sachant faire, et avons fait contresigner par notre secrétaire ordinaire.

« † Ant. év. d'Autun. — L'abbé de Lemps, vic. gén. — Delagoutte, vic. gén. et grand archidiacre. — Develle, chan. et official. — Burevelle, c. a. — A. Martin. — Bonnard. — Par Mgr, Mirolin. » [1]

---

[1] Archives fabriciennes.

Cette affaire du paiement de la rente Guillier ne fut réglée qu'en 1762. Alors « le 8 janvier, M. Guillier, de Saulieu, cohéritier du sieur Guillier, ancien curé d'Aligny, a payé chez M. Maréchal, le notaire, à Claude Pitois, fabricien dudit Aligny, la somme de 33 livres pour sa moitié de 22 années dues à la fabrique dudit lieu par les héritiers dudit sieur Guillier. Il en est dû autant par le sieur Laligant qui a demandé la mi-carême. On justifia de quittance du sieur Blaizot jusqu'à sa mort arrivée le 29 octobre 1729. D'où il résulte qu'il n'était dû à la fabrique d'Aligny que 22 ans au lieu de 29, que Mgr l'évêque d'Autun a ordonné de demander, lors du compte qui fut rendu par devant lui le 4 octobre 1753. » [1]

Ensuite : « Le 23 mars 1762, M. Laligant, tant pour lui que pour les cohéritiers du sieur Edme Guillier, ancien curé d'Aligny, a payé à l'église d'Aligny, entre les mains de Claude Pitois, l'un des fabriciens d'icelle, la somme de 33 livres pour la moitié de 22 années dues à ladite église, l'autre moitié ayant été payée par le sieur Guillier, comme il est dit ci-devant, au moyen de quoi il n'est plus rien dû à ladite fabrique depuis la mort du sieur Blaizot, ancien curé dudit Aligny, jusqu'au traité fait en 1752 avec Mme la comtesse de Choiseul. De laquelle somme de 33 livres il a été donné quittance par devant notaire audit sieur Laligant, ainsi qu'audit sieur Guillier pour sa portion. » [2]

L'église avait besoin de réparations qui furent exécutées par Bonin et Bourgeois. Il s'agissait : 1° de relever en entier le couvert de devant qui regarde le midi ; 2° de relever aussi la largeur de quatre chevrons

---

(1) Archives fabriciennes.
(2) Archives fabriciennes.

à chaque bout sur le couvert de derrière qui est au couchant, du bas en haut, et faire la noue qui joint la tour du clocher et repiquer et émousser en entier le dit couvert; 3° de mettre du doulement où le vieux ne vaudra rien, des contre-lattes et coiaux où il en manquera; 4° d'enduire partout où le mortier aura quitté et surtout le faîte; 5° de raccommoder et blanchir le plafond; 6° de fournir, amener et mettre en place les tuiles creuses, tant qu'il en faudra, dont les entrepreneurs auront soin de se pourvoir, ainsi que de grands et petits clous qui seront nécessaires; 7° de refaire le bras de la seconde cloche, le rendre plus solide et par ce moyen la mettre en état d'être sonnée plus aisément.

Les dits entrepreneurs Jean Bonin et Hilaire Bourgeois devaient fournir tous les matériaux, comme chaux, tuiles creuses, clous, arène, etc., à la réserve des contre-lattes et du doulement que l'abbé Burevelle promettait de donner gratis.

Le marché eut lieu le dimanche 24 juillet 1757 et fut accepté. La confection de l'ouvrage devait être soumise à la visite, et alors il fut délibéré par les fabriciens et les paroissiens de solder aux entrepreneurs la somme de 53 livres et 24 sols de vin qui ont été payés comptant, savoir sur ladite somme de 53 livres, 12 au commencement de l'ouvrage, 21 en le finissant et les 20 livres restantes à la Saint-André prochaine, lorsque la visite aura été faite et qu'on aura éprouvé s'il ne pleut en aucun endroit du couvert.

On ne saurait tout prévoir, et quand on a pris les précautions contre la pluie, on n'est point pour cela en garde contre les voleurs.

En effet, cinq ans après les réparations, le tronc de l'église fut ouvert et l'argent dérobé. C'est alors que ce tronc fut transporté à la sacristie. Et à ce sujet, l'abbé Burevelle consigne la réflexion suivante :

« Il y a maintenant deux troncs dans la sacristie, fermant chacun à deux clefs, dont l'une est entre les mains du sieur curé et l'autre entres celles des fabriciens, précaution convenable pour éloigner tout mauvais soupçon. Il est même à propos que l'argent soit déposé là plutôt que dans la bourse des fabriciens, parce que la paroisse est pauvre et qu'on y puise quand on a besoin, j'entends dans les troncs, bien en sûreté dans la sacristie. » (1)

L'abbé Burevelle, après avoir rendu les derniers devoirs à son confrère de Moux, Jean-François Hubinet, prieur et curé, décédé le 24 août 1757, le suivit dans l'éternité douze ans après. Son successeur, l'abbé Blandin, nous apprend la date de sa mort qui arriva le 28 octobre 1769, et le lieu de sa sépulture, à savoir le cimetière de l'église Saint-Nicolas, à Saulieu. Sa dernière signature est du 17 octobre 1769. Il avait dirigé la paroisse pendant 31 ans, et il mourut âgé d'environ 68 ans. Il avait été vicaire à Saulieu de juin 1733 à septembre 1738.

24º JEAN-BAPTISTE BLANDIN (1769 à 1782)

Le 7 mars 1736, à Blancey, canton de Pouilly-en-Auxois, vint au monde Jean-Baptiste Blandin. Il avait pour père M. Didier Blandin, fermier à Blancey, et pour mère « honnête Jeanne Moreau. » Il fut

---

(1) Archives fabriciennes.

tenu sur les fonts du baptême par Jean Roidot, notaire royal à Beurey-Beauguet et par Marcelline Vilard. Ordonné prêtre à Chalon, en décembre 1762, il fut d'abord vicaire de Meilly. Sa nomination à la cure d'Alligny est du 30 octobre 1769.

Son premier acte pastoral est du « lundy honze décembre, » et son dernier porte la date du 20 janvier 1782. Il fut donc pendant 13 ans à la tête de la paroisse. Un peu plus de trois ans après son installation, il eut la tristesse de conduire au tombeau le vicaire que son prédécesseur lui avait laissé. Voici en effet l'acte de décès :

« Maître Jean-Marie Descertaine, prêtre vicaire d'Aligny, âgé d'environ 40 ans, muni des saints sacrements de Pénitence, Viatique et Extrême-Onction, est mort le 1er février 1773 et le 3 a été inhumé dans le chœur de l'église paroissiale dudit Aligny par les prêtres, curé et vicaire, soussignés, en présence d'un grand nombre de paroissiens dont plusieurs se sont soussignés. » [1]

Le curé Blandin et l'abbé Boiteux, vicaire de Moux, étaient les deux prêtres soussignés.

C'est l'abbé Blandin qui fit placer dans l'église, en juin 1776, la chaire et le maître autel actuels.

La chaire fut travaillée par Ponpon, menuisier à Saulieu. Pas n'était besoin d'être artiste pour la confectionner; elle n'a aucune valeur. Son prix, avec différents accessoires, s'élevait à 164 livres 12 sols.

Mimeur, tailleur de pierre à Arconcey (Côte-d'Or), livra l'autel pris à l'atelier, pour la somme de 124 livres. Cet autel en remplaçait un autre dont la

---

[1] Archives municipales.

table fut employée pour servir de piédestal à la croix de l'ancien cimetière. La tradition prétend que cette table, ou grande pierre rectangulaire, provenait d'un autel de l'église de la Combe de la Palue. On la voit encore aujourd'hui dans notre cimetière, tout près de la grande croix du milieu.

En 1779, le curé Blandin signa une « reconnaissance » que nous avons reproduite au chapitre VII de cette monographie.

L'année suivante, il tomba malade, détail que nous tenons de l'abbé « Hilaire, prêtre desservant pendant la maladie de M. le Curé. » Mais ce n'est qu'au bout de deux ans que le bon Dieu rappela à lui son fidèle serviteur. En effet, « le 31 janvier 1782, est décédé maître Jean-Baptiste Blandin, curé d'Aligny, muni des sacrements et le lendemain a été inhumé dans le cimetière de cette paroisse, âgé d'environ 46 ans, en présence des soussignés. »

Les soussignés, se nomment : Lucotte, curé de Blanot. — Renard, curé de Saint-Martin. — F. Cosme, capucin-prêtre. — Courtépée, curé de Saint-Léger. — Girard, vicaire d'Aligny. — Chapot, vicaire de Moux. [1]

25° EDME-ALEXANDRE CREPEY (1782-1798)

Après la mort de M. Blandin, la paroisse fut desservie par le vicaire Emiland Girard, jusqu'au jour où l'autorité religieuse désigna l'abbé Edme-Alexandre Crepey pour la cure d'Alligny. Le nouveau pasteur était né le 8 juillet 1752 du légitime

---

[1] Archives municipales.

mariage de M. Léonard Crepey, marchand à Mairey, hameau de la paroisse de Mont-Saint-Jean, canton de Pouilly-en-Auxois, et de Louise Dupasquier. A l'époque de son ordination sacerdotale, en décembre 1776, il avait déjà trois frères prêtres : François était curé de Pazy, près de Corbigny ; Jean, curé de Saint-Andeux, et Jacques, curé de Charny, avec lequel nous faisons connaissance en novembre 1785, pour l'enterrement « d'honorable Jean Morin, aubergiste à Aligny. » L'abbé Alexandre, bachelier en droit, fut nommé à la cure d'Alligny le 16 février 1782 et vint s'y installer en quittant le vicariat de Pouilly-en-Auxois. Sa première signature est du 13 mars. Il signale à la date du 3 juin 1787, la première communion de 85 enfants. Jusqu'alors les registres ne nous parlaient pas de cette fête paroissiale ; ils se contentaient, les années précédentes, de mentionner un achat de cierges à cette occasion. Ainsi en 1785 nous lisons : « pour 14 livres et un quart de cierges de la première communion à deux livres, fait vingt-huit livres six sols. »[1]

Nous approchons de l'époque néfaste de la Révolution.

On sait que les Etats généraux, convoqués le 4 mai 1789, prirent le 17 juin suivant, à la majorité de 491 voix contre 90, le titre d'Assemblée nationale. C'était la chute de la vieille société française, et la révolution était opérée. Elle commença le 14 juillet par la prise de la Bastille par le peuple. Les prisons s'ouvrirent et mirent en liberté une foule de malfaiteurs qui épouvantèrent la France. Une terreur

---

[1] Archives fabriciennes.

panique se répandit dans tout le royaume et s'empara subitement de nos campagnards, qui, armés de faulx, de piques et de cognées, couraient à l'annonce des brigands d'un village à l'autre, sans jamais les rencontrer. Tel village, disait-on, est pillé, saccagé, tout y est à feu et à sang. On arrivait, c'était plus loin. Cette époque a toujours été nommée depuis par nos morvandeaux, l'année de la peur.

On célébrait l'anniversaire de la prise de la Bastille sous le nom de Fédération et cette fête à Alligny se faisait religieusement comme l'indique le procès-verbal suivant :

« Nous, Maire et Officiers municipaux et Notables, formant le conseil général de la commune d'Aligny, attestons que la fête de la Fédération a été célébrée et sanctifiée en ce dit jour, 14 juillet 1791, et après la messe, M. le Maire et susdits officiers avons prêté le serment au cas requis d'être fidèles à la nation, à la loi et au roi, et après midi, vêpres, après lesquelles nous avons chanté le *Te Deum* en actions de grâces. »[1]

L'Assemblée nationale avait la fureur de tout bouleverser. Elle commença le 2 novembre 1789 par déclarer propriétés nationales tous les biens ecclésiastiques, et ce, sans autre forme de procès. Ces biens, fruits de legs pieux et de fondations pour la mémoire perpétuelle des défunts, avaient été jusque-là et à bon droit respectés comme une chose sacrée. L'aliénation et l'acquisition devaient naturellement en être regardées comme criminelles, comme des actions impies qui porteraient malheur.

---

[1] Archives municipales.

C'est alors que les propriétés de la fabrique d'Alligny furent mises en vente ; nous en avons dit un mot au Chapitre VII de cette monographie.

Le pré des Ecroits, situé au finage de Jarnoy et appartenant à la fabrique, n'avait pas été délivré, paraît-il, malgré les affiches publiées en leur temps. Le Conseil municipal réuni le 4 pluviose de l'an IX décida « qu'avis en serait donné à l'administration sur le champ. »[1]

Il y avait urgence en effet, la patrie était en danger.

L'Assemblée nationale continua de supprimer les provinces et le 26 janvier 1790 elle décréta une nouvelle division administrative de la France. C'est alors qu'Alligny fut détaché de la Bourgogne, malgré les protestations du pays.

Cette nouvelle division du royaume en départements rendait presque nécessaire une nouvelle circonscription de diocèses pour faciliter l'expédition des affaires ecclésiastiques. Mais régulièrement il appartenait au roi d'en référer au pape qui, seul, avec son autorité spirituelle, pouvait régler une chose de si haute importance.

L'Assemblée, poussée par la manie des innovations, n'y mit pas tant de scrupule, et le 8 juillet 1790, elle fit elle-même une nouvelle circonscription de diocèses dont elle résumait le nombre à celui des départements, en leur assignant les mêmes limites.

De là à la constitution civile du clergé il n'y avait plus qu'un pas. Elle ordonna donc que les évêques, les curés et les abbés seraient désormais élus par le peuple, avec défense aux évêques nommés de

---

[1] Archives municipales.

s'adresser au pape pour en recevoir approbation et juridiction.

En outre, elle obligea tous les évêques, tous les prêtres et tous les abbés à prêter serment à cette constitution civile du clergé.

Ce serment était absolument contraire aux principes de la religion. Un certain nombre de prêtres, hélas! firent ce serment. Et ceux qui le firent reçurent le nom de prêtres constitutionnels ou assermentés, par opposition aux prêtres insermentés ou réfractaires, qui refusèrent courageusement de se conformer à cette loi inique.

Que se passa-t-il dans le clergé d'Alligny par rapport à ce serment? Les archives municipales nous l'apprennent à la date du 13 février 1791 :

« Maître Edme-Alexandre Crepey, curé d'Aligny et maître Théodore Nyauld, vicaire de ladite paroisse, conformément au décret de l'Assemblée nationale du 27 novembre 1790, sanctionné le 26 décembre suivant, ont prêté le serment de veiller avec soin sur les fidèles de la paroisse qui leur est confiée, d'être fidèles à la nation, à la loi et au roi, de maintenir de tout leur pouvoir la constitution décrétée par l'Assemblée nationale et acceptée par le roi. » [1]

---

[1] Archives municipales. — Ce même serment schismatique fut encore prêté le 2 octobre suivant par le successeur de l'abbé Nyauld, l'abbé Dominique Thibault. Ce nouveau vicaire avait été ordonné prêtre à Nevers le 24 septembre 1791 par Guillaume Tollet, évêque constitutionnel de la Nièvre pendant la Révolution. Le 12 mai 1792, nous le rencontrons curé de Saint-Léger-de-Fougeret. Le 1er germinal an XI, par devant le conseil du district de Chinon-la-Montagne, « a comparu Dominique Thibault, ci-devant curé de la commune de Fougeret, lequel, en exécution de l'arrêté du citoyen Lefiot, représentant du peuple dans le département de la Nièvre, a déclaré qu'il

Voilà donc l'abbé Crepey assermenté. Depuis lors et jusqu'au 9 septembre 1795, jour de sa rétractation, il céda malheureusement aux idées courantes, au point de devenir, lisons-nous dans les archives de l'évêché d'Autun, « suspens, irrégulier, schismatique, pour avoir, par différents actes publics, reconnu la prétendue autorité de l'évêque intrus, publié ses prétendus mandements, admis ses prétendues dispenses, agi en conséquence d'icelles, livré sa lettre de prêtrise. » (1)

Pourtant ses mœurs demeurèrent intactes, et quand parut la loi ordonnant aux prêtres français ou de se marier ou de prendre à leur charge le soin d'un enfant, d'un vieillard ou d'un mendiant, sa détermination fut celle d'un bon curé. En effet, « le 27 octobre 1793, l'an second de la République Française, s'est présenté devant nous, officiers municipaux de la commune d'Aligny, le citoyen E.-A. Crepey, curé de ladite commune, lequel, en exécution de l'arrêté du citoyen Fouché, représentant du peuple dans les départements de l'Ouest et du Centre, nous a déclaré qu'il avait pris chez lui le citoyen Denis Laure, mendiant, âgé de 62 ans et quelques mois, pour le nourrir et entretenir comme lui, conformément au dit arrêté ; de ce que dessus le citoyen Crepey nous a demandé acte. » (2)

Les temps devenaient de plus en plus critiques et

---

est dans l'intention de fixer son domicile dans la commune d'Alligny, dépendant de ce district. Le conseil, ouï l'agent national, donne acte audit Thibault du choix qu'il a fait de son domicile, arrête qu'il lui sera délivré expédition du présent..... » *(Archives municipales.)*

Ce malheureux prêtre se maria et il mourut à Chissey-en-Morvan.

(1) Archives évêché d'Autun.
(2) Archives municipales.

quoique les prêtres assermentés aient pu rester à la tête de leur paroisse, alors que l'on traquait les autres comme des bêtes fauves, cependant il était facile de pressentir qu'on ne tarderait pas à aboutir à l'entière suppression du culte. On y arriva, en effet, et par une loi du 18 octobre 1793, le culte catholique fut aboli sur tout le territoire français.

Avant la fermeture des églises, notre curé avait été chargé de tenir les registres de l'état civil. Jadis les actes des mariages, des baptêmes, et des sépultures, valaient autant pour le civil que pour le religieux. Mais des temps nouveaux n'exigent-ils pas un ordre de choses nouveau? L'état civil se constituera donc, ayant ses registres à part : la France continue à se séparer de l'Eglise.

Et à qui confier le soin de cet enregistrement auquel personne n'est préparé, sinon au prêtre accoutumé à remplir cet office? Aussi lisons-nous dans nos archives municipales, à la date du 10 décembre 1792 : « pour obéir à la loi du 20 septembre 1792 qui autorise toutes les municipalités de choisir parmi tous les citoyens un officier public capable de recevoir et faire l'enregistrement des naissances, mariages et décès..., en conséquence, nous avons choisi la personne du citoyen Edme-Alexandre Crepey, curé de ladite paroisse, que nous avons reconnu capable à remplir les fonctions d'officier public... M. Crepey qui était présent à la séance, a déclaré à l'assemblée qu'il acceptait avec reconnaissance ladite place d'officier public. » [1]

Cette nouvelle fonction d'officier public, l'abbé

---

[1] Archives municipales.

Crepey la garda jusqu'au 30 ventôse, an II, époque
à laquelle il donna sa démission par écrit.

Deux mois auparavant, le 4 nivôse an II, les gens
d'Alligny avait envoyé à la municipalité une protestation par laquelle ils déclaraient ne reconnaître
aucune loi empêchant leur curé de dire la messe et
lui demandaient d'obliger M. l'abbé Crepey à continuer ses fonctions pastorales. Cette protestation est
honorable, certes, mais elle resta sans résultat.

L'abbé Crepey inscrivit encore le 29 ventôse an II,
un achat d'encens, puis il quitta la paroisse, en
laissant cette note d'une rédaction impersonnelle,
mais tracée de sa main : « lors du départ de
M. Crepey, curé d'Alligny, les troncs furent ouverts
et les sommes qui y furent trouvées furent partagées
entre plusieurs particuliers qui promirent d'en rendre
compte à la première réquisition. » [1]

Enfin l'époque des violentes réformes toucha à
son terme. L'affreuse anarchie qui pesait sur la
France et l'avait couverte de deuil, tomba le 27 juillet 1794 avec la tête du farouche Robespierre et celle
de ses terribles suppôts. Délivrée des monstres qui
lui avaient déchiré le sein, la patrie respira un peu,
moins oppressée, quoique très faible et semblable à
un malade au sortir d'une longue et douloureuse
agonie.

C'est alors que nous voyons apparaître l'abbé
Crepey, qui probablement habitait chez son frère
J.-B. Crepey, propriétaire à Saulieu. « Ce jourd'hui
27 fructidor, troisième année Républicaine Française
une et indivisible, est comparu le citoyen Edme-

---

(1) Archives fabriciennes.

Alexandre Crepey lequel a déclaré qu'il se propose d'exercer le ministère d'un culte connu sous la dénomination de culte catholique, apostolique et romain, dans l'étendue de cette commune, et a requis qu'il lui fut donné acte de sa soumission aux lois de la République, de laquelle déclaration il lui a été donné acte, conformément à la loi du 2 prairial de l'an troisième ». [1]

Ce procès-verbal fut-il envoyé à l'administration, afin d'être agréé? Peut-être. Il semble toutefois qu'il resta lettre morte.

Si nous avons eu la douleur de voir l'abbé Crepey se séparer de l'église romaine, nous sommes heureux aujourd'hui de publier son retour au bercail. L'abbé Crepey était un homme intelligent et la série des lugubres événements qui avaient désolé la France l'avait fait réfléchir. La grâce de Dieu aidant, il écrivit enfin à Autun, le 9 septembre 1795, pour avouer ses torts et demander l'absolution des censures qu'il avait encourues. Le 17 du même mois, il fut réhabilité et maintenu dans sa paroisse.

Le voici encore devant l'autorité municipale :

« Cejourd'hui 14 brumaire, l'an IV de la République Française, devant nous, maire et officiers municipaux, a comparu le citoyen Edme-Alexandre Crepey, lequel nous a déclaré qu'il voulait exercer le ministère du culte catholique dans l'édifice de cette commune qui a servi de tout temps à cet usage; de laquelle déclaration il nous a demandé acte que nous lui avons octroyé pour lui valoir ce que de raison, et s'est, ledit Crepey, soussigné avec nous. » [2]

---

(1) Archives municipales.
(2) Archives municipales.

Notre église avait été rendue au culte, en vertu de la loi du 27 août 1795 qui abrogeait celle du 18 octobre 1793. Notre curé put donc rentrer au presbytère et il accomplit son ministère sans interruption jusqu'au 7 septembre 1797. A ce moment le coup d'État du 18 fructidor ayant de nouveau ameuté les révolutionnaires contre le clergé, l'abbé Crepey pour la seconde fois quitta la paroisse. Il n'y devait plus revenir ; il s'était caché chez son frère à Saulieu, dans la maison duquel il mourut le 18 février 1798. Son acte de décès porte que « le citoyen Ed.-Alex. Crepey, âgé de 45 ans 1/2, ex-ministre du culte catholique, demeurant à Alligny, fils du citoyen Léonard Crepey qui était propriétaire résidant à Mairey, commune de Mont-Saint-Jean, et de la citoyenne Louise Dupasquier, est mort le jour d'hier sur les 5 heures 1/2 du soir au domicile dudit sieur J.-B. Crepey. » [1]

Jusqu'en janvier 1801, nous n'avons plus de registres religieux au bas desquels soit apposée la signature d'un prêtre catholique. Faut-il en conclure que la paroisse resta abandonnée ? Non. Dès l'an 1791, en raison des circonstances graves que traversait l'Église de France, en prévision surtout de périls plus épouvantables, le Souverain Pontife avait chargé l'archevêque de Lyon, Mgr de Marbœuf, de pourvoir aux intérêts spirituels du diocèse d'Autun dont le siège était vacant. En conséquence, l'archevêque nomma comme administrateur apostolique du diocèse M. l'abbé Antoine Verdier, sulpicien et directeur au grand séminaire d'Autun. A son tour,

---

[1] Archives municipales de Saulieu.

l'abbé Verdier choisit parmi ses prêtres des missionnaires qui, avec autant de prudence que de charité, se dévouaient au salut des âmes.

Alligny eut pour premier missionnaire M. l'abbé Claude-François Renard, curé de Saint-Martin-de-la-Mer, depuis novembre 1772 jusqu'à sa mort arrivée le 11 février 1816. Grâce à cet intrépide pasteur, pendant la tourmente révolutionnaire, nos ancêtres ne furent pas privés des secours religieux, témoin la note manuscrite que M. l'abbé Verdier a laissée dans les archives de l'évêché d'Autun : « Alligny, 700 communiants et 1.000 avec les alternatifs ; Misionnaire, Renard, curé de Saint-Martin. »

CHAPITRE XIII

Les Curés au XIXᵉ siècle

26ᵒ JEAN LARGY (1801 à 1805)

Depuis le départ de l'abbé Crepey en 1797 jusqu'en janvier 1801, Alligny demeura sans pasteur canoniquement nommé. Nous disons : sans pasteur canoniquement nommé, car nous nous refusons à inscrire sur la liste des respectables curés de la paroisse l'abbé Claude Bizouard que nous ne faisons que mentionner.

« Le dix-sept messidor, an huit..., est comparu devant moi Jean Bourgeois, maire de la commune d'Aligny, le citoyen Claude Bizouard, ministre du culte catholique, lequel a déclaré être fidèle à la constitution de l'an VIII, conformément à l'arrêté du ministre de la police générale en date du 2 messidor dernier an VIII. » [1]

Ce Claude Bizouard était un religieux de Sept-Fons, qui vint ici sur la demande de quelques jacobins du pays et sans aucune institution ni nomination. Avant de s'installer au presbytère d'Alligny, il avait déjà, de son autorité privée et sans aucun pouvoir, exercé les fonctions curiales à

---

[1] Archives municipales.

Saint-Brisson. Mais il fut pasteur sans brebis, car pour ne point communiquer avec lui, les gens d'Alligny s'imposaient la fatigue d'aller aux offices à Saint-Martin. Nous lisons en effet dans le manuscrit de M. l'abbé Verdier : « Bizouard, l'instrus, exerce dans l'église ; les paroissiens vont à Saint-Martin-de-la-Mer. — 1800, une grande partie de la paroisse abandonne l'intrus et réclame un prêtre catholique. »

Ce vœu fut exaucé, et le 13 nivôse, an IX, l'abbé Jean Largy vint dans la paroisse en qualité de missionnaire diocésain. Il logeait au château, grâce à la bienveillance de Mme de Sérent. Son arrivée fut la cause d'une petite division parmi les habitants qui se déclaraient les uns pour Claude Bizouard et les autres pour Jean Largy. Afin d'éviter des conflits plus graves, la municipalité se vit obligée de prendre l'arrêté suivant :

« Cejourd'hui 14 nivôse, an IX de la République Française, nous Jean Bourgeois, maire de la commune d'Aligny, en vertu de l'article 4 de la loi du onze prairial an III, j'ai fixé les offices des sieurs Largy et Bizouard, iceux ministres du culte catholique en cette commune, savoir : ceux du sieur Largy, pour sa messe, à 9 heures du matin et pour les vêpres, à 2 heures du soir ; celle du curé Bizouard, à onze heures du matin et les vêpres à 3 heures du soir. » [1]

Cette situation regrettable se prolongea jusqu'au 20 ventôse an XI. Le concordat de 1801 reçut ici comme ailleurs son application. L'abbé Largy fut

---

[1] Archives municipales.

maintenu et officiellement installé curé de la paroisse; il reprit donc le chemin du presbytère.

L'abbé Bizouard mourut curé de Saint-Thibault-en-Auxois.

L'abbé Jean Largy était natif d'Arnay-le-Duc où il fut baptisé le 19 mars 1764. Ordonné prêtre à Autun, aux Quatre-Temps de décembre 1790, il fut d'abord employé comme professeur au collège de sa ville natale. Pendant les plus mauvais jours de la révolution, il se déguisait en colporteur et venait chercher un asile tantôt à Villargois dans la famille de Balathier, tantôt à Saulieu, chez Mme Balivet-Moreau, qui se faisait un devoir et un honneur de le recevoir et de le cacher au besoin dans une armoire à double fond, que l'on voit encore aujourd'hui à Saint-Léger-de-Fourches, dans le château de M. de Gouvenin.

Nous l'avons déjà dit, c'est le 4 janvier 1801 que nous rencontrons pour la première fois M. l'abbé Largy. Nous lisons en effet dans les archives municipales : « Le 13 nivôse, an IX de la République Française, s'est présenté le citoyen Jean Largy, prêtre domicilié à Saulieu... pour se conformer à la loi du 21 nivôse an VIII ; déclare qu'il promet fidélité à la constitution, de laquelle déclaration nous lui avons donné acte pour l'autoriser à exercer ses fonctions en cette commune. » [1]

Nous avons raconté les difficultés qui se produisirent dans la paroisse à son arrivée, difficultés qui cessèrent le jour où l'abbé Largy fut officiellement nommé curé d'Alligny par M. l'abbé Verdier. C'est

---

[1] Archives municipales.

dans les termes suivants que le préfet de la Nièvre en informa l'autorité municipale :

« Nevers, 20 pluviôse, an XI de la République Française,

« *Le préfet du département de la Nièvre au maire de la commune d'Alligny,*

« J'ai l'honneur de vous prévenir, citoyen, que le citoyen Largy, nommé à la succursale d'Alligny, après avoir prêté par devant moi le serment prescrit par la loi et avoir reçu son institution canonique, se rend dans votre commune pour y prendre possession. Vous voudrez bien mettre l'église à sa disposition et lui assurer toute la protection que le Gouvernement veut qui soit accordée aux ministres du culte catholique avoués par lui. J'ai l'honneur de vous saluer. » [1]

Le maire, un mois après, se conforma à la lettre de son supérieur hiérarchique.

« Cejourd'hui, vingt ventôse, an XI de la République Française, nous, maire de la commune d'Alligny, soussigné, en vertu de la lettre du préfet du département de la Nièvre, en date du 20 pluviôse dernier, portant que le citoyen Largy, nommé à la succursale d'Alligny, se rend dans ladite commune pour y prendre possession, après avoir prêté le serment prescrit par la loi et avoir reçu son institution canonique, avons mis et mettons l'église à la disposition dudit Jean Largy, conformément à la lettre

---

(1) Archives municipales.

précitée. De quoi nous avons dressé le présent procès-verbal pour servir et valoir ce que de droit.

Signé : Bourgeois, maire. — Largy, desservant d'Alligny. » [1]

Inutile d'affirmer la pauvreté de l'église et de la cure, à la suite des dix dernières années. L'église surtout, convertie en atelier de salpêtre, avait beaucoup souffert. D'autre part la fabrique avait été spoliée de ses revenus. La municipalité eut l'intelligence de la situation et, convaincue de la nécessité des réparations urgentes, elle vota, le 2 floréal an XII, une somme de 600 francs pour aller au plus pressé. Déjà au 19 thermidor, an XI, sur une convocation du sous-préfet de Château-Chinon, elle s'était réunie à l'effet de délibérer sur l'augmentation de traitement à accorder à son curé. « Considérant, disait-elle, que la population de notre commune est d'environ 2 300 individus et que la desserte en est pénible et difficile, nous consentons et promettons au nom de la commune d'ajouter au traitement qui pourra être fait par le Gouvernement au citoyen Jean Largy, notre desservant, une somme de 600 francs, sans y comprendre le casuel. Cette somme sera payée annuellement par les habitants, selon les facultés de chacun, à dater du 6 ventôse dernier, jour de la nomination dudit Largy à la desserte de notre commune. Nous ne pouvons assigner aucune somme pour l'ameublement de l'église et nous pensons qu'il suffirait d'employer 300 francs pour l'achat des objets les plus nécessaires au culte. » [2]

---

[1] Archives municipales.
[2] Archives municipales.

Voilà donc ce digne prêtre qui eut l'honneur de recommencer canoniquement l'exercice public du culte dans la paroisse et de renouer la chaîne des curés. Il ne résida que quatre ans à Alligny qu'il fut obligé de quitter en raison de sa santé. Peu après, il devint curé de Vandenesse et Maconge, dans le doyenné de Pouilly-en-Auxois, où il demeura jusqu'en 1808. De là il passa à la cure de Censerey et, en 1822, à la cure décanale de Liernais. En 1840, des raisons de santé l'obligèrent de nouveau à démissionner. Il vint se fixer à Saulieu où il mourut le 19 décembre 1841, à l'âge de 78 ans. Son inhumation eut lieu le lendemain, au cimetière, en présence de plusieurs curés du doyenné de Liernais.

D'après les personnes qui l'ont connu, c'était un homme de haute taille, un peu lent dans ses manières, mais sachant par son affabilité se faire aimer dans toutes les paroisses qu'il a desservies.

27° PIERRE-CLAUDE-ANDRÉ RASSE (1805 à 1815)

Fils de Joseph Rasse et de Pierrette Brochot, Pierre-Claude-André Rasse naquit et fut baptisé à Moux le 23 avril 1758. [1] Il fut ordonné prêtre à Autun, aux Quatre-Temps de décembre 1783 et succéda en 1805 à M. l'abbé Largy pour diriger la paroisse jusqu'en 1815 Avant d'être curé d'Alligny, il avait successivement occupé trois vicariats : celui de Dun-les-Places, 30 décembre 1783 ; celui de Saint-

---

(1) « J'ai nommé et institué, nomme et institue pour mon héritier universel en iceux biens, tant meubles qu'immeubles, Claude Rasse mon frère, diacre au diaucèse d'Autun... » (Testament de Reine Rasse, en date du 21 septembre 1783, reçu Vaudrey, notaire à Saulieu et mandé exprès à Moux. [*Archives Adnot, notaire à Moux*]).

Pierre de Vezelay, 26 octobre 1784, et celui de Viévy, 25 mai 1785. Il fut ensuite nommé, le 27 janvier 1787, curé de Verrey-les-Larrons. En 1793, nous le trouvons curé intrus de Voudenay. [1]

L'abbé Rasse était un homme de haute valeur qui aurait pu jouer un très grand rôle dans une autre position. Pour soulever les populations, comme il le fit en 1814 et en 1815, il fallait non seulement de l'initiative, mais il fallait avoir conquis à l'avance l'affection et l'estime du peuple par des services rendus, par des entreprises habiles, par des relations adroites et bienveillantes. Et, en effet, l'abbé Rasse avait le cœur bienfaisant, un esprit ouvert et communicatif, et qui comprenait les besoins des pauvres gens. Si Napoléon, qui se connaissait en hommes, l'a décoré, c'est parce qu'il avait découvert en lui un homme énergique et habile, capable d'exercer une très grande influence. Il aimait à rendre service, était toujours disposé à entendre la plainte d'un voisin malheureux et à lui fournir conseil et assistance pour se relever; mais il aimait aussi qu'on lui en fût reconnaissant. On disait familièrement de lui : il n'a pas peur, il sait faire marcher les affaires; mais il ne faut pas l'oublier, quand il a donné un coup de main.

Homme à la fois intelligent et ardent, le curé Rasse éprouvait sans cesse le besoin de se remuer et d'agir. Quand la vie du prêtre ne lui fut plus possible; quand à l'époque de la Révolution, il fallut ou se cacher ou s'exiler, son cœur s'émut à la vue des impossibilités qu'il voyait de toutes parts. « Me cacher ! se dit-il,

----

(1) Archives, évêché d'Autun.

mais je ne puis plus vivre sous terre comme une taupe, ni dans un grenier sans faire de bruit. Je m'emporterai contre les injustices et contre les criminels, je serai pris à cause de mes imprudences et je compromettrai les amis généreux qui m'auront abrité. — Me sauver ! mais je risque d'être arrêté pour les mêmes raisons, avant d'arriver à la frontière ; et quand même j'échapperais, l'ennui s'emparera de moi et je mourrai à l'étranger de chagrin et de misère. » La question fut mûrement débattue avec ses nombreux amis et l'on décida qu'il resterait, qu'il se montrerait aussi républicain que les autres, dans l'espoir d'empêcher un crime ou deux et même de sauver quelques innocents. Cela vaudrait mieux que de perdre ses amis ou de travailler avec les ennemis de la France.

Comme son caractère entreprenant l'avait mis en rapport avec une foule de gens de tous les partis et que ses manières cordiales lui assuraient le dévouement de toutes ses connaissances, il lui fut facile de se faire recommander et accepter comme gendarme dans la brigade d'Arnay-le-Duc.

Ses nouvelles fonctions ne furent pas en tout temps agréables. Un jour, on l'obligea à poursuivre un confrère dénoncé. A quoi se résoudre en cette douloureuse circonstance ? Se saisir de l'innocente victime et la mener au supplice ? Mais cela répugnait à son cœur de simple mortel et plus encore à sa conscience de prêtre. La laisser publiquement échapper ? Mais c'était se vouer lui-même à une mort certaine. Et le long du chemin, le prêtre-gendarme demandait au bon Dieu de vouloir bien lui inspirer la manière la meilleure de sauvegarder les intérêts de chacun. Et voici sa résolution : il prit le parti de faire parade d'une grande sévérité. Sur le point de pénétrer dans le logis suspect : « Camarade, dit-il à son compagnon d'armes, il ne faut pas que le gibier nous échappe. Cernons la maison. » Et tandis que le collègue dévoué aux ordres de Robespierre fait le guet par devant, l'abbé Rasse s'avance rapidement dans la direction opposée. Il pénètre dans une chambre. Le criminel dénonciateur avait dit vrai ; un prêtre était là, récitant son bréviaire. A la vue du gendarme, le pauvre prêtre frissonne ; son livre lui tombe des mains. « Ami, lui souffle à l'oreille M. Rasse, sauve-toi bien vite. Sous ce costume qui t'effraie, reconnais un confrère qui se cache à sa manière. Sauve-toi donc vite, car je ne suis pas seul. » Et le prêtre dénoncé, tout stupéfait d'abord d'un pareil langage, se rassure et s'empresse de fuir à toutes jambes. Et pendant ce temps-là, le gendarme Rasse gesticule, crie, réclame le ci-devant curé, ajoutant qu'on avait trompé la République. Le prêtre était sauvé.

Il y eut pourtant un homme qui fut vivement bouleversé pendant toute la durée de l'infructueuse perquisition : ce fut le propriétaire de la maison, que l'on menaça des plus grandes peines, si jamais il se permettait de cacher un curé.

De leur vie, les collègues du gendarme Rasse ne soupçonnèrent la pieuse fraude que nous venons de narrer.

Cette anecdote nous amène à raconter le zèle du curé-gendarme. Une fois revêtu de l'uniforme de policier, l'abbé Rasse se fit un plan très simple, mais dangereux pour un homme moins habile. « Je serai républicain ou patriote, tant qu'on le voudra, disait-il, et j'empêcherai le mal que je pourrai, sans me perdre moi-même. » Quelques-uns, nous le savons, ont blâmé cette conduite et l'ont appelée trahison. Il y a des cœurs ardents, d'une générosité très honorable qui n'admettent pas d'autre attitude que la lutte violente en face du mal, surtout en face du mal triomphant. L'abbé Rasse l'eut acceptée volontiers; il s'y sentait même porté par tempérament, mais il en voyait trop l'inutilité. Entre deux maux, choisissant celui qui lui paraissait le moindre, il s'imagina que sa vie active serait plus utile à ses amis que sa mort, et de fait, par l'ostentation d'un grand zèle républicain, il rendit de nombreux et inappréciables services.

Son intelligence, la souplesse de son caractère, ses questions adroites, un esprit très fin qui comprend surtout ce qu'on veut cacher, la confiance qu'il sut mériter auprès de toutes les catégories de citoyens lui permirent d'être habituellement bien renseigné et souvent de connaître les dénonciations avant les chefs. Alors il lui était facile de dire en passant à l'oreille d'un suspect : « Demain, dès le matin, nous vous arrêterons chez vous ; » ou bien de glisser cette commission à l'oreille d'un intermédiaire fidèle : « Allez prévenir un tel que sa maison sera fouillée aujourd'hui même. » On conçoit qu'avec de telles précautions le gendarme pouvait montrer le zèle le plus subtil, le plus farouche même, sans s'exposer à arrêter les innocents ou à compromettre ceux qu'il voulait aider. Au retour, on inscrivait au rapport : « les patriotes s'étaient trompés, » ou bien, « le gibier était parti, » ou encore, « d'affreux réaction-naires avaient donné l'alarme. »

Quelquefois cependant les meilleures précautions ne réussissaient pas. D'ailleurs on ne saurait tout prévoir et le gendarme Rasse tombait parfois sur la malheureuse victime contre laquelle il avait un injuste mandat. Alors, d'un *chut* très discret, il rendait l'espérance à la victime que le bicorne faisait pâlir, et d'un geste encore plus discret, il lui faisait signe de se glisser sous le lit ou sous le bahut; puis, après un grand vacarme contre les ennemis de la République, il passait son sabre dans la paillasse du lit ou dans le linge de l'armoire et s'assurait que personne n'y était caché. Il allait également l'enfoncer dans le foin du fenil et dans la paille du gerbier, s'emportant contre les gens de la maison dont les mauvais sentiments étaient assez connus, mais dont on aurait raison tôt ou tard. L'autre gendarme, qui gardait au dehors les issues, afin de ne rien laisser échapper, admirait l'ardeur du collègue Rasse, et rentrés à la caserne, tous deux inscrivaient au rapport : « Maison mal famée, gendarmes arrivés trop tard. »

C'est ainsi que plusieurs prêtres ont été sauvés et que bon nombre de laïques ont échappé à la prison et à la confiscation, peut-être même à la guillotine.

Quand la paix eut été rendue à l'Église, l'abbé Rasse abandonna sans regret l'uniforme de gendarme pour se remettre au service des âmes. C'était en 1800. Il s'installa d'abord à Moux, [1] son pays natal, en qualité de curé intrus, et c'est de là que, le 15 juil-

---

[1] Les registres de l'année entière 1801 et de 1802 jusqu'au 5 septembre, sont signés de sa main.

let 1802, il écrivit à Mgr l'Evêque d'Autun cette lettre si sacerdotale :

« A Moux, mercredi 26 messidor an X.

« Monsieur l'Évêque,

« Je viens d'apprendre avec une vive joie votre arrivée à Autun.

« Je ne doute plus à présent qu'animé des principes de justice et d'équité qui sont votre apanage, votre présence dans votre diocèse fera renaître le bon ordre et dissipera les troubles scandaleux qui depuis longtemps affligent et avilissent notre sainte religion et ses ministres.

« Permettez que je vous fasse ici ma profession de foi bien sincère. Je déclare que je professe et professerai toute ma vie la religion catholique apostolique et romaine ; que j'adhère de tout mon cœur aux articles et dispositions passées entre le Souverain Pontife et le Gouvernement français : que je vous reconnais pour mon légitime évêque et en cette qualité je vous promets toute l'obéissance dont je suis capable, ainsi qu'à MM. vos Vicaires généraux ; et renonce à la constitution civile du clergé.

« C'est avec ces sentiments que j'ai l'honneur d'être, avec le plus profond respect,

« Monsieur l'Évêque,

« Votre très humble et très soumis serviteur,

« Rasse, *prêtre.* » [1]

____

[1] Archives évêché d'Autun.

Quelque temps après cette lettre, l'autorité légitime nomma l'abbé Rasse à Gien-sur-Cure, où nous lisons sa signature sur les registres de 1803. Cette paroisse n'ayant pas été maintenue comme succursale, l'abbé Rasse fut envoyé à Alligny. Sa première signature est du 20 mars 1805. En 1809, « le Conseil municipal, considérant que la commune d'Alligny présente une étendue et une population considérables, ce qui donne au desservant plus de difficultés que dans une autre pour l'exercice du ministère et le met dans la nécessité d'avoir un cheval ; qu'alors il y aurait de l'injustice de lui refuser un supplément de traitement, arrête : il sera annuellement fourni par la commune d'Alligny un supplément de traitement de la somme de 300 francs. » [1]

En 1815, Napoléon, revenant de l'île d'Elbe, s'arrêta au château de Chissey pour s'y reposer quelques instants. L'abbé Rasse, connu pour ses opinions bonapartistes, ne voulut point manquer l'occasion d'aller lui offrir ses respectueux hommages. C'est en cette circonstance que l'empereur le décora, de sa main, de la croix de la Légion d'honneur.

Durant la seconde invasion des Alliés, plusieurs officiers de l'état-major prirent logement au presbytère d'Alligny et traitèrent le curé avec toutes sortes d'égards et de bienveillance. Mais l'abbé Rasse ne tarda pas à devenir l'objet de la surveillance la plus rigoureuse et il comprit que des délations avaient été lancées contre lui. Et en effet, il avait été accusé, outre ses opinions politiques, d'avoir reçu chez lui les chefs du camp des Latois, de s'être entendu avec eux

---

[1] Archives municipales.

sur les mesures à prendre et même d'avoir laissé fondre des balles dans son propre foyer.

Le jour du départ, sa maison fut dévastée, son mobilier chargé sur des chariots et lui-même emmené prisonnier à la suite de l'armée. A quel sort dut-il alors s'attendre? Ses angoisses furent si grandes que ses cheveux blanchirent pendant la première nuit qu'il passa en prison à Autun. Cela ne prouve-t-il pas qu'il se rendait parfaitement compte de la gravité de la situation? Heureusement pour lui, son évêque, prévenu à temps, était accouru et l'avait réclamé aux chefs de l'état-major. Ceux-ci, sur ses instantes sollicitations, consentirent à relâcher leur prisonnier, mais sous la condition d'une grave correction laissée à son choix. Or, voici la grave correction imposée à notre curé par son évêque, Mgr Imberties. Il lui fut défendu de célébrer la Sainte Messe jusqu'à ce qu'il eût prononcé une rétractation publique dans l'église de Montsauche. L'abbé Rasse apparut donc en chaire et, en présence des autorités et d'une nombreuse assistance, il fit amende honorable pour ses anciennes opinions et demanda pardon du scandale qu'il avait donné. Ensuite il descendit de chaire, puis monta à l'autel pour dire la messe. Après cela, il revint à Alligny. [1]

On comprend qu'après tant d'émotion l'abbé Rasse ait eu besoin de repos. Il se retira donc du Saint Ministère en 1815 (sa dernière signature est du 22 juillet), et laissa sa paroisse à M. Philibert-Amédée Michelin qui devint son successeur. Au bout de quatorze mois (1er septembre 1816), ce vaillant prêtre

---

[1] Archives fabriciennes.

fut envoyé à Saint-Agnan-la-Chapelle, on dit aujourd'hui Saint-Agnan-en-Morvan, qu'il dirigea un peu plus d'un an. C'est de là que, le 1er octobre 1817, son évêque le transféra dans son pays natal, à Moux, dont il fut le bien-aimé pasteur jusqu'à son décès, le 13 septembre 1832.

Ce bon et fidèle serviteur mourut, non pas dans la cure actuelle qui ne fut bâtie qu'en 1835, mais dans sa maison où il vivait avec son frère Théodore, juge de paix. C'est la maison habitée aujourd'hui par M. Rasse-Andriot.

L'on raconte que le jour de ses funérailles, plusieurs individus de la localité furent assez peu scrupuleux pour aller labourer ou semer du seigle, au lieu d'assister à la cérémonie funèbre. Les convenances leur dictaient cependant une autre ligne de conduite. Or, d'après les témoins oculaires, aucun grain ne leva de ce travail : le bon Dieu n'avait pas béni cette semence qui fut totalement perdue.

Nous ne voulons pas quitter l'abbé Rasse avant d'avoir édité ce souvenir posthume que l'on donne comme venant de M. l'abbé Berger, son successeur à Moux. Voici donc ce que M. Berger aurait raconté avec toutes les circonstances relatives à l'événement.

On vint une nuit, vers les onze heures, appeler M. le curé Berger pour baptiser un enfant qui venait de naître dans des conditions inquiétantes pour sa vie. Après la cérémonie, et pendant la rédaction de l'acte religieux à la sacristie, on apprend à M. le Curé la naissance d'un autre jumeau, mais d'une excellente santé. « Allez le chercher, répondit le prêtre, je ne serai tranquille sur son sort qu'après son baptême ; je vous attends à l'église. »

30° JEAN-MARIE PILLIEN (1824 à 1879)

L'abbé Pillien ayant occupé les fonctions de curé pendant la longue période de 55 ans et d'autre part, son souvenir étant encore très vivant dans tous les cœurs, notre désir eût été de consacrer à ce vénéré prêtre une notice détaillée. Notre tâche fut devenue singulièrement facile, si nous avions le bonheur de posséder encore les mémoires que l'abbé Pillien composa pendant ses loisirs. Malheureusement ces mémoires ont disparu et à notre grand regret nous ne pouvons utiliser, en écrivant ces lignes, que quelques notes échappées au naufrage.

L'abbé Pillien avait en effet entrepris l'histoire du pays à partir du XIIe siècle jusqu'à la fin de 1856. Son désir était même de la livrer à l'impression. Il s'en ouvrit dans ce but au Conseil municipal. C'était en 1875. Le Conseil se contenta « d'accepter avec reconnaissance la proposition bienveillante de son vénéré pasteur et de lui voter d'ores et d'avance des remerciements respectueux. »

Le 8 décembre 1799, naquit à Lormes Jean-Marie Pillien, du légitime mariage de Jean Pillien et de Jeanne-Légère Chambon. Ses parents l'envoyèrent au collège d'Autun et quand il eut terminé ses études théologiques, Mgr Roch Etienne, comte de Vichy, évêque d'Autun, l'ordonna prêtre, avec double dispense de temps et d'âge, le dimanche de la fête du Sacré-Cœur de Jésus, 13 juillet 1824.

Les prémices de son ministère furent pour son pays natal, qu'il aima toujours beaucoup, mais à la Toussaint suivante, Mgr Millaux, évêque de Nevers, l'envoya comme vicaire à Château-Chinon. Il n'y resta que huit mois, au bout desquels il reçut sa nomination pour la cure d'Alligny. Sa feuille de pouvoir porte la date du 18 juillet 1824, mais son installation n'eut lieu que le 14 août. Alligny sera son unique poste et, malgré les offres flatteuses que l'autorité ecclésiastique lui fit à deux fois différentes pour Saint-Saulge et pour Brinon, il ne voulut point se séparer de ses paroissiens. La mort seule sera assez puissante pour rompre les liens qui unissaient pasteur et brebis. Il mourut le 23 novembre 1879 et fut inhumé au cimetière, près de la croix commune.

Sa vie est trop connue pour que nous la racontions: il nous suffira de rappeler les principaux événements qui ont marqué son passage en ce pays.

Inutile de revenir sur l'érection de la paroisse en cure de seconde classe, sur les deux agrandissements successifs de l'église et sur l'installation des deux cloches; nous en avons déjà parlé. Nous nous contenterons de signaler l'érection du vicariat, les fondations de Mme de Sérent, l'établissement des Sœurs et des Frères, le Conseil des prud'hommes.

1. — *Érection du vicariat.*

Les vicaires connus d'Alligny remontent à 1624. On comprend qu'ils devaient être une lourde charge pour les curés et la fabrique. M. Pillien, qui avait l'œil à tout, essaya de les faire reconnaître par l'État et en 1847 il adressa aux membres fabriciens et municipaux un rapport dans le but de prouver la nécessité d'un vicariat pour la paroisse. « Les occupations du Saint Ministère se multiplient de jour en jour, disait-il; la population augmente, les principes religieux progressent, la foi devient plus vive, un établissement charitable de religieuses chargées de l'instruction des filles et du soin des malades est créé dans notre bourg. Tout cela exige de la part du pasteur plus de zèle et d'activité. Dans cet état de choses, un curé ne peut seul suffire à tant d'occupations; un auxiliaire lui devient donc indispensable. » [1]

Les raisons étaient péremptoires, aussi furent-elles agréées le 3 juin 1850 par le conseil de fabrique qui reconnut à l'unanimité la nécessité d'un vicaire pour la paroisse et émit le vœu qu'un vicariat fut érigé le plus tôt possible, non seulement canoniquement, mais encore légalement, c'est-à-dire de la part du Gouvernement.

Le Conseil municipal approuva le conseil de fabrique dans la séance du 17 juin suivant et par décret présidentiel du 31 août de la même année, l'érection du vicariat fut officiellement décidée. Voici la teneur du décret :

« Le Ministre secrétaire d'État au département des cultes,

« Vu les délibérations des conseils de fabrique et municipal de la commune d'Alligny-en-Morvand, arrondissement de Château-Chinon (Nièvre), sous la date des 3 et 17 juin 1850, portant demande de l'érection d'un vicariat dans la paroisse dudit Alligny,

« Et vu aussi l'avis motivé de Mgr l'Évêque de Nevers et de M. le Préfet de la Nièvre,

« A décidé le 31 août 1850 qu'un vicariat est établi

---

(1) Archives fabriciennes.

dans la paroisse d'Alligny-en-Morvan, diocèse de Nevers (Nièvre.) » [1]

Une décision ministérielle du 21 janvier 1886 a supprimé notre vicariat, en même temps que celui de plusieurs autres paroisses du diocèse. Une tentative a été essayée le 12 avril 1896 pour son rétablissement. Mais M. le Ministre des Cultes a répondu, sous la date du 11 août suivant, « que les crédits ne permettaient actuellement la création d'aucun vicariat. Il ne pouvait donc être affecté de vicaire à la paroisse d'Alligny que par suite d'une translation et rien ne fait prévoir qu'on en opère actuellement. » [2]

2. — *Fondation de Mme de Sérent.*

Il suffit de citer le nom de Mme de Sérent pour évoquer l'idée d'une personne vraiment charitable.

Frappée dans ses plus chères affections par la double mort de son mari qui périt le 30 juillet 1795 dans la fameuse journée de Quiberon et de sa fille qui, après sept ans de mariage, à l'occasion d'une brillante soirée donnée à l'ambassade d'Autriche, fut dévorée par les flammes, la comtesse de Sérent se dévoua sans réserve au service de Dieu et des pauvres. Elle combla de ses bienfaits les paroisses dans lesquelles elle avait des propriétés et, pour que ses bonnes œuvres lui survécussent, elle fit à la date du 16 mars 1840, son testament où nous lisons ce qui suit :

« Je lègue une rente perpétuelle de trois cents francs par an à chacun des curés ou desservants des

---

(1) Archives fabriciennes.
(2) Archives fabriciennes.

paroisses de Sermoise, Saint-Parize, Montsauche et Alligny, où j'ai des propriétés, mais successivement à celui qui aura cet emploi et non à la personne du curé ou desservant, et s'il est dans la religion catholique, apostolique et romaine; autrement cette rente, payée par mes héritiers par six mois et non remboursable, rentrerait dans ma succession. Je charge en faveur de cette disposition chacun des curés ou desservants de dire une messe chaque mois pour le repos de mon âme (Charlotte); une pour celle de mon père (Louis); une pour le repos de l'âme de ma mère (Marie); une pour celle de mon mari (Armand); une pour celle de ma fille (Georgine); une pour celle de mon gendre (Auguste); enfin une pour le repos de l'âme de ma sœur (Louise) et une pour le repos de l'âme de mes parents, amis et bienfaiteurs qui m'ont devancée dans l'éternité. Je m'en remets à la conscience des ecclésiastiques ci-dessus mentionnés pour s'acquitter chacun de ces huit messes par mois, tant qu'ils le pourront, sans qu'il y ait inquisition sur ces objets.

« Je lègue une rente de deux cents francs par année à chacune des fabriques de Sermoise, Saint-Parize, Montsauche et Alligny, tant que le culte y sera catholique, apostolique et romain; autrement ces quatre rentes retourneraient à mes héritiers.

« Je lègue à chacune de ces quatre paroisses deux cents francs par année, à perpétuité, pour les pauvres, pour être distribués par le curé ou desservant, s'il y en a un qui soit dans la religion catholique, apostolique et romaine; s'il n'y en avait pas, cette rente cesserait. » (1)

____

(1) Archives fabriciennes.

La pieuse comtesse rendit son âme à Dieu le 10 avril 1845. Après les formalités d'usage, le testament fut enfin approuvé par ordonnance royale du 30 novembre 1846. L'ordonnance royale était conçue en ces termes :

« Louis Philippe, roi des Français,

« A tous présents et à venir, Salut.

« Sur le rapport de notre Garde des sceaux, Ministre secrétaire d'État au département de la Justice et des Cultes et de notre Ministre de l'Intérieur, « nous avons ordonné et ordonnons ce qui suit :

« Article premier. — Sont autorisés à accepter, chacun en ce qui le concerne :

« 1° Le trésorier de la fabrique de l'église curiale d'Alligny-en-Morvan, au nom de cet établissement, le legs d'une rente annuelle et perpétuelle de deux cents francs.

« 2° Le curé de cette paroisse, tant en son nom qu'en celui de ses successeurs, le legs d'une rente . annuelle et perpétuelle de trois cents francs.

« 3° Enfin le bureau de bienfaisance d'Alligny-en-Morvan, au nom des pauvres, le legs d'une rente annuelle et perpétuelle de deux cents francs pour les arrérages leur être distribués par le curé de l'église de cette commune.

« Les susdites libéralités faites à ces divers établissements par la dame Marie de Choiseul, veuve du sieur Armand de Sérent, suivant son testament olographe du 16 mars 1840, aux charges, clauses et conditions énoncées. En cas de remboursement des dites rentes, les capitaux en provenant seront employés en achat de rentes sur l'État au nom de chaque établissement.

« Art. 2. — Notre Garde des sceaux, Ministre secrétaire d'Etat au département de la Justice et des Cultes, et notre Ministre de l'Intérieur, sont chargés de l'exécution de la présente ordonnance, qui sera insérée au *Bulletin des Lois*.

« Saint-Cloud, le 20 septembre 1846.

« Louis-Philippe

« Par le Roi,

« *Le Garde des sceaux, Ministre secrétaire de l'Etat au département de la Justice et des Cultes,*

« Martin (du Nord). » [1]

A son tour, l'autorité religieuse donna son avis favorable le 2 octobre 1850 et dès lors M. Pillien, qui avait connu Mme de Sérent, eut le douloureux honneur de commencer l'exécution du testament.

3. — *Etablissement des Sœurs.*

L'abbé Pillien s'intéressait vivement à l'avenir religieux de sa paroisse et l'on comprend que, désireux de trouver un aide, il allât frapper à la porte de Mme de Sérent. Développant devant elle une pensée qui lui tenait au cœur depuis longtemps, il appela son attention sur le bien que des Frères et des Sœurs pourraient exercer envers le pays et principalement envers les malades et les enfants. La généreuse comtesse répondit qu'elle avait pour intention de fonder à Alligny et à Saint-Parize-le-Châtel, un établissement de trois religieuses destinées à l'éducation des filles

---

(1) Archives fabriciennes.

et au soin des malades. Ceci se passait en 1836. Par suite de quelles circonstances cette intention clairement manifestée demeura-t-elle à l'état de simple projet? Nous l'ignorons. Ce fut seulement en 1844, le 22 avril, que, sur l'emplacement déterminé par la donatrice elle-même, on commença à creuser les fondations du couvent actuel. Le travail fut sérieusement dirigé. Hélas! Mme de Sérent ne devait jouir de l'achèvement que du haut du ciel, et nous avons déjà cité le jour de son trépas, 10 avril 1845. Sa mort fut une catastrophe pour Alligny et l'on se demandait ce qu'allait devenir cette maison, étant donné que le testament de la défunte n'en parlait pas.

Mais les héritiers de Mme de Sérent n'étaient pas gens à abandonner l'œuvre, et promesse fut renouvelée à M. Pillien que rien ne serait changé. Aussi, n'avons-nous pas été surpris de cette lettre que notre bon curé adressait, le 14 avril 1847, à la Supérieure générale des Sœurs de la Providence de Portieux pour la presser d'envoyer au plus tôt les trois religieuses promises. Et dans le but de la déterminer plus promptement, il ajoutait: « La maison est une vraie bonbonnière, très commode et touchant à l'église paroissiale. Au reste, où peut-on mieux être placé, dans ce monde, que sous le patronage de Mme de Sérent et de ses nobles héritiers, M. le comte Albéric de Choiseul et M. le duc de Périgord? » [1]

La supérieure générale, sœur Thérèse Mourey, répondit à l'abbé Pillien, le 29 avril : « Nous avions fait espérer à M. Dosseur, homme d'affaires de Mme la comtesse de Sérent, d'heureuse mémoire, que nous

---

[1] Archives fabriciennes.

enverrions des sœurs à Alligny vers Pâques, si alors nous en avions de disponibles. Mais malheureusement nous n'en avons pas encore. Peut-être en aurons-nous bientôt; peut-être aussi faudra-t-il attendre encore un mois ou deux ; mais nous serions bien contrariées si nous n'en avions pas avant le mois de septembre. J'espère même qu'avant cette époque votre paroisse sera servie. » [1]

L'heure de Dieu sonna enfin, et le 29 août 1847, aux applaudissements de toute la population et à la joie du bon curé, trois sœurs de la Providence, sœur Saint-Benoît, sœur Sainte-Foi et sœur Blandine furent définitivement installées dans leur nouveau domicile, aux frais de la noble famille de Choiseul, représentée aujourd'hui par M. le prince d'Arenberg.

L'œuvre avait prospéré et après plus d'un demi-siècle, nous étions fiers de compter parmi nous jusqu'à cinq religieuses au lieu de trois, toutes très dévouées à l'instruction et à l'éducation des jeunes filles et à la visite des malades. Hélas ! un ordre de M. Combes, président du Conseil des ministres, leur fut intimé, par lettre préfectorale, d'avoir à fermer l'école et nos sœurs enseignantes nous ont quittés le samedi matin, 19 juillet 1902, laissant à leur compagne, la chère sœur Bernardine[2], le soin de garder la maison. Mais les proscrites reviendront un jour, nous en avons le ferme espoir, et nous continuerons de louer Dieu et de bénir la mémoire de Mme de Sérent pour les bienfaits qu'elle a semés et qu'elle continuera de répandre dans la paroisse.

---

(1) Archives fabriciennes.
(2) Elle a quitté le pays le 14 mai 1903.

4. — *Etablissement des Frères.*

L'établissement de Religieuses prospérait visiblement. Restait à le compléter, car il était juste de ne point négliger l'éducation chrétienne des garçons. On se mit donc à l'œuvre pour fonder un établissement de Frères. Nous sommes heureux en ce moment de prononcer le nom de notre vénéré M. Eugène de Chambure. A lui surtout revient la gloire de ce second établissement. Avec son éloquence persuasive, il amena à ses idées le Conseil municipal qui vota la somme de 1.000 francs pour deux Frères. C'était le 9 novembre 1851. Ce commencement promettait, mais, il faut bien l'avouer, deux Frères pour la population scolaire d'Alligny ne pouvaient suffire à la besogne. Les classes en effet comptaient déjà plus de 120 élèves et en outre, pendant les soirées d'hiver, on tenait cours d'adultes. Le Conseil municipal eut l'intelligence de la situation et leur adjoignit un collaborateur en votant l'année suivante un supplément de 500 francs pour un troisième Frère, soit 1.500 francs au total.

Il s'agissait ensuite de meubler la maison. On acheta le matériel des classes et des chambres à l'aide des souscriptions de M. de Chambure, de M. le comte Albéric de Choiseul, de son intendant M. Bottin et de M. le curé Pillien. Le tout monta à 1.100 francs.

Une fois la maison aménagée, la Congrégation des Frères de la Doctrine chrétienne de Nancy envoya les trois Frères promis, parmi lesquels le Frère Gérasime, supérieur. Puis le dimanche de quasimodo, 18 avril 1852, après la messe paroissiale et en présence d'une foule de gens du pays, M. le Curé bénit la maison communale et y installa les nouveaux hôtes.

· Hélas ! leur séjour parmi nous fut de courte durée et au mois d'août 1865, leur communauté les rappela pour les utiliser dans d'autres postes. Ils s'étaient dévoués à leur tâche pendant plus de treize ans. La cause de ce départ est douloureuse à constater : ce fut le manque de ressources nécessaires à leur subsistance. (1)

5. — *Conseil de Prud'hommes.*

Les mauvaises langues, et il y en a partout, prétendent que le goût de la chicane règne en Morvan. Il y a longtemps déjà que cette constatation a été faite, car, disait Vauban dans la *Voix du Morvan* : « Il n'y a pas de pays dans le royaume où l'on ait plus d'inclination à plaider que dans celui-là. » La moindre contrariété avec un voisin nécessite plusieurs voyages au canton et Dieu sait les avantages qu'en retire chacun des plaideurs.

Ce triste état de choses avait frappé l'abbé Pillien et bien souvent il avait médité sur les moyens de parer à une si lamentable inclination. Il avait même consulté quelques personnes influentes du pays pour connaître leurs avis sur les remèdes à prendre en cette matière.

Or, voici qu'un jour il s'arrêta à l'initiative hardie de former un Conseil de Prud'hommes. En conséquence, il choisit 25 personnes intelligentes qu'il recruta dans les différents hameaux de la paroisse et le 1ᵉʳ janvier 1846, il leur fixa des statuts qui,

---

(1) Archives fabriciennes.

huit jours après, furent approuvés par le Juge de paix du canton de Montsauche : « Le Juge de paix soussigné, disait M. de Ruffey, voit avec plaisir la tentative faite par les notables d'Alligny pour diminuer le nombre des procès dans leur commune et les consultera autant que possible pour éclairer ses décisions et prévenir les différends. » [1]

Ce Conseil vécut de 1846 à 1874. Durant les vingt-huit années de son existence, bon nombre de procès furent tranchés à l'amiable; la liste en est conservée dans le *Registre général du Conseil de Prud'hommes de la commune d'Alligny-en-Morvan.*

Nous avons connu un pays [2] où trois personnes, dont le curé, tranchaient à l'amiable toutes les difficultés qui surgissaient inévitablement entre voisins. Ce tribunal d'un nouveau genre était apprécié de tous et chacun se soumettait à la décision des arbitres. Seul, le juge de paix se plaignait à qui voulait l'entendre.

Dans notre pays d'Alligny, ne pourrait-on pas trouver une demi-douzaine de braves gens auxquels on donnerait sa confiance et que l'on prierait de vouloir régler les difficultés? Beaucoup de dépenses seraient évitées de part et d'autre et l'amitié resterait intacte. Mais peut-être que ce mode d'aplanir les difficultés ne coûte pas assez cher et voilà pourquoi on ne voudra point l'employer. Alors tant pis...

31° JEAN THÉPÉNIER (1880 à 1891).

Né à Moraches, le 1ᵉʳ juin 1840, et ordonné prêtre en 1867, il fut professeur d'abord à Pignelin et ensuite

---

(1) Archives fabriciennes.
(2) Maux, canton de Moulins-Engilbert.

à l'institution Saint-Cyr. Sa première cure fut celle de Saint-Éloi, qu'il quitta en septembre 1879, pour devenir vicaire administrateur d'Alligny, du vivant de M. Pillien. Il habitait dans la ferme de la Champagne, où il demeura jusqu'en septembre 1882. Après la mort de son curé, il avait été agréé le 27 janvier 1880 pour lui succéder. Ce n'est qu'après de sérieuses réparations dont il a été question au chapitre VII de cette monographie qu'il vint se fixer définitivement au presbytère. Le 7 novembre 1891, il partit pour la cure décanale de Fours où l'appelait la confiance de son évêque. Il fut remplacé par M. l'Abbé

32º CLAUDE NAVARRE (1891 à 1895).

L'abbé Navarre était né à Moissy-Moulinot, paroisse de Ruages, le 15 avril 1861. Ses parents l'avaient élevé avec le plus grand soin. Lui-même ne parlait plus tard qu'avec attendrissement de la vigilance qu'ils exerçaient autour de lui pour préserver son innocence d'enfant.

Après lui avoir appris les premiers éléments de la langue latine, son curé, l'abbé Philippe Judas, l'envoya au petit séminaire de Pignelin, puis au grand séminaire de Nevers. Ceux qui l'ont connu dans ces deux maisons affirment qu'il s'y distingua toujours par une piété exemplaire, une très grande bonté de cœur, un travail assidu, un jugement droit et ferme. Tel aussi se révéla-t-il pendant les trop courtes années de sa vie sacerdotale.

Ordonné prêtre le 29 juin 1884, il vint prendre,

comme vicaire à Montsauche, le poste occupé jadis par son ancien maître, M. l'abbé Philippe Judas. Peu de jours lui suffirent pour conquérir le cœur du pasteur et celui des fidèles. Il ne fit qu'y passer, ainsi qu'à Pougues-les-Eaux et à Saint-Etienne de Nevers.

Nommé en août 1887 curé de Saint-Brisson, en remplacement de M. l'abbé Philippe Judas, démissionnaire pour cause de santé, il revint avec joie dans le Morvan qu'il aimait et en particulier dans ce doyenné de Montsauche où son départ avait causé tant de regrets. Il n'y resta que quatre ans, mais assez cependant pour faire beaucoup de bien. D'une santé toujours un peu chancelante, le « bon abbé Navarre, » c'est ainsi qu'on se plaisait à le nommer, ne laissait en souffrance aucun de ses devoirs de prêtre et de pasteur.

Sa foi était vive, profonde; sa piété attirante, son dévouement à ses paroissiens absolu. Les occasions de montrer ce dévouement ne lui ont point manqué. Dieu sans doute les lui ménageait, afin qu'on pût dire de lui, comme de tant d'autres dont les années ont été courtes, mais dont les vertus ont été fécondes : « il a fourni en peu de temps une belle carrière. »

Que dire de sa bonté? Elle formait, pour ainsi parler, le trait distinctif de son caractère. Elle était franche, affable, gaie; elle rayonnait sur son visage ; le visage, on le sait, est comme le miroir de l'âme. Envers les paroissiens, elle n'excluait pas une grande fermeté, mais il connaissait si bien l'art de tempérer les sévérités parfois nécessaires du devoir pastoral qu'on les oubliait aussi vite que lui. Envers ses confrères cette bonté se donnait sans mesure. On se trouvait heureux avec lui, tant il y avait de sympathie et d'empressement dans son accueil. Volontiers, il eut ouvert toutes les portes de son presbytère pour mieux montrer l'une et l'autre.

Et avec cela, toujours humble et modeste, réservé dans ses paroles, digne dans sa tenue. Son esprit et ses goûts le portaient aux études sérieuses et dans les conversations, c'est toujours le côté sérieux qu'il préférait. Dans la prédication il était plus solide que brillant et il était impossible alors de ne pas remarquer la netteté, parfois l'élévation de son langage, l'étendue de sa science théologique et la sûreté de son jugement. C'est que sa pensée n'avait rien de vague et d'obscur et n'aimait pas le terre à terre.

Avec des qualités si peu ordinaires et des vertus si accentuées, M. l'abbé Navarre devait attirer l'attention de ses supérieurs. Cela arriva ; mais lorsque Mgr l'évêque de Nevers le nomma curé d'Alligny, le bon abbé, qui ne comprenait pas que l'on pût songer à lui, fut comme abasourdi. Il lui en coûtait fort de quitter sa chère paroisse de Saint-Brisson où il se savait aimé et respecté de tous. Mais il connaissait aussi le mérite de l'obéissance. Il se soumit et fut installé le dimanche 15 novembre 1891. Sa nomination officielle datait du 13 octobre précédent et il n'avait que 30 ans.

Malgré l'état toujours assez précaire de sa santé, on pouvait espérer que ce jeune prêtre fournirait une longue carrière dans cette vaste et importante paroisse. Il n'eut guère que le temps de s'y montrer, surtout à l'époque de la mission au carême de 1894, pendant laquelle il déploya un zèle sans borne ; mais ses trois années dans le pays lui ont suffit pour s'imposer au respect et à l'amour de ses paroissiens.

L'abbé Navarre avait voulu assister, en compagnie de M. l'abbé Girard, curé de Moux, aux obsèques de M. le vicaire général Marillier. Au retour de ce voyage de Nevers, qu'un refroidissement exceptionnel avait rendu sans doute très pénible, une fluxion de poitrine se déclara, compliquée presque aussitôt d'une péritonite, et ni l'amitié, ni le dévouement, ni la science ne purent enrayer les progrès du mal. Le dimanche 20 janvier, M. le curé de Moux lui apporta sur sa demande les consolations suprêmes de la religion, et le vendredi suivant, à trois heures du matin, le cher abbé rendait son âme à Dieu. Il avait désiré de mourir jeune et positivement demandé de finir ses jours à l'âge de 33 ans, comme N. S. J.-C. Le prince des pasteurs l'avait exaucé.

L'annonce de cette mort jeta la consternation dans la paroisse. Malgré la neige abondante, malgré le froid très vif, malgré la difficulté des communications, 19 prêtres assistaient aux funérailles qui eurent lieu le lundi suivant, 28 janvier 1895. De nombreux habitants de Saint-Brisson s'étaient réunis à la paroisse d'Alligny pour donner au cher curé un dernier témoignage de reconnaissance. (1)

33º JEAN BRUNEAU (1895 à ....).

Né à Moux, le 11 juin 1851, du légitime mariage de Pierre Bruneau et de Reine Martin, il fut

---

(1) Communication de M. l'abbé François Judas, doyen de Montsauche.

ordonné prêtre à Nevers par Mgr de Ladoue le 30 mai 1879.

Après deux ans de vicariat à Decize, il fut trois ans curé de Lamenay, qu'il quitta le 29 mai 1874 pour la cure de Maux où il résida jusqu'au 6 juin 1895. C'est en ce jour qu'il vint se fixer à Alligny-en-Morvan où un décret présidentiel du 25 avril l'avait agréé en remplacement de M. le curé Claude Navarre.

CHAPITRE XIV

Les Vicaires.

———

A la liste trop courte des curés, nous voulons
ajouter celle de MM. les Vicaires connus. Ne sont-ils
pas les collaborateurs de leurs curés et ne partagent-
ils pas avec eux la charge des âmes? A ce titre, ils
méritent l'honneur d'être préservés de l'oubli et de
passer à la postérité :

1º Lazare Auribault	1624 à	....
2º Félix	1744 à	....
3º Nicolas Pingeon	1744 à	....
4º Budin	1745 à	....
5º J. Charles	1745 à	....
6º C. Gagey	1768	
7º Jean-Marie Descertaine	1768 à 1773	
8º Jean-Pierre Bussy	1773 à 1777	
9º André-Laurent Dubreuil	1777 à 1778	
10º Etienne Dupré [1]	1779	
11º Sébillotte	1780	
12º François Duvernoy	1780 à 1781	
13º Emiland Girard	1782 à 1786	
14º Claude-Elisée Lejeune	1786 à 1787	
15º Théodore Nyauld	1787 à 1791	
16º Dominique Thibault	1791 à	....
17º Pierre Vidaline	1831 à 1832	

———

[1] Né à Cussy-en-Morvan, en 1751, et mort curé de Roussillon le
4 novembre 1814.

18° Auguste Avignon. . . . . 1832 à 1833
19° Pierre Millet. . . . . 1840 à ....
20° Etienne Toulouse . . . . 1851 à ....
21° Louis Tardivon . . . . 1855 à ....
22° Charles Mannevy . . . . . . 1862 à 1863
23° Claude Thévenard. . . . . . 1863 à 1864
24° Auguste Cendre. . . . . . . 1868 à ....
25° Gustave Regnier. . . . . . . 1870 à 1872
26° Alex^dre-Jean-Bap^te Henry . . 1873 à 1874
27° Charles Bourdillon   1874
28° Françis-Marie Fortuit. . . . 1875 à 1878
29° Léon Pitois . . . . 1878 à 1879
30° Antoine Baudonnat. . . . . 1890 à 1891
31° Lucien Bion. . . . . 1891 à 1892
32° Eugène Pannetrat. . . . . . 1892 à 1895
33° Mathieu Crépon.   1895
34° Lucien Charrault . . . . . . 1895 à 1897
35° François Caspar . . . . . . 1897 à 1899
36° Alexandre Thuault. . . . . . 1899 à 1904
37° André Vigouroux . . . . . . 1904 à ....

CHAPITRE XV

La Vie chrétienne dans la Paroisse.

On connaît un arbre à ses fruits. La vie chrétienne dans une paroisse se juge par ses actes religieux.

I. — Nos pères priaient et beaucoup plus que nous. Ils priaient tous les jours et ne croyaient pas perdre leur temps, quand ils demandaient au Père qui est dans les cieux leur pain quotidien. Ils priaient le matin et le soir, ils priaient à l'heure de l'Angélus, ils priaient encore à l'heure des repas. Mais il y avait un moment où chaque maison prenait l'aspect d'un véritable sanctuaire, c'était le soir, un peu avant l'heure du repos. Alors parents, enfants, serviteurs, se mettaient à genoux, priaient en famille et avaient garde de ne pas oublier les défunts pour lesquels ils récitaient le *De Profundis*. Aussi, rien d'étonnant que dès le bas âge les enfants connussent leurs prières. Ils avaient été initiés de bonne heure à adorer Celui que leurs pères adoraient et qu'on ne nomme qu'à genoux.

II. — Que dire maintenant de la sanctification du dimanche? De nos jours, ce devoir est négligé par bien des personnes. Mais nos pères étaient des hommes de foi et ils comprenaient que si Dieu avait le droit de se réserver un jour par semaine, eux avaient l'obligation de le lui donner. Aussi, les offices du dimanche et des fêtes étaient-ils régulièrement suivis. Et non seulement on assistait à la messe, mais encore à vêpres, et ceux-là, qui avaient été légitimement empêchés d'entendre la messe à l'église, se dédommageaient, d'abord en récitant à la maison les prières de la messe et puis en venant le soir prier à vêpres et visiter leurs morts. Et ceux qui avaient été assez privilégiés pour assister à la messe s'en retournaient pour envoyer les autres à vêpres.

C'est ainsi que l'église était le rendez-vous où tous les paroissiens se réunissaient au moins une fois la semaine et quinze jours eussent paru trop longs à ceux qui auraient été privés du bonheur d'aller aux offices du dimanche.

Cette foi de nos pères se montre même aux mauvais jours de la Révolution et nous sommes fiers de le constater à l'honneur du pays. Voici donc ce que nous lisons à la date du 4 nivôse an II :

« Nous, Maires et Officiers municipaux, assistés du Conseil général de la commune d'Alligny et de son procureur de commune..... Les citoyens nous ont représenté qu'ils ne connaissaient point de loi qui empêche leur curé de dire la messe comme à l'ordinaire, que la Convention nationale ayant décrété le culte libre, ils entendaient et voulaient suivre leur culte catholique, comme ils avaient fait ci-devant et demandent que la municipalité requière sur le champ le citoyen Crepey, curé d'Aligny, de continuer ses fonctions. Ce après avoir ouï le procureur de la commune, le Conseil arrête que la présente délibération sera notifiée au citoyen curé d'Aligny. » [1]

---

[1] Archives municipales.

Un peuple qui resterait si fortement attaché à sa foi et à son culte serait un peuple inébranlable. Hélas!.....

L'assistance aux offices n'est qu'une des faces de la sanctification du saint jour du dimanche. A l'autre face l'on rencontre la cessation de toute œuvre servile. Et à ce sujet, si nos ancêtres revenaient sur la terre, nous reconnaîtraient-ils pour leurs enfants? C'est qu'ils observaient religieusement le repos dominical et l'on eut crié au scandale, si quelqu'un se fût imaginé de le rompre.

Ce que nous disons du repos du dimanche, nous le disons également du repos des jours de fêtes et nous apporterons en preuve le fait suivant, que nous puisons dans les documents de 1791, à la date du 3 juillet :

« Nous, Maire et Officiers municipaux, assemblés au lieu ordinaire de nos séances; sur ce qui nous a été exposé par notre procureur de la commune, que, le second jour de la Fête de la Pentecôte, les domestiques du sieur Claude Donet, marchand fermier à Reglois, conduisaient une voiture attelée de deux bœufs et chargée de bois destiné à former une haie. Cette même voiture a été conduite de Reglois au finage de la Place, ce qui a occasionné un grand scandale aux fidèles qui étaient assemblés pour entendre vêpres, surtout lorsque cet équipage est passé devant l'église de notre municipalité. Pour réparer l'injure faite à notre sainte religion et pour en inspirer de plus en plus le respect aux fidèles, nous, faisant droit aux conclusions de notre procureur, avons condamné le sieur Claude Donet à une amende de trois livres dix sols, payable vingt-quatre heures après la signification de la présente, entre les mains de notre secrétaire, sans préjudice des frais de la signification de la présente. Ordonnons de plus que la présente sera publiée et affichée à la principale porte de l'église de notre municipalité. Délibéré entre nous à Aligny. » [1]

Revenons à la foi des anciens jours.

III. — Quand la prière et la sanctification du dimanche entrent pour une large part dans la vie d'une famille, il n'est point possible que les bénédictions du bon Dieu ne descendent abondamment sur elle. Or, ces bénédictions sont toujours fécondes et se traduisent au dehors et par la multiplication des enfants et par la protection que la Providence accorde à ceux-ci pour les diriger dans le chemin d'une plus grande perfection.

Nous n'avons pas été surpris de constater, en parcourant les vieux registres, que le nombre des baptêmes dépassait toujours celui des sépultures. En 1775, par exemple, nous relevons cette note écrite de la main de M. le curé Blandin : « Il y a eu cette année 86 baptêmes, 23 mariages et 69 morts. » [2] Et ce qui était vrai cette année-là, le fut également les années précédentes et suivantes. N'avons-nous pas écrit quelque part que de 1801 à 1900, il y avait eu à Alligny 6.547 baptêmes et 5.518 sépultures ? [3] C'est le contraire aujourd'hui qui nous frappe : les décès l'emportent sur les naissances. Serait-ce parce que le bon Dieu se retire des familles ?

IV. — Une bénédiction que Dieu réserve aux familles nombreuses, c'est l'élection d'un ou de

---

(1) Archives municipales.
(2) Archives municipales.
(3) *Bulletin paroissial d'Alligny-en-Morvan*, N° 43, avril 1901.

plusieurs enfants à la vocation sacerdotale ou religieuse.

Nous ne doutons nullement que dans les siècles passés la paroisse ait fourni à la Sainte Église de ces sortes de vocation. Comme nous serions fiers d'enregistrer ici les noms de ceux qui en furent privilégiés ! Du moins, Alligny possède son livre d'or sur lequel sont inscrits les vocations connues du XVIIIe et du XIXe siècle et nous l'ouvrons ici pour le mettre sous les yeux de la postérité :

1° Au XVIIIe siècle, nous ne connaissons que quatre vocations. Les deux premières sont mentionnées dans un contrat de rente de 6.000 livres fait en 1701 par Pierre Quarré d'Aligny : « Je les ai employées à faire mes deux filles religieuses. » [1]

La troisième est celle de Joseph Collenot, de Mont, fille de Claude Collenot et d'Etiennette Buteau et religieuse Ursuline à Saulieu en 1738. Sa mère lui donne une pension viagère de 25 livres. [2]

Une autre enfant de Mont, fille d'André Collenot et de Barbe Martenet de la Martinière, était également religieuse chez les Ursulines à Saulieu, le 5 septembre 1760. [3]

2° Le XIXe siècle est un peu plus riche en vocations.

A) *Prêtres originaires de la paroisse :*

1. Jean Boidot, né à Marnay le 23 août 1823 du légitime mariage de Jean Boidot et de Pierrette Bailly, fut ordonné prêtre à Nevers le 17 juin 1848.

---

(1) Archives château d'Alligny.
(2) Archives Adnot, notaire à Moux.
(3) Archives Adnot, notaire à Moux.

D'abord vicaire de Clamecy et de La Charité, puis successivement curé de Saint-Bonnot en 1852, de Nuars en 1853 et de Saint-Parize-le-Châtel en 1870, il se retira du saint ministère en 1882 et il mourut le 5 décembre 1895 à Dornecy.

2. Dominique Bailly, né à Marnay le 7 septembre 1837 du légitime mariage d'Antoine Bailly et de Claudine Vissuzaine, ordonné prêtre à Nevers en 1861. Vicaire de Château-Chinon, puis curé de Chevannes-Changy. Il est actuellement curé-doyen de Donzy et chanoine honoraire. En 1875, à l'occasion des Pâques et du Jubilé, il prêcha dans notre paroisse avec son compatriote M. l'abbé Boidot, une mission qui réussit à merveille. 2.800 communiants en couronnèrent les exercices, soit 1.400 pour les Pâques et 1.400 pour le Jubilé. En 1897, il eut le grand honneur de passer deux jours dans la prison de Cosne, pour avoir fait les processions de la Fête-Dieu, malgré l'arrêté du maire de Donzy.

3. Claude-Pierre Simonot, naquit à Basole le 30 juin 1838, du légitime mariage de Pierre Simonot et de Pierrette Imbert. En 1867, il fut ordonné prêtre à Nevers et fut successivement curé de Gien-sur-Cure, de Saint-Pierre-du-Mont, de Devay, de Saint-Révérien et de Châteauneuf-Val-de-Bargis. C'est dans cette dernière paroisse qu'il exerce actuellement le ministère pastoral.

B) *Religieux originaires de la paroisse :*

1. Jacques Millot, né à Reglois le 14 décembre 1836, en religion frère Antonin, de la Doctrine chrétienne

de Nancy, décédé en 1894 à Juvigny-les-Dames (Meuse).

2. Nicolas Caillot, né au bourg d'Alligny le 29 août 1833, en religion frère Saturnin, de la Doctrine chrétienne de Nancy, et actuellement en Belgique depuis 1903.

C) *Religieuses originaires de la paroisse :*

1. Reine Simonot, sœur de M. l'abbé Claude-Pierre Simonot, née à Basole le 27 février 1832, en religion sœur Saint-Mamert, de la Providence de Vitteaux (Côte-d'Or), et décédée à Nolay le 17 janvier 1871, victime de son dévouement à soigner les soldats varioleux.

2. Louise Gaudry, née à la Ferrière le 17 janvier 1837, en religion sœur Amédée, de la Providence de Portieux (Vosges), réside en ce moment à la maison-mère.

3. Marie-Thomassine Chassagne, née au bourg d'Alligny le 21 décembre 1849, en religion sœur Joséphine, de la Congrégation de la Charité et Instruction chrétienne de Nevers, morte à Fréjus le 8 septembre 1889.

4. Jeanne Courdoux, née à la Place le 25 mai 1863, en religion sœur Adélia, de la Congrégation de Notre-Dame de Sion, est actuellement à San-José, capitale de Costa-Rica (Amérique centrale).

5. Marie-Louise Héliot, née au bourg d'Alligny le 28 mars 1865, en religion sœur Henriette, de la Providence de Portieux, et missionnaire en Mandchourie depuis 1898 Elle a eu les honneurs de la

persécution des Boxers contre les Européens et n'a dû son salut qu'en fuyant au Japon. C'était en 1900. Les événements sont en partie racontés avec une aimable simplicité dans les N°s 38, 39 et 40 du *Bulletin paroissial d'Alligny-en-Morvan.*

6. Marie-Joséphine Chaumien, née à la Place le 8 juillet 1878, en religion sœur Florine, a quitté Courbevoie pour se rendre en Belgique.

V. — *Fondations.* — Il est enfin une autre manifestation de la foi dont nous voulons dire un mot ; il s'agit des fondations, c'est-à-dire des services, des messes, des prières demandées à perpétuité ou à temps par certaines familles pour le repos des âmes de leurs chers défunts.

Autrefois, ces pieuses fondations étaient assez fréquentes et dans le cours de cette monographie, nous avons déjà eu l'occasion d'en signaler plusieurs. Nous tenons à les réunir ici, en y ajoutant celles que nous avons encore découvertes.

1. Fondation Rosée en 1380. — C'est la fondation annuelle et perpétuelle de quatre messes de *Requiem* aux quatre jeudis des Quatre Temps. (Voir page 252).

2. En 1388, Pierre d'Aligny affranchit de tous droits une pièce de terre donnée aux curés pour trois messes fondées nous ne savons par qui.

3. Fondation Fontette, seigneur d'Aligny. — En voici la teneur :

« Le curé est obligé, lui, ses successeurs curés dudit Aligny, de dire annuellement et perpétuellement, tout le long de l'année, chacune semaine, deux messes basses, aux jours de mercredi et vendredi, pour les âmes trépassées des seigneurs d'Aligny, moyennant la somme de 30 livres par chacun an, qui lui seront à perpétuité par ledit seigneur d'Aligny et ses successeurs dudit Aligny payées.

« Comme encore est tenu de dire à perpétuité tous les sabmedi de chaque semaine une messe basse à l'honneur de Notre-Dame. — *Item* à chacune fête de Notre-Dame une messe basse et à la fin de la messe un *Libera* avec l'oraison des trépassés sur le tombeau des seigneurs. — De dire vêpres la veille du jour Saint-Humbert et le dict une messe haulte et vespre aussy avec quatre petite messe le lendemain de la dicte feste Saint-Humbert. — Une messe basse qui sera célébrée dans la chapelle desdicts seigneurs trépassés le jour Saint-Mathurin, qui est le dixiesme de may, une messe basse. — Aultre messe basse le lendemain. — Le jour de translation Saint-Mathurin, qui est le huictiesme de novembre, une messe basse. — Aultre messe basse le lendemain; moyennant la somme de six livres dix sols de rente payable chacun an par ledict seigneur audict curé, à scavoir cinq livres pour la saincte messe annuellement du sabmedy et des festes Notre-Dame, vingt solz pour celle de Saint-Humbert et dix solz pour le service de Saint-Mathurin, qui est en tout six livres dix solz. Ladicte somme assignée sur les meix Grisons et Bonin, qui demeurent en propre audict curé en faisant la desserte. » [1]

Dans un autre manuscrit, nous lisons qu'une rente de 41 livres 3 sols et 6 deniers tournois était servie

---

[1] Terrier 1649, château de la Chaux.

pour par lui en jouir et disposer ainsi qu'il avisera, à la charge de faire dire et célébrer deux cents messes pour le repos de son âme, et à la charge encore de payer dans l'année du décès dudit Claude Ligeron, à Françoise Ligeron, femme d'Etienne Couron, laboureur à Davelle, paroisse de Cussy-en-Morvan, une somme de cent livres en argent; à Jeanne Ligeron, femme de René Charlot, laboureur ès Chasés, paroisse dudit Cussy, même somme de cent livres; à Nicolle Ligeron, femme de Dominique Desplantes, laboureur à Blanot, pareille somme de cent livres; et à Reine Ligeron, femme de Denis Rondard, maréchal à Alligny, aussi pareille somme de cent livres, à la charge pour chacune desdites Françoise, Jeanne, Nicolle et Reine Ligeron de faire aussi célébrer chacune douze messes pour le repos de l'âme d'icelui Claude Ligeron. » [1]

Avons-nous réussi à faire connaître la *Petite Patrie* enserrée dans nos montagnes du Morvan? Nous l'espérons. En tous cas, il nous semble que ces pages sont de nature à intéresser plus d'un lecteur, car à défaut d'autres qualités, elles ont celle d'être rigoureusement historique.

---

[1] Archives Adnot, notaire à Moux.

TABLE DES MATIÈRES

IMP. ÉMILE BLIN, CHATEAU-CHINON

CHATEAU-CHINON, IMP. EMILE BLIN.